ACTIVITIES MANUAL

WORKBOOK AND LAB MANUAL.

Más allá de las palabras
Intermediate Spanish

SECOND EDITION

Olga Gallego Smith
University of Michigan

Concepción B. Godev
University of North Carolina, Charlotte

Mary Jane Kelley
Ohio University

Rosalba Esparragoza Scott
Davidson College

WILEY

JOHN WILEY & SONS, INC.

VICE PRESIDENT AND EXECUTIVE PUBLISHER	Jay O'Callaghan
DIRECTOR, MODERN LANGUAGES	Magali Iglesias
SENIOR DEVELOPMENTAL EDITOR	Elena Herrero
EXECUTIVE MARKETING MANAGER	Jeffrey Rucker
PROJECT EDITOR	Ana Bravo-Castro
SENIOR PRODUCTION EDITOR	William A. Murray
EDITORIAL PROGRAM ASSISTANT	Lisha Perez
SENIOR ILLUSTRATION EDITOR	Anna Melhorn
COVER PHOTO	Wayne H. Chasan/Photographer's Choice/Getty Images

This book was set in AGaramond by Caret Productions and printed and bound by Bind-Rite Robbinsville. This book is printed on acid free paper.

To order books or for customer service please, call 1-800-CALL WILEY (225-5945).

ISBN 978-0-470-04942-6

Printed in the United States of America

10 9 8 7 6 5 4 3 2 1

CONTENIDO

PREFACE

The Activities Manual that accompanies *Más allá de las palabras, Second Edition,* includes vocabulary, grammar, listening, writing and pronunciation activities designed to provide additional individual practice. Each chapter in the Activities Manual coincides in themes and content with the corresponding chapter of the textbook.

The Activities Manual serves as a workbook. Vocabulary, grammar, and writing activities are developed for extra practice and to reinforce the knowledge acquired in the textbook. Each section expands chapter topics with meaningful activities. For example, the *El escritor tiene la palabra* section explains the features of the genre studied at the end of each textbook chapter, providing the student with practice opportunities.

The Activities Manual works as a Lab Manual. Audio CDs are available for listening comprehension and pronunciation activities. They contain seven listening passages per chapter plus a *Para pronunciar mejor* section where students practice pronouncing sounds that are difficult for English speakers. An introductory explanation of the sound is followed by pronunciation exercises. In each of *Temas* 1-3, students hear one passage related to the chapter's cultural content and one model conversation based on the *Vocabulario para conversar* section. Activities require students to listen for important information. *Tema* 4 features a discourse-length passage with an activity that guides students through the essential stages of comprehension: 1) identifying the speaker and the context of the passage; 2) comprehending the main idea; and 3) understanding important details. An additional task asks students to focus on verb forms.

The Answer Key at the end of the Activities Manual encourages students to evaluate their work and track their progress.

An electronic version of this Activities Manual can be found in *WileyPLUS.*

Nuestra identidad

TEMA

TEMA 1   QUIÉNES SOMOS

Vocabulario del tema

1-1 ¿Cómo somos?   Completa las oraciones siguientes usando como mínimo dos adjetivos de la lista. Puedes usar el mismo adjetivo más de una vez. Ten cuidado con la concordancia entre sustantivo y adjetivo.

aburrido/a	admirable	antipático/a
atento/a	brillante	capaz
cómico/a	creativo/a	divertido/a
encantador/a	espontáneo/a	estricto/a
estudioso/a	festivo/a	hogareño/a
honrado/a	impulsivo/a	ingenioso/a
insoportable	intelectual	interesante
justo/a	listo/a	organizado/a
pesado/a	rígido/a	sabio/a
simpático/a	trabajador/a	tranquilo/a

1. Yo soy _____

2. Mi mejor amigo/a es _____

3. Mis padres son _____

4. Mi profesor/a de español es _____

5. Mis compañeros/as de cuarto son _____

6. Mi novio/a es _____

1-2 Expresiones útiles.   George es un estudiante de español que quiere aprender expresiones nuevas para impresionar a sus amigos. George quiere saber si hay otras palabras para expresar estas ideas. Completa las frases con la expresión adecuada, haciendo los cambios necesarios.

padrísimo/a	cortar el rollo	platicar
tiempo de ocio	compaginar	hasta lueguito
dedicarse a	marcharse	servir para

1. Todos los días **hablo** con mis amigos por las tardes. _____

2. Es difícil **combinar** los estudios y la diversión porque soy estudiante. _____

3. Tengo que **dejar de hablar,** mi compañero me espera. _____

4. ¡La universidad donde estudio es **fantástica**! _____

5. Como estudiante, el **tiempo libre** que tengo es muy limitado. _____

1-3 ¿Recuerdas? Después de conocer a tanta gente nueva en la red social, José decide que quiere conocer a chicas por Internet. Con la información de tu libro de texto, llena los espacios en blanco del formulario para ayudar a José a crear su perfil.

Apellido: <u>Fernández</u>   Nombre: <u>José</u>

Dirección: <u>Calle Veracruz, N° 20, Málaga, España</u>

Fecha de nacimiento: <u>el siete de diciembre de 1975</u>

¿Qué características buscas en una mujer? <u>Busco a una mujer que sea divertida, cómica, ...</u>

_____

_____

¿Cómo eres tú? (personalidad y apariencia física) <u>Yo soy un hombre...</u>

_____

_____

¿Qué te gusta hacer en tu tiempo libre? <u>A mí me gusta/n...</u>

_____

_____

¿Qué cosas no te gusta hacer? <u>A mí no me gusta/n...</u>

_____

_____

Nombre: _____ Fecha: _____ Clase: _____

1-4 Charla con amigos. Acabas de conocer a otro estudiante de español en una red social. Lee sus comentarios y contesta sus preguntas.

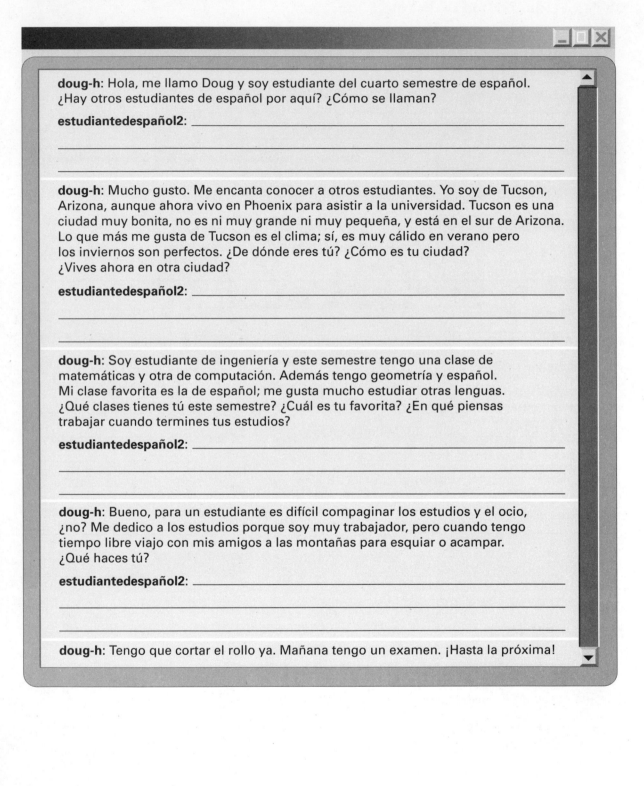

doug-h: Hola, me llamo Doug y soy estudiante del cuarto semestre de español. ¿Hay otros estudiantes de español por aquí? ¿Cómo se llaman?

estudiantedespañol2: _____

_____

_____

doug-h: Mucho gusto. Me encanta conocer a otros estudiantes. Yo soy de Tucson, Arizona, aunque ahora vivo en Phoenix para asistir a la universidad. Tucson es una ciudad muy bonita, no es ni muy grande ni muy pequeña, y está en el sur de Arizona. Lo que más me gusta de Tucson es el clima; sí, es muy cálido en verano pero los inviernos son perfectos. ¿De dónde eres tú? ¿Cómo es tu ciudad? ¿Vives ahora en otra ciudad?

estudiantedespañol2: _____

_____

_____

doug-h: Soy estudiante de ingeniería y este semestre tengo una clase de matemáticas y otra de computación. Además tengo geometría y español. Mi clase favorita es la de español; me gusta mucho estudiar otras lenguas. ¿Qué clases tienes tú este semestre? ¿Cuál es tu favorita? ¿En qué piensas trabajar cuando termines tus estudios?

estudiantedespañol2: _____

_____

_____

doug-h: Bueno, para un estudiante es difícil compaginar los estudios y el ocio, ¿no? Me dedico a los estudios porque soy muy trabajador, pero cuando tengo tiempo libre viajo con mis amigos a las montañas para esquiar o acampar. ¿Qué haces tú?

estudiantedespañol2: _____

_____

_____

doug-h: Tengo que cortar el rollo ya. Mañana tengo un examen. ¡Hasta la próxima!

Copyright © John Wiley & Sons, Inc.

4 **Capítulo 1** Nuestra identidad

A escuchar

1-5 Una descripción personal. En su descripción personal, Silvia habla de su personalidad, su aspecto físico y sus pasatiempos.

A. Escucha a Silvia y marca con una X los elementos que incluye en su descripción personal.

_____ tiene 23 años	_____ tiene el pelo rubio
_____ le gusta hacer deportes	_____ es tranquila
_____ tiene 22 años	_____ es española
_____ es mexicana	_____ es estudiante
_____ le gusta cocinar	_____ su padre cocina bien

B. Escucha otra vez a Silvia y escribe un rasgo que tengas en común con ella y otro que te diferencie.

_____

_____

_____

1-6 Los pasatiempos. ¿A quiénes les gusta hacer las siguientes actividades? Escribe su nombre en el espacio, siguiendo el modelo y usando una variedad de verbos como **gustar, encantar, molestar, disgustar,** etc.

> **MODELO:**
>
> leer literatura hispana
>
> **Al profesor de español le gusta leer literatura hispana.**

1. platicar con sus amigos en un café:

_____

2. practicar malabarismo:

_____

3. conocer a gente en las salas de charla:

_____

4. celebrar una fiesta religiosa:

_____

5. decorar casas:

_____

6. Y a ti, ¿qué te gusta hacer?

_____

Gramática

Uses of ser *and* estar

1-7 ¿Cómo están estos estudiantes? Lee las descripciones de los estudiantes y describe cómo están, usando el siguiente vocabulario:

Vocabulario activo: Cómo describir los estados de ánimo		
estresado/a	contento/a	nervioso/a
aburrido/a	enojado/a	cansado/a
relajado/a	sorprendido/a	confundido/a
animado/a	interesado/a	deprimido/a

MODELO:

Tu mejor amigo se levantó esta mañana a las 6:00 para estudiar.

Está cansado:

1. Julio va a volver a su pueblo este fin de semana para ver a sus padres.

_____

2. A Olga y a Victoria no les interesa su clase de química orgánica.

_____

3. Nosotros no tenemos tarea este fin de semana.

_____

4. Tus amigos no pueden encontrar un apartamento que les guste.

_____

5. Hoy Laura tiene un partido de baloncesto muy importante.

_____

6. ¿Y tú? ¿Cómo estás? Explica tu respuesta.

1-8 ¿Dónde están las siguientes personas? Tus compañeros están muy ocupados. Explica dónde están según la actividad que están haciendo.

MODELO:

John está escuchando una conferencia de su profesor de Ciencias Políticas.

Está en el edificio de Humanidades.

el edificio de Humanidades	el gimnasio
la oficina	la residencia estudiantil
la cafetería	la biblioteca
el edificio de Ingeniería	el parque

1. Tus amigos están comiendo.

_____

2. Tu profesor de español está preparando la clase.

_____

3. José está practicando deportes.

_____

4. Y tú, ¿qué estás haciendo? ¿Dónde estás?

_____

1-9 Objetos perdidos. Siempre usas objetos de otras personas pero luego no recuerdas dónde están ni de quién son. Sigue las indicaciones para devolvérselos a las personas apropiadas.

MODELO:

la computadora / el dormitorio / Ana

La computadora está en el dormitorio. Es de Ana.

1. las novelas / la mesa del salón comedor / la profesora de literatura

_____

2. una carpeta / el patio / mi mejor amigo

_____

3. las cazuelas (*pots*) / la cocina / mi madre

_____

4. el periódico estudiantil / sala de estar / mío

_____

1-10 Carta de Benjamín. Benjamín es un estudiante de español que está estudiando en Guanajuato, México. Lee la carta dirigida a sus padres y escribe la forma correcta de *ser* o *estar* en los espacios en blanco, según el contexto.

Queridos padres:

Hola, ¿qué tal? Yo **1.** _____ bastante bien. Les escribo desde

Guanajuato, México, mi nueva casa para el verano. La verdad es que me encanta la ciudad y la

estoy pasando de lo lindo. Me gusta también la universidad donde estudio, aunque con tantas

cosas que hacer encuentro difícil compaginar los estudios y las diversiones. Bueno, aquí les doy una

pequeña descripción de cómo son mi vida y mis estudios.

Mi casa **2.** _____ como a veinte minutos del campus en autobús y por

eso tengo que levantarme temprano por la mañana. Tengo tres cursos de español: de comunicación

oral, literatura mexicana y arte barroco. Los profesores son muy inteligentes y las clases siempre

3. _____ interesantes y divertidas. Todos los demás estudiantes en

mis clases **4.** _____ estadounidenses pero siempre intentamos hablar

español en vez de inglés fuera de la clase. La verdad es que **5.** _____

aprendiendo mucho y ahora hablo mucho mejor español que antes. ¡Y todo eso en sólo dos

semanas!

Bueno, ya **6.** _____ las 9:00 y siempre comemos a esta hora. Espero

recibir noticias suyas pronto.

Un beso,

Benjamín

Direct object pronouns

1-11 Cómo evitar la redundancia. Marisa le describe su nuevo apartamento a su mejor amiga en este mensaje. En el párrafo Marisa repite varias palabras. Escríbelo de nuevo usando los pronombres de complemento directo apropiados en lugar de las palabras subrayadas.

Acabo de conseguir un apartamento fantástico. Alquilé un apartamento con mi amigo Diego. Él encontró el apartamento hace un mes y me dijo que tenía que ver el apartamento. El apartamento es viejo pero van a renovar el apartamento. Los dormitorios son grandes y acaban de pintar los dormitorios. También instalaron ventanas nuevas. Cambiaron las ventanas de estilo tradicional a moderno.

_____

_____

_____

_____

_____

_____

_____

_____

_____

_____

_____

_____

1-12 ¡Qué dormilona! Marta se ha levantado tarde para su primera clase del día. Le pide ayuda a Julia, su compañera de casa, para encontrar varios objetos. Completa la conversación con los pronombres de complemento directo apropiados.

Marta: ¡Ay Dios! Voy a llegar tarde a clase y la profesora se va a enfadar. Julia, ¿dónde están mis *blue-jeans* favoritos?

Julia: 1. _____ vi anoche en tu cuarto.

Marta: Gracias. Y, ¿sabes qué hice con mi libro de texto?

Julia: Bueno, la verdad es que no tengo ni idea de dónde está. Hay muchos libros al lado de la computadora. ¿Estará tu libro allí?

Marta: Sí, **2.** _____ encontré. Tengo que entregar mi composición hoy. ¿Dónde está?

Julia: Estoy segura de que anoche **3.** _____ pusiste en tu mochila.

Marta: Es verdad, aquí está. Ahora sólo necesito mis llaves.

Julia: No **4.** _____ veo en la mesa donde están siempre. ¿Quieres tomar las mías?

Marta: Sí, gracias. ¡Hasta luego!

Redacción

1-13 Mi apartamento/residencia. Tu amigo/a de otra universidad te manda un mensaje por correo electrónico preguntándote cómo es tu apartamento/residencia estudiantil y cómo son tus compañeros/as de cuarto. Escribe una respuesta.

✉ **Mi apartamento/residencia** ▾ ▦ _ □ ✕

Para: _____

De: _____

Ref: Mi apartamento/residencia

_____
_____
_____
_____
_____
_____

A escuchar

1-14 Circunloquio. Vas a escuchar cuatro descripciones.

A. Escribe el número apropiado (1, 2, 3, 4) al lado de las imágenes para indicar el orden en que escuchas las descripciones.

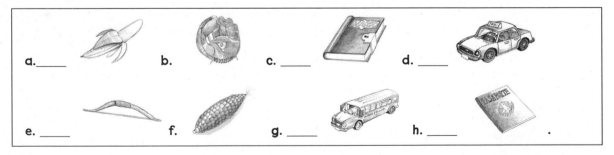

a.____ b.____ c. ____ d. ____

e. ____ f. ____ g. ____ h. ____ .

B. Escucha otra vez y escribe el número de las descripciones que hacen referencia a estos aspectos:

color _____

forma _____

dónde se compra _____

material _____

dónde se ve _____

TEMA 2   CÓMO SOMOS, CÓMO VIVIMOS

Vocabulario del tema

1-15 Tu ciudad.   En tu ciudad, ¿adónde van las personas que quieren hacer las siguientes actividades?

> **MODELO:**
>
> alquilar un video
>
> **En mi ciudad los jóvenes alquilan un video en la tienda *Video Popular*.**

1. participar en una protesta social   _____

_____

_____

2. ir de compras   _____

_____

_____

3. reunirse con sus amigos   _____

_____

_____

4. tomar un café   _____

_____

_____

5. escuchar música *pop*   _____

_____

_____

6. tomar un helado   _____

_____

_____

7. ver una película de acción _____

_____

_____

8. rezar _____

_____

_____

1-16 La guía del ocio. En Madrid los jóvenes consultan *La guía del ocio de Madrid* para decidir qué quieren hacer para divertirse. Mira la guía para contestar las preguntas a continuación.

La guía del ocio de Madrid

NOCHE Plaza Mayor

Este lugar es perfecto para las personas que buscan un escape: vendedores ambulantes, pintores, turistas, vividores, además de todos los habitantes de Madrid que la visitan para no perder el contacto con la gente. En esta época del año es uno de los lugares ideales para tomar un aperitivo, comer o cenar.

MÚSICA Fiesta de percusión en Suristán

El festival de percusión termina mañana en el Círculo de Bellas Artes. Por la noche, todos bailan en la Fiesta del Ritmo Vital, en Suristán.

CINE "Parque Jurásico III", los dinosaurios atacan de nuevo

Esta nueva aventura de Spielberg supone el regreso de Sam Neill, quien tendrá que enfrentarse al temido espinosaurio, un carnívoro de 13 metros que se mueve por tierra y mar.

RESTAURANTES Viridiana, centinela de agosto

Uno de los pocos restaurantes que no se toma vacaciones. Viridiana ha sido calificado por la crítica del *Herald* *Tribune* como uno de los 10 mejores restaurantes de Europa.

ARTE Minimalismo, una exposición multidisciplinar en el Museo Reina Sofía

El Reina Sofía presenta, hasta el 8 de octubre, una exposición de arte minimalista de géneros diversos como la música, la pintura, la escultura, la fotografía, la danza, la moda, el diseño y la arquitectura.

DISCOTECAS Joy Eslava

Joy Eslava es sin duda la discoteca con más historia de todo Madrid. La música de últimas tendencias y los éxitos comerciales a manos de DJs de prestigio. Ofrece conciertos y fiestas temáticas, entre otros eventos.

TEATRO Ciclo Iberoamericano de las Artes

El Ciclo Iberoamericano de las Artes es uno de los proyectos más hermosos e interesantes que han surgido en los últimos años en nuestra ciudad. Hasta el 21 de octubre, se podrá ver una gran variedad de películas, en su mayoría de Argentina.

¿Qué deben hacer las siguientes personas y por qué?

1. Un turista que quiere descansar:

_____

_____

2. Un madrileño (una persona de Madrid) que quiere ver una película de acción:

_____

_____

3. Un joven artista que quiere ver una exposición de arte:

_____

_____

4. Una persona que quiere bailar música moderna:

_____

_____

5. Una pareja jubilada que quiere comer en un restaurante muy formal y elegante:

_____

_____

6. Un joven que quiere conocer a gente nueva:

_____

_____

7. Un joven músico que toca instrumentos de percusión:

_____

_____

A escuchar

1-17 La plaza de mi ciudad. Vas a escuchar a Pablo hablar de la plaza de Oxkutzcab, un pueblo de Yucatán, México.

A. Escucha a Pablo e indica si las siguientes oraciones son verdaderas (V) o falsas (F).

1. _____ Los edificios y las actividades de la plaza son típicos de las grandes ciudades mexicanas.

2. _____ El nombre "Oxkutzcab" se compone de vocabulario maya relacionado con la agricultura.

3. _____ Hay evidencia de la historia mexicana en la plaza de Oxkutzcab.

B. Escucha otra vez a Pablo. Según la descripción, marca con una X las posibles actividades en la plaza de Oxkutzcab.

1. _____ conversar

2. _____ sacar dinero del banco

3. _____ observar arte indígena

4. _____ asistir a misa y rezar

5. _____ jugar

Gramática

Present Indicative of Stem-Changing and Irregular Verbs

1-18 ¿Qué quieres hacer esta noche?

A. Completa la siguiente conversación entre María y Marta con la forma correcta del presente del verbo entre paréntesis.

María: Oye, ¿qué quieres hacer esta noche, Marta?

Marta: A mí me da igual, María. Yo **1.** _____ (tener) un examen

mañana en mi clase de matemáticas, por eso **2.** _____ (preferir)

volver antes de la medianoche. ¿Qué **3.** _____ (pensar) hacer tú?

María: Bueno, me **4.** _____ (decir) mi hermano que la nueva película

de Almodóvar es fenomenal. ¿Te interesa verla?

Marta: Sí, me interesa. Y si nosotros **5.** _____ (ir) a la película

6. _____ (poder) tomar un café después en el club que

nos gusta tanto.

María: Me parece buen plan. Ahora, ¡a terminar la tarea!

B. Y tú, ¿qué quieres hacer con tus amigos esta noche?

_____

_____

_____

_____

1-19 Nuestra rutina diaria.

A. Explica qué haces durante la semana en la tabla de horario. Puedes usar verbos de la lista siguiente u otros. Conjuga los verbos en el presente del indicativo.

dormir	despertarse	estudiar
asistir a la clase de...	echar una siesta	almorzar
vestirse	arreglar	reunirse con amigos
tomar un café	ir a la biblioteca	desayunar
hacer deportes	tener tiempo libre	trabajar

Día/ Hora	Lunes	Martes	Miércoles	Jueves	Viernes
9:00					
10:00					
11:00					
12:00					
1:00					
2:00					
3:00					
4:00					
5:00					

B. Tienes dos amigos, Julia y Juan, a quienes nunca ves porque siempre están muy ocupados. Juan te llama por teléfono para ver si será posible quedar un día a tomar un café. Tienes tu horario y sabes el de Julia. Con esta información, contesta las preguntas de Juan.

El horario de Julia

Lunes, miércoles y viernes:
- despertarse a las 9:00
- clases de 10:00 a 4:00
- un descanso entre la 1:15 y las 2:00

Martes y jueves:
- despertarse a las 9:30
- trabajo de las 11:00 a 2:00
- estudiar de 2:00 a 4:30

Juan: Yo me despierto todos los días a las 8:00. ¿Cuándo se despiertan Uds.? Salgo para la universidad a las 8:30, entonces, ¿podemos reunirnos a las 9:00?

Tú: _____

_____

Juan: Tengo mi primera clase los lunes, miércoles y viernes a las 12:00, pero tengo un descanso entre las 2:00 y las 3:00. ¿Cuándo tienen Uds. su primera clase? ¿Nos podemos reunir a las 2:00?

Tú: _____

_____

Juan: Los martes y los jueves estudio por las mañanas en la biblioteca pero después de almorzar tengo tiempo como a la 1:00. ¿Tienen tiempo Uds. a esta hora?

Tú: _____

_____

Juan: Entonces, ¿cuándo podemos reunirnos? _____

_____

1-20 ¿Recuerdas? De la lista siguiente, ¿qué actividades asocias con las plazas hispanas? Marca las expresiones correspondientes.

- ❏ participar en rituales religiosos
- ❏ dar un paseo
- ❏ ir de compras
- ❏ vender objetos
- ❏ encontrarse con los amigos
- ❏ escuchar música
- ❏ bailar

- ❏ jugar al fútbol
- ❏ celebrar fiestas patronales
- ❏ ver una película
- ❏ organizar protestas sociales
- ❏ tomar un café en una cafetería
- ❏ visitar un museo

1-21 ¿Cómo son las plazas hispanas?

A. Completa el siguiente párrafo con la forma apropiada del verbo entre paréntesis en presente.

Un día típico en la Plaza Mayor de Salamanca

La Plaza Mayor de Salamanca (España) es posiblemente la más famosa y bonita de todo el país. Se puede ir a cualquier hora del día y de la noche y observar muchos tipos de diversiones y actividades. Muy temprano por las mañanas, 1. _____ (venir) los camiones con la comida para los restaurantes. Al mismo tiempo, los vendedores ambulantes 2. _____ (preparar) sus productos para vender. Por las tardes hay gente de todas las edades que 3. _____ (tomar) algo en los cafés antes de volver a casa para almorzar, la comida principal del día. Durante todo el día se nota la presencia de los jubilados, principalmente hombres, que van a la plaza para hablar con sus amigos. Pero, la parte del día más interesante 4. _____ (empezar) a partir de las 7:00. Primero, 5. _____ (llegar) las familias con sus niños. Mientras los padres pasean, 6. _____ (tomar) algo o van de compras a las tiendas alrededor de la plaza, los niños 7. _____ (jugar) al fútbol. Los chicos mayores de edad, 8. _____ (encontrarse) con sus amigos de la escuela y pasan el rato juntos. Por las noches hay gente de todas las edades. Los músicos tocan sus instrumentos mientras la gente 9. _____ (bailar) bailes tradicionales de la ciudad. Más tarde, como a las 11:00, suelen llegar los jóvenes de 20 años que, después de reunirse, 10. _____ (irse) a los bares o los clubes nocturnos. Hay gente en la plaza hasta las 2:00 ó 3:00 de la mañana, charlando, bebiendo y divirtiéndose.

B. Ahora, repasa tus respuestas a la actividad 1–20. Después de haber leído el párrafo sobre la Plaza Mayor de Salamanca, ¿quieres añadir otras actividades a tu lista de asociaciones? Escríbelas aquí:

_____

_____

_____

_____

Redacción

1-22 ¿Qué hacen las personas de tu ciudad para divertirse? Escribe una guía del ocio para tu ciudad. Haz una descripción de tres actividades que se pueden hacer en tu ciudad para pasarlo bien y explica dónde se pueden hacer.

_____

_____

_____

_____

_____

A escuchar

1-23 Control del ritmo de la conversación. Vas a escuchar a dos jóvenes que conversan sobre las posibles actividades del presidente de Estados Unidos.

A. Escucha la conversación y marca con una X las expresiones que usan los jóvenes.

_____ No comprendo. Repite, por favor.   _____ Dame un minuto…

_____ Pues... Bueno…   _____ Pues, necesito más tiempo para pensar.

_____ A ver, déjame pensar un minuto…   _____ ¿Qué significa la palabra…?

_____ ¿Puedes escribirlo, por favor?

B. Escucha otra vez la conversación y anota tres actividades que los jóvenes suponen que hace el presidente.

1. _____

2. _____

3. _____

TEMA 3　POR QUÉ NOS CONOCEN

Vocabulario del tema

1-24 Palabras en acción.　Busca en tu diccionario o en tu libro de texto un sustantivo correspondiente a cada uno de los verbos siguientes. Incluye el artículo definido.

> **MODELO:**
>
> bailar　　　　　　　　　　**el baile**

lanzar　　　　_____
reconocer　　_____
pintar　　　　_____
reformar　　　_____
pronunciar　　_____

1-25 Momentos importantes.　Las siguientes oraciones tratan de momentos importantes en la vida de los cuatro personajes estudiados en tu texto. Identifica los sinónimos de las palabras en negrita según el contexto.

1. Antes de inmigrar a Estados Unidos, Orlando Hernández **firmó** un contrato profesional.
　　a. llegó　　　　　　**b.** salió　　　　　　**c.** aceptó

2. A los quince años, Botero sorprendió a su familia cuando anunció que quería ser pintor, lo cual no **encajaba** dentro de una familia más bien conservadora.
　　a. impresionaba　　**b.** era aceptable　　**c.** vivía

3. Otro problema que Rosie tuvo que **superar** fue el de su dicción; por ejemplo, de niña pronunciaba su nombre "Wosie", así que tuvo que asistir a clases para corregir su pronunciación.
　　a. vencer　　　　　**b.** cambiar　　　　　**c.** sobrevivir

4. Los **personajes** femeninos de Isabel Allende son fuertes e independientes.
　　a. individuos ficticios　　**b.** personas famosas　　**c.** dibujantes
　　　　　　　　　　　　　　　　　　　　　　　　　de periódico

A escuchar

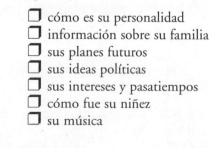

1-26 La vida de Gloria Estefan.　Vas a escuchar una biografía de la cantante cubano-americana Gloria Estefan.

A. Escucha la biografía y selecciona los temas mencionados.

❑ cómo es su personalidad
❑ información sobre su familia
❑ sus planes futuros
❑ sus ideas políticas
❑ sus intereses y pasatiempos
❑ cómo fue su niñez
❑ su música

B. Escucha otra vez la biografía e identifica dos eventos que impactaron la vida de Gloria Estefan.

a. _____

b. _____

GRAMÁTICA

Preterit Tense

1-27 ¿Recuerdas?   Recuerda la información que aprendiste sobre Orlando Hernández (OH), Fernando Botero (FB), Rosie Pérez (RP) e Isabel Allende (IA). De la lista de actividades a continuación, primero escribe quién hizo la actividad y después conjuga la forma correcta del verbo.

> **MODELO:**
>
> (salir) de Cuba en 1997.
>
> **OH salió de Cuba en 1997.**

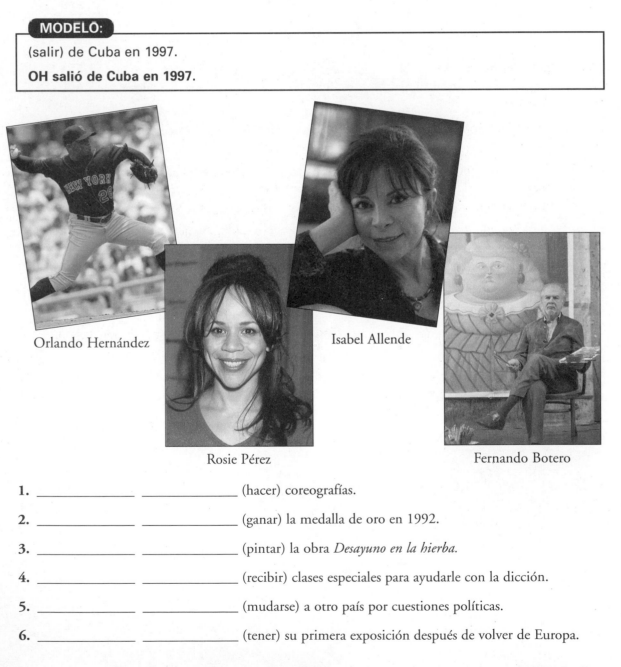

Orlando Hernández

Rosie Pérez

Isabel Allende

Fernando Botero

1. _____ _____ (hacer) coreografías.

2. _____ _____ (ganar) la medalla de oro en 1992.

3. _____ _____ (pintar) la obra *Desayuno en la hierba*.

4. _____ _____ (recibir) clases especiales para ayudarle con la dicción.

5. _____ _____ (mudarse) a otro país por cuestiones políticas.

6. _____ _____ (tener) su primera exposición después de volver de Europa.

1-28 Una noticia increíble

A. Trabajas para el periódico *El informador universitario*. Ayer, después de presenciar un evento increíble, tomaste las siguientes notas. Convierte tus notas en una narración usando el pretérito de los verbos. ¡Sé creativo/a!

Tus notas:

> **Hora:** las 9:00 de la noche
> **Lugar:** biblioteca
> **Personas:** una mujer bonita con un vestido muy formal.
> **Acciones:** La mujer pasa corriendo y sale. Un hombre con traje grita. Llegan dos mujeres jóvenes y una mujer mayor. Tratan de parar al hombre. La mujer bonita vuelve.
> Se pone un zapato de cristal. Hay besos. Las otras mujeres la atacan.
> **Conclusión:** Entra la policía. Lleva a las mujeres a la cárcel.

Tu artículo:

Eran... _____

Estaba... _____ .

Primero, _____

_____ .

Segundo, _____

_____ .

Tercero, _____

_____ .

Al final, _____

_____ .

B. ¿Cómo reaccionaron las siguientes personas al evento? Explica sus reacciones usando la lista de verbos a continuación.

enojarse	sorprenderse	alegrarse
ponerse contento/a	ponerse triste	frustrarse

1. Yo

2. La mujer bonita

3. Las tres mujeres

4. El hombre

1-29 Javier. Javier estaba muy ocupado ayer. Explica a qué hora hizo las actividades siguientes.

> **MODELO:**
>
> las siete de la mañana / Javier / despertarse
> **Eran las siete de la mañana cuando Javier se despertó.**

1. las ocho de la mañana / Javier / desayunar

_____

2. las diez de la mañana / Javier y sus amigos / asistir a la clase de español y de inglés

_____

3. la una de la tarde / Javier y su amiga / estudiar en la biblioteca

_____

4. las tres de la tarde / Javier / hacer ejercicios en el gimnasio

_____

5. las cinco de la tarde / Javier / reunirse con sus amigos

_____

6. ¿Y tú? ¿A qué hora hiciste las siguientes actividades ayer?

despertarte: _____

asistir a clases: _____

estudiar: _____

Imperfect Tense

1-30 Diversiones sociales. La vida de Gloriana ha cambiado mucho ahora que es estudiante universitaria, porque ella y sus amigos no tienen tiempo para hacer las actividades que hacían antes. Explica estos cambios siguiendo el modelo.

> **MODELO:**
>
> Gloriana / jugar deportes
> **Antes Gloriana jugaba muchos deportes pero ahora no juega.**

1. Gloriana y sus amigos / ver muchas películas

_____

2. Gloriana y su familia / ir de excursión

_____

3. Gloriana / visitar el museo

_____

4. ¿Y tú? ¿Hay actividades que hacías antes que no puedes hacer ahora? Menciona tres actividades

diferentes.

_____

_____

_____

1-31 Una vida frenética. Los estudiantes siempre están muy ocupados y no siempre tienen tiempo para sus amigos. Ayer, las siguientes personas intentaron hablar pero siempre estaban haciendo cosas diferentes. Usando las ilustraciones describe lo que estaban haciendo.

MODELO:

Jill / Courtney

Jill estudiaba en la biblioteca mientras Courtney escuchaba a su profesor.

1. El novio / la novia

_____

_____

_____

2. Las dos compañeras de apartamento / las otras dos compañeras

_____

_____

_____

3. John / Benjamín

_____

_____

_____

4. El compañero de cuarto / los otros dos compañeros de cuarto

_____

_____

_____

Redacción

1-32 Los problemas que superamos.   Aprendiste que Rosie Pérez tuvo que superar sus problemas de dicción cuando era niña. ¿Tuviste que superar algún problema cuando eras niño/a? Describe cuál era el problema y el efecto que tuvo en tu vida.

_____

_____

_____

_____

_____

_____

A escuchar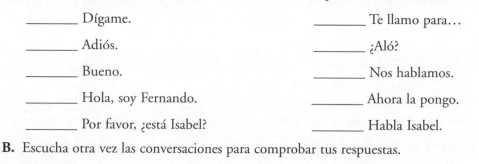

1-33 Una conversación telefónica

A. Escucha las dos conversaciones telefónicas e identifica el número de la conversación (1 ó 2) en que escuchas las expresiones de la lista. Si no escuchas una expresión, escribe Ø.

_____ Dígame.   _____ Te llamo para…

_____ Adiós.   _____ ¿Aló?

_____ Bueno.   _____ Nos hablamos.

_____ Hola, soy Fernando.   _____ Ahora la pongo.

_____ Por favor, ¿está Isabel?   _____ Habla Isabel.

B. Escucha otra vez las conversaciones para comprobar tus respuestas.

TEMA 4 GENTE Y LUGARES

Vocabulario del tema

1-34 Tego Calderón. Identifica la expresión lógica y escríbela en el espacio en blanco.

Tego Calderón es un músico de *hip hop* con mucho _____ (éxito, puente, daño)

internacional. Ahora está preparándose para una nueva _____ (gastada, sueño, gira)

por Estados Unidos. Su música representa un _____ (apegado, puente, sueño) entre los

cantantes jóvenes y los más experimentados y él está muy _____ (gastada, apegado,

éxito) al género latino urbano. Tego está muy _____ (ilusionado, apegado, gastada) con

su nominación para un Grammy, pero dice que _____ (hace muchísimo daño, está

ilusionado, no le quita el sueño).

1-35 Mi música favorita. Describe tu género de música favorito. Puedes mencionar características,
influencias, conciertos, temas típicos, artistas famosos, etc.

_____

_____

_____

_____

_____

_____

1-36 Vieques, Puerto Rico. En tus propias palabras, explica brevemente los siguientes fenómenos:

1. La bioluminiscencia de la Bahía Mosquito

_____

_____

2. El problema ecológico de la Bahía Mosquito

_____

_____

3. Las protestas de los viequenses entre 1999 y 2003

_____

_____

A escuchar

1-37 La cultura puertorriqueña. Vas a escuchar a un puertorriqueño hablar de la historia y la cultura de su isla.

A. Las ideas principales. Escucha la descripción y marca con una X los temas mencionados.

1. _____ la emigración de Puerto Rico

2. _____ el distrito histórico de la capital

3. _____ características de San Juan

4. _____ las playas de Puerto Rico

5. _____ los orígenes raciales de los puertorriqueños

6. _____ la influencia de la cultura angloamericana en Puerto Rico

B. Los detalles importantes. Lee las siguientes declaraciones y decide si son verdaderas (**V**) o falsas (**F**). Si una declaración es falsa, corrígela.

1. _____ San Juan se llama "la ciudad del encanto."

   ¿Corección? _____

2. _____ El mestizaje se refiere a la combinación de la raza indígena y europea.

   ¿Corección? _____

3. _____ Hay mucha evidencia de la cultura taína en el Puerto Rico de hoy.

   ¿Corección? _____

4. _____ Los esclavos africanos cultivaban café en el interior de la isla.

   ¿Corección? _____

5. _____ El jíbaro se refiere al puertorriqueño blanco, de ascendencia española.

   ¿Corección? _____

6. _____ Puerto Rico es un Estado Libre Asociado de Estados Unidos.

   ¿Corección? _____

7. _____ Hay mucha evidencia de la cultura "americanizada" en el Puerto Rico actual pero hay también manifestaciones culturales más auténticas.

   ¿Corección? _____

C. Atención a los verbos. Vas a escuchar algunas oraciones de la descripción. Identifica si los verbos están en el pretérito o el imperfecto, o si en una misma oración aparecen ambos tiempos verbales. Encierra en un círculo la opción correcta.

     Oración 1: pretérito   imperfecto

     Oración 2: pretérito   imperfecto

     Oración 3: pretérito   imperfecto

     Oración 4: pretérito   imperfecto

Más allá de las palabras

Redacción

1-38 ¿Dónde estás ahora? Un/a profesor/a tuyo/a de la escuela secundaria te ha escrito el mensaje siguiente por correo electrónico.

✉ **Periódico escolar** ▾▣ _ □ ✕

Para: estudiante23@udb.edu
De: prof@udb.edu
Ref: Periódico escolar

Hola_____:

Espero que estés bien. Te escribo porque estamos preparando una nueva edición del periódico de la escuela sobre los estudiantes ya graduados. Los profesores y los estudiantes queremos saber dónde estás ahora. Más específicamente, nos interesa saber cómo es tu vida en la universidad y cómo han cambiado las cosas para ti desde que te fuiste de aquí. ¿Te interesa escribir un artículo? Esperamos que sí. El artículo debe ser en tono informal y no exceder las 200 palabras.

Saludos,

Tu profe

Ahora, escribe el artículo teniendo en cuenta las necesidades de tu lector/a (amigos y profesores de la escuela secundaria). Acuérdate de incorporar algunas de las expresiones incluidas en tu libro de texto.

a diferencia de,	igual que
mientras	al fin y al cabo
en resumen	después de todo
sin embargo	en contraste con

_____

_____

_____

_____

_____

_____

_____

_____

El escritor tiene la palabra

1-39 Las técnicas literarias. Los autores de narrativa usan varias técnicas para crear literatura. En esta sección tendrás la oportunidad de reflexionar un poco más sobre el uso artístico del lenguaje en el fragmento de *Paula* que leíste en tu libro de texto.

La narradora/el narrador: La voz que escuchan los lectores. Esta voz que narra puede identificarse con un personaje de la obra literaria o puede ser de alguien más distante. La narradora/el narrador puede dirigirse (*address*) directamente o a los lectores o a un personaje de la obra. Claro, cuando se dirige directamente a un personaje de la obra también se dirige indirectamente a los lectores.

1. ¿Quién es la narradora de *Paula*? _____

2. Vuelve a leer la primera oración de la descripción. ¿A quién se dirige directamente la narradora?

   _____

3. Para ti, cuando lees este fragmento y la narradora le habla directamente a otra persona, ¿qué efecto tienen las palabras de la narradora? ¿Tienen un efecto más íntimo o más distante? ¿Tienen un impacto emocional o impersonal? _____

   _____

La caracterización: Todas las técnicas que usa el autor o la autora para crear la personalida de sus personajes (descripción, diálogo, acción, etc.). ¿Qué rasgo de la personalidad del Tata comunican las siguientes palabras?

1. …se aprecia su gesto altivo, esa dignidad sin aspavientos… _____

_____

2. …apoyado en su bastón acompañaba a las visitas hasta la puerta del jardín… _____

_____

3. …la incomodidad le parecía sana y la calefacción nociva… _____

_____

La previsión *(foreshadowing):* La técnica de anticipar sutilmente sucesos o situaciones que van a pasar más adelante en la narrativa.

1. El fragmento termina con una previsión cuando la narradora describe a su madre en los años 60, "estaba enamorada y todavía su mundo parecía seguro". Para ti, ¿qué eventos anticipan estas

palabras ¿Eventos futuros positivos o negativos? _____

2. Vuelve al tema 3 del libro de texto y lee el pasaje sobre la vida de Isabel Allende y su familia. ¿Qué eventos de los años 70 prevén *(foreshadow)* estas palabras?

_____

1-40. Mi diario literario. Escribe tu reacción personal a la descripción. Considera las siguientes preguntas:

- ¿Qué miembros de la familia Allende describe la narradora? Menciona todas las personas y su relación con Paula (madre, abuelo, etc.).
- Dificultades: ¿Fue difícil comprender el fragmento? ¿Por qué crees que la descripción te ha causado problemas?
- Reacción personal: ¿Te gusta la descripción? ¿Qué aspecto(s) de la descripción te llaman más la atención?

_____

_____

_____

_____

_____

_____

_____

Para escribir mejor

El silabeo

Todas las palabras se dividen en **sílabas.** Una sílaba es una letra o grupo de letras que forman un sólo sonido. En esta sección vas a aprender a dividir las palabras en sílabas para mejorar tu pronunciación y ortografía. Al hacer las actividades, practica tu pronunciación, repitiendo en voz alta las palabras.

1. Todas las sílabas tienen una **vocal** (a, e, i, o, u) como mínimo. Cuando una **consonante** (todas las letras del alfabeto que no son vocales) va entre dos vocales, se une a la segunda vocal.

    EJEMPLOS: capaz = ca – paz

    copa = co – pa

2. Dos consonantes juntas se dividen en dos sílabas. Pero ¡ojo!, las agrupaciones de **l** o **r** con **b, c, d, f, g, p** o **t** normalmente no se separan.

    EJEMPLOS: compaginar = com – pa – gi – nar

    platicar = **pla** – ti – car

    madrileño = ma – **dri** – le – ño

3. Tres consonantes juntas entre dos vocales se separan en dos sílabas, con dos consonantes en la primera sílaba, y la tercera con la segunda sílaba, respetando las agrupaciones mencionadas en la regla 2.

    EJEMPLOS: instalarse = ins – ta – lar – se

    transformar = trans – for – mar

    estricto = es – **tric** – to

4. Las letras **ch** y **ll** son inseparables.

    EJEMPLOS: marchar = mar – char

    rollo = ro – llo

1-41 Práctica. Divide las siguientes palabras en sílabas.

1. poeta = _____

2. estresado = _____

3. honrado = _____

4. ocurrir = _____

5. perderse = _____

6. establecer = _____

7. computadora = _____

8. brillante = _____

9. compañero = _____

10. malabarismo = _____

Los diptongos

Las vocales se dividen en **fuertes (a, e, o)** y **débiles (i, u).** La combinación de una vocal fuerte y una débil es un **diptongo.** Un diptongo se considera una sílaba.

EJEMPLOS: bueno = b**ue** – no

veinte = v**ei**n – te

1-42 Práctica.

A. Subraya los diptongos en las palabras siguientes. Es posible que no todas tengan diptongos.

1. ausente

2. ajetreo

3. pueblo

4. puertorriqueño

5. reino

6. juicio

B. Divide las palabras de la parte A en sílabas.

1. _____

2. _____

3. _____

4. _____

5. _____

6. _____

La acentuación tónica y la acentuación ortográfica

El **acento tónico** es oral, o sea, es la sílaba que recibe más fuerza en la pronunciación. El **acento ortográfico** es escrito.

Para las palabras que no llevan acento ortográfico hay dos reglas que indican dónde cae el **acento tónico** al pronunciarlas.

1. En las palabras que terminan en **n, s** o una **vocal** el acento tónico cae en la penúltima sílaba, o la anterior a la última. Estas palabras se llaman **llanas.**

EJEMPLOS: procedente = pro – ce – **den** – te

colocan = co – **lo** – can

2. En las palabras que terminan con cualquier otra consonante excepto **n** o **s** el acento tónico cae en la última sílaba. Estas palabras se llaman **agudas.**

EJEMPLOS: descartar = des – car – **tar**

libertad = li – ber – **tad**

1-43 Práctica.   Decide si las siguientes palabras son llanas o agudas. Después subraya la sílaba donde cae el acento tónico.

1. di – bu – jan – te = _____

2. tra – ba – ja – dor= _____

3. re – cla – man = _____

4. su – pe – rar = _____

5. am – bu – lan – tes = _____

6. e – dad = _____

En las palabras que llevan **acento ortográfico** el acento tónico cae en la sílaba de la vocal que lleva el acento escrito. La función del acento ortográfico es indicar que no se siguen las dos reglas anteriores. En los dos ejemplos siguientes la sílaba en negrita lleva un acento ortográfico donde cae el acento tónico. Sin el acento ortográfico la sílaba subrayada recibiría el acento tónico.

> EJEMPLOS: **rí** – gi – do
>
> **lí** – der

1-44 Práctica.   Pon un acento ortográfico en las palabras que lo requieren. La sílaba que debe recibir el acento tónico está en negrita.

1. co – mi – co

2. re – **su** – men

3. en – ca – **jar**

4. pe – **li** – cu – la

5. jo – ve – nes

6. fut – bol

Los diptongos y la acentuación

1. El uso de un acento ortográfico sobre la vocal débil de un diptongo lo rompe en dos sílabas. En tal caso, la sílaba con el acento se pronuncia con más énfasis.

> EJEMPLOS: e – ti – mo – lo – **gí** – a
>
> **tí** – o

2. El uso de un acento ortográfico sobre la vocal fuerte de un diptongo da fuerza a toda la sílaba del diptongo.

> EJEMPLOS: re – pre – sen – ta – **ción**
>
> tam – **bién**

1-45 Práctica.   Todas las siguientes palabras tienen diptongos. Divídelas en sílabas y luego subraya la sílaba que recibe la fuerza.

1. información _____

2. pie _____

3. biología _____

4. después _____

5. día _____

6. acentúa _____

1-46 Resumen. Divide las palabras en sílabas. Después, pon un acento ortográfico en las palabras que lo requieren.

1. barrio_____

2. exito _____

3. filosofia _____

4. instalarse _____

5. vacio_____

6. antipatico _____

7. edad _____

8. competicion _____

9. brillante _____

10. bueno _____

Para pronunciar mejor

Stress and Accent Marks

1. Words that end in a vowel, or **-n,** or **-s** are stressed on the next-to-last syllable and they do not carry a written accent mark.
2. Words that end in a consonant other than **-n** or **-s** are stressed on the last syllable and they do not carry a written accent mark.
3. The accent mark indicates the syllable that needs to be stressed in words that break the rules stated above, e.g., *tabú , alemán, inglés* break rule #1, and *lápiz, dólar, álbum* break rule #2.
4. The accent mark is also used to indicate that two vowels that normally are pronounced in one syllable as a diphthong are pronounced in two separate syllables, e.g., *comía,* with a written accent even though the word follows rule #1.
5. The accent mark is also used to visually distinguish two words that look and sound the same but have different meanings, e. g., *tu 'your'/tú 'you'; el 'the'/él/he.* Except for such cases, monosyllabic words never bear a written accent mark.

1-47 All the words below follow either rule #1 or rule #2. First, look at the word endings and decide whether rule #1 or rule #2 applies in each case. Circle the syllable that bears the stress. Then, listen to the recording paying attention to the stressed syllable, and repeat the word after the recording.

MODEL: señor   *rule #1 or rule #2*

1. actitud   _____

2. nombre   _____

3. español   _____

4. cinco   _____

5. mesa   _____

6. mesas   _____

7. normal   _____

8. hablar   _____

9. domingo   _____

10. caminan   _____

1-48 For each of the following words, observe the final letter to decide whether rule #1 or rule #2 should be applied. Write the rule that applies and explain why. Then, observe the stressed syllable, which is underlined. Does the word follows the rule? If so, the underlined syllable will be left as is. If the word breaks the rule, then the underlined syllable has to carry a written accent mark. Explain your decision to leave the word as is or to add a necessary accent.

MODEL: tapiz --> tapiz

rule #2 should apply as the word ends in a consonant other than "n" or "s"; no accent mark is needed because the stress is on the last syllable

MODEL 2: salon --> salón

rule #1 should apply as the word ends in '"n"; accent mark is needed because the stress is on the last syllable

1. camino _____

2. lapiz _____

3. lapices _____

4. actor _____

5. actores _____

6. examen _____

7. examenes _____

8. profesor _____

9. almacen _____

10. America _____

11. americano _____

12. dolares _____

13. dolar _____

14. aleman _____

15. alemanes _____

2 Las relaciones de nuestra gente

TEMA 1   EN FAMILIA

Vocabulario del tema

2-1 ¿Cómo son las familias en tu cultura?   Lee las oraciones siguientes. Usando el contexto y tu intuición, explica el significado de las palabras y/o expresiones en negrita. Luego, indica si la oración es verdadera (**V**) o falsa (**F**).

MODELO:

__F__ En mi cultura las **parejas** generalmente se casan a los 18 años.
pareja = **dos personas enamoradas**

---

1. _____ No es muy común que las parejas **vivan juntas** antes de casarse.

   vivir juntos/as = _____

2. _____ Hoy en día uno de cada dos matrimonios termina en **divorcio**.

   divorcio = _____

3. _____ En mi cultura las madres normalmente se quedan en casa para hacer las **tareas domésticas,** como la limpieza.

   tareas domésticas = _____

4. _____ Las personas **jubiladas** son generalmente muy activas porque viajan y

   pasan mucho tiempo con sus familias.

   jubilado/a = _____

5. _____ Es común que las parejas **retrasen** el matrimonio y se casen más tarde.

   retrasar = _____

6. _____ En mi cultura el padre ayuda con el trabajo de la casa y el **cuidado de los hijos**.

   cuidado de los hijos = _____

2-2 Los papeles y obligaciones

A. ¿Qué papeles y obligaciones tienen tu madre, tu padre y tus abuelos? Pon las siguientes palabras y expresiones en la categoría apropiada. (¡OJO! Es posible ponerlas en dos o tres categorías).

cuidar de los hijos	hacer el trabajo de la casa
establecer las reglas de la casa	trabajar en la oficina
ser ama de casa	hacer la limpieza de la casa
dedicarse a sus aficiones	educar a los hijos
llevar a los niños a la guardería infantil	trabajar por horas
tener la autoridad	proteger el honor familiar
pasar mucho tiempo con los hijos	dar afecto

EL PAPEL DE MI MADRE	EL PAPEL DE MI PADRE	EL PAPEL DE MIS ABUELOS

B. ¿Qué papeles u obligaciones quieres tener tú cuando te cases? ¿Qué obligaciones quieres compartir con tu esposo/a?

_____

_____

2-3 La familia de Marta

A. Marta es una estudiante estadounidense con una familia no tradicional. Lee la descripción de la familia de Marta y llena los espacios con las palabras apropiadas de la lista.

bisabuelo/a	cuñado/a	gemelo/a
guardería infantil	hermanastro/a	madrastra
padrastro	sobrino/a	viudo/a
abuelo	trabajar por horas	casarse

1. Mis padres se divorciaron cuando yo tenía 10 años. Más tarde mi madre se casó otra vez. Su esposo

es mi _____.

2. Tengo dos hermanos mayores que nacieron el mismo día y son idénticos. Ellos son

_____.

3. Uno de mis hermanos mayores tiene una hija. Ella es mi _____.

4. Mi padre también se casó por segunda vez, con mi madrastra, pero ella murió. Ahora él es

_____.

5. Mi madre tuvo otro bebé que ahora tiene cuatro años. Se llama Juan y él es mi

_____.

6. Como mi madre trabaja todo el día y Juan no tiene suficiente edad para asistir a la escuela, él va

todos los días a una _____.

7. El padre de mi padre, o sea mi _____, ya está jubilado.

8. Yo quiero _____ algún día pero es importante encontrar al hombre

perfecto para evitar el divorcio.

B. Compara tu familia con la familia de Marta.

_____

_____

_____

2-4 ¿Recuerdas?   Contesta las preguntas siguientes según la información de tu libro de texto sobre la familia.

1. ¿Cómo ha transformado la vida moderna a las familias hispanas? Da un ejemplo específico.

_____

2. ¿Cómo han cambiado los papeles del hombre y la mujer? ¿Son diferentes ahora en comparación con el pasado? Da un ejemplo específico.

_____

3. ¿A qué se dedica la nueva generación de jubilados?

_____

4. Explica: No existe la familia hispana.

_____

_____

 **A escuchar**

2-5 La familia de Lucía. Lucía, una venezolana de 35 años, habla de su familia y la familia de sus padres.

A. Escucha la conversación, marcando con una **M** las experiencias de la madre de Lucía y con una **L** las de Lucía. Usa **ML** para las experiencias que las dos tienen en común.

1. _____ tuvo 5 hijos

2. _____ se casó a los 26 años

3. _____ estudió para obtener una maestría

4. _____ es ama de casa

5. _____ hace las tareas domésticas

6. _____ vive separada de la familia

7. _____ es profesional

8. _____ se casó a los 19 años

B. Inferencias. Escucha la conversación otra vez y marca con una **X** las conclusiones lógicas sobre la familia actual de Lucía.

1. _____ Es más pequeña que una familia tradicional.

2. _____ Su esposo ayuda mucho con las tareas domésticas.

3. _____ Comparten el cuidado de la abuela.

4. _____ Tienen grandes reuniones familiares todos los domingos.

5. _____ Lucía siente nostalgia por el contacto familiar del pasado.

Gramática

Impersonal/Passive Se to Express a Nonspecific Agent of an Action

2-6 Las costumbres familiares del pasado. En general, ¿cómo era la vida en el pasado? Forma oraciones completas usando la forma correcta del imperfecto del verbo y **se** impersonal/pasivo.

> **MODELO:**
>
> considerar / el papel más importante del padre/ ganar dinero.
>
> **En el pasado, se consideraba que el papel más importante del padre era ganar dinero.**

1. restringir (*restrict*) / la libertad de la mujer para trabajar fuera de casa

   _____

2. reconocer (*recognize*) / las contribuciones de los abuelos a la vida familiar diaria

   _____

3. no aceptar / el divorcio como solución a los problemas entre las parejas

   _____

4. dar / más responsabilidades a los hijos en las tareas del hogar

_____

5. dedicar / más tiempo a las actividades familiares

_____

6. dar importancia / al mantenimiento del honor familiar

_____

2-7 Las reglas de casa.   En cada familia los padres les imponen obligaciones a los hijos. Completa las oraciones siguientes con **se** usando la forma singular o plural del verbo, según el caso.

1. Se _____ (respetar) la autoridad de los padres en todo momento.

2. Se _____ (hacer) las tareas domésticas asignadas cuando lo piden los

   padres.

3. Se _____ (deber) terminar toda la tarea antes de salir.

4. Se _____ (aceptar) el castigo al romper las reglas.

5. Menciona dos obligaciones adicionales de tu propia familia:

_____

_____

2-8 Los estereotipos

A. Expresa estos estereotipos comunes usando una variedad de expresiones impersonales como:
se piensa, se considera, se cree, se describe, se comenta, se discute, etc.

> **MODELO:**
>
> Los italianos son buenos cocineros.
> **Se dice que los italianos son buenos cocineros.**

1. Los franceses son románticos.

_____

2. Para los estadounidenses es más importante el trabajo que la familia.

_____

3. Los mexicanos son alegres.

_____

4. La cultura canadiense es muy similar a la cultura estadounidense.

_____

B. Expresa tu opinión sobre dos de los estereotipos mencionados usando las ideas de tu libro de texto además de tus propias ideas. ¿Estás de acuerdo o no? Explica tu respuesta.

_____

_____

_____

2-9 El tono impersonal.   Has preparado un reportaje para tu clase de español sobre cómo se celebra la fiesta de cumpleaños en Estados Unidos. El problema es que tu profesor/a había pedido que usaras **se** para hacerlo en un tono más impersonal. Escribe los verbos subrayados usando **se** con la forma apropiada del verbo.

En Estados Unidos para celebrar el cumpleaños 1) **organizamos** fiestas en casa de amigos o de familiares. Normalmente, 2) **comemos** un almuerzo o una cena que normalmente incluye la comida favorita del/de la festejado/a. Después de comer, 3) **repartimos** pastel y helado para todos. Cuando es el cumpleaños de un/a niño/a normalmente 4) **incluimos** varios juegos como parte de la fiesta, pero en el caso de los adultos 5) **preferimos** charlar un rato o tomar una copa. Al final, 6) **damos** los regalos, la parte favorita de todos.

1. _____

2. _____

3. _____

4. _____

5. _____

6. _____

Redacción

2-10 Un resumen.   Tienes que preparar un resumen para tu clase de sociología sobre los cambios en la dinámica de tu familia después de empezar tus estudios universitarios. Escribe un párrafo contestando las preguntas siguientes: ¿Cómo son tus relaciones familiares ahora que eres estudiante universitario/a? ¿Cómo han cambiado tus papeles y obligaciones con respecto al pasado?

_____

_____

_____

_____

_____

A escuchar

2-11 Pedir y dar información. El Departamento de Psicología de tu universidad está haciendo un estudio sobre las costumbres familiares de los estudiantes. El entrevistador *(interviewer)* les pide información a dos estudiantes: una estudiante universitaria típica y una estudiante no tradicional de edad más avanzada.

A. Escucha la conversación, marcando con un **1** las expresiones que oyes en la primera parte de la entrevista y con un **2** las expresiones de la segunda parte. Nota la diferencia entre el uso de tú y usted. Si se usa la misma expresión en las dos partes, escribe **1 2**.

1. _____ Quiero saber si…

2. _____ Dime…

3. _____ ¿Me puede decir…?

4. _____ Yo opino que…

5. _____ Con mucho gusto.

6. _____ La verdad es que…

7. _____ Otra pregunta…

8. _____ ¿Me puedes decir…?

9. _____ Lo siento, pero no lo sé.

10. _____ Permíteme explicar….

B. Escucha la conversación otra vez y apunta tres diferencias entre la estudiante 1 y la estudiante 2.

Estudiante 1   Estudiante 2

_____   _____

_____   _____

_____   _____

TEMA 2 · ENTRE AMIGOS

Vocabulario del tema

2-12 La amistad. A continuación hay varios adjetivos que se pueden usar para describir la amistad. Identifica el antónimo de cada adjetivo.

1. _____ leal
2. _____ duradero/a
3. _____ desconocido/a
4. _____ incómodo/a
5. _____ honroso/a
6. _____ irresponsable
7. _____ cariñoso/a
8. _____ insincero/a
9. _____ unido/a
10. _____ generoso/a

a. cómodo/a
b. conocido/a
c. temporal
d. deshonroso/a
e. desunido/a
f. desleal
g. responsable
h. sincero/a
i. frío/a
j. egoísta

2-13 Las relaciones amistosas. Seguro que has hecho muchos nuevos amigos desde que estás en la universidad. ¿Cómo es tu relación con ellos?

A. Usando la lista de adjetivos de arriba más otros adjetivos que ya sabes, describe a cuatro amigos diferentes. Luego, incluye una o dos actividades que normalmente haces con cada uno de ellos.

AMIGO/A #1:	AMIGO/A #2	AMIGO/A #3	AMIGO/A #4
¿Cómo es?	¿Cómo es?	¿Cómo es?	¿Cómo es?
¿Qué hacemos juntos?	¿Qué hacemos juntos?	¿Qué hacemos juntos?	¿Qué hacemos juntos?

B. De estas cuatro personas, ¿quién es tu mejor amigo/a? ¿Por qué?

_____
_____
_____
_____

2-14 **Las relaciones amorosas.** Identifica los sinónimos de las palabras en negrita de las oraciones siguientes.

1. En las relaciones amorosas es importante ser **fiel** al/a la novio/a, es decir, es importante ser honesto en todo momento.
    a. leal   **b.** sentimental   **c.** deshonroso
2. El **noviazgo** de Carlos y Julia duró dos meses antes de su matrimonio.
    a. el período de separación antes de un divorcio
    b. estar prometido/a a para casarse
    c. la ceremonia de matrimonio
3. Marta es una chica muy **lanzada,** ella siempre toma la iniciativa.
    a. atrevida   **b.** tímida   **c.** inocente
4. Juan es un hombre que demuestra mucho su **cariño.** Por ejemplo, cuando está con su novia le gusta hacer manitas, besarla y abrazarla.
    a. amistad   **b.** violencia   **c.** afecto

2-15 **La primera cita.**

A. De la lista de actividades a continuación marca con una X las que crees que son apropiadas en una primera cita.

❏ hacer manitas   ❏ presentarlo/la a los padres
❏ pasar la noche fuera de casa   ❏ ser romántico/a
❏ flirtear   ❏ besarse
❏ hablar por teléfono al día siguiente ❏ pagar la cuenta a medias en el restaurante

B. ¿Eres tímido/a o lanzado/a? Explica por qué.

_____

_____

A escuchar

2-16 **Romances chapados a la antigua** *(old-fashioned romances).* Escucha a Rosario del Sarto, una argentina de 65 años, hablar de su noviazgo y matrimonio.

A. Escribe un número (1, 2, 3, 4, 5) para indicar el orden cronológico de eventos.

a. _____ Javier visitaba a Rosario en casa.

b. _____ Javier y Rosario se casaron.

c. _____ Javier besó a Rosario.

d. _____ Rosario conoció a Javier.

e. _____ Su familia y amigos sabían que Rosario y Javier iban a casarse.

B. Escucha otra vez a Rosario. Menciona dos diferencias entre la experiencia de Rosario y un noviazgo típico de hoy.

1. _____

2. _____

Gramática

Preterit and Imperfect in Contrast

2-17 Un día frenético. Luisa tuvo muchas interrupciones cuando se preparaba para salir con un chico muy especial. Completa las oraciones para explicar qué le pasó.

> **MODELO:**
> planear la cita con el chico / tocar a la puerta su vecina
> **Planeaba la cita con el chico cuando tocó a la puerta su vecina.**

1. buscar su vestido favorito / rompérsele el zapato

_____

2. pedir consejos a su mejor amiga / llamar su madre por teléfono

_____

3. ducharse / oír un ruido espantoso

_____

4. salir de la casa para encontrarse con el chico / empezar a llover

_____

2-18 Cambio de planes. Antonio tenía muchos planes para el verano pasado pero todo cambió cuando conoció a Marta. Explica estos cambios siguiendo el modelo.

> **MODELO:**
> viajar con su familia por un mes
> **Antonio iba a viajar con su familia por un mes pero no lo hizo.**

1. jugar en un equipo de fútbol con sus amigos

_____

2. trabajar en una oficina

_____

3. tomar una clase

_____

4. visitar a sus abuelos

_____

2-19 Momentos importantes.   ¿Cuántos años tenías en estos momentos importantes de tu vida?

> **MODELO:**
>
> graduarse de la escuela secundaria
>
> **Tenía 18 años cuando me gradué de la escuela secundaria.**

1. mudarse de casa por primera vez

_____

2. sacar el carnet de conducir

_____

3. tener la primera cita con un/a chico/a

_____

4. besar por primera vez a un/a chico/a

_____

2-20 Una amiga inolvidable.   Todos recordamos muy bien cuando conocimos por primera vez a nuestros mejores amigos. Completa el párrafo siguiente con el pretérito o el imperfecto, según el caso.

Yo **1.** _____ (tener) 8 años cuando **2.** _____ (conocer) a mi mejor amiga Amanda. Ella **3.** _____ (ser) muy bonita y simpática. Siempre **4.** _____ (hacer) todo juntas, como ir al cine o ir de compras en el centro comercial. Todo eso **5.** _____ (cambiar) cuando teníamos 15 años y conocimos a Mark, el chico más guapo de la clase. Recuerdo todavía muy bien aquel día. **6.** _____ (Hacer) mucho frío y **7.** _____ (ser) las ocho de la mañana, la hora de ir a la escuela. Yo **8.** _____ (ir) a la casa de Amanda porque siempre **9.** _____ (caminar) juntas. ¡Qué sorpresa cuando la **10.** _____ (ver) caminando con Mark! Después de aquel día, dejamos de ser amigas íntimas.

Comparatives

2-21 Un viaje. Tienes que elegir entre ir a Costa Rica o a Cancún en tus próximas vacaciones. Usando la información de los folletos turísticos y las indicaciones, escribe oraciones comparando los dos lugares.

MODELO:

divertirse

En Cancún me divierto más que en Costa Rica porque hay discotecas.

DÉJATE CONQUISTAR POR COSTA RICA

Todo un país de sensaciones

Enamórate de la perla del Caribe:
- inmensas playas tropicales
- el azul celeste de su mar y su cielo
- el verde tropical de sus bosques
- la tranquilidad de las cabañas rústicas

Vive la alegría de un pueblo lleno de calidez.
¡Costa Rica conquistará tu corazón!

Disfrute de la vida en Cancún en el Hotel Jardín del Sol

Ponemos a su disposición
aguas sensuales (*jacuzzi en todas las habitaciones*),
aguas cubiertas (*piscina interior*),
aguas dulces (*piscina exterior*),
aguas saladas (*playas en el mar*).

El precio incluye:
Acceso y uso de las instalaciones
(discoteca, gimnasio, piscinas)
Excursiones por la ciudad de Cancún
(pirámides mayas, las discotecas más conocidas, las playas escondidas)

1. la tranquilidad (más, menos, tan, tanto)

_____

_____

2. playas (más, menos, tan, tanto)

_____

_____

3. hacer ejercicios frecuentemente (más, menos, tan, tanto)

_____

_____

4. descansar (más, menos, tan, tanto)

_____

_____

5. Tu decisión: ¿Vas a Costa Rica o a Cancún? ¿Por qué?

_____

_____

2-22 ¿Recuerdas? En tu libro de texto has estudiado el concepto de la amistad y algunas diferencias culturales sobre este concepto.

A. Explica tu propio concepto de la amistad. Luego, resume la información presentada en el libro de texto.

¿QUÉ SIGNIFICA EL CONCEPTO DE LA AMISTAD PARA MÍ?	¿QUÉ SIGNIFICA EL CONCEPTO DE LA AMISTAD EN LOS PAÍSES HISPANOS?

B. Ahora, escribe dos comparaciones de igualdad y dos de desigualdad usando la información de la tabla.
Comparaciones de igualdad

1. _____

_____

2. _____

_____

Comparaciones de desigualdad

1. _____

_____

2. _____

_____

Redacción

2-23 Una anécdota amorosa.   Este mes la revista popular *Más* tiene una sección especial sobre las primeras citas e invita a los lectores a mandar testimonios sobre sus primeras citas. Responde con tu propia experiencia personal.

_____

_____

_____

_____

_____

_____

A escuchar

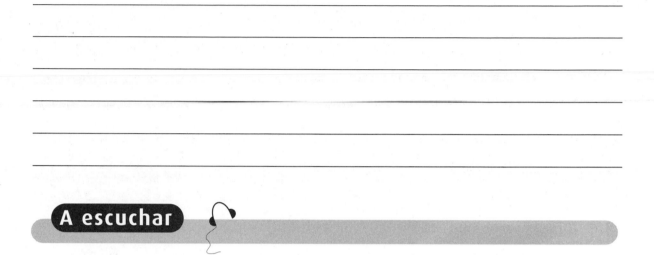

2-24 Contar anécdotas.   Escucha a Rafael contarle a su amigo Fernando lo que pasó cuando se enamoró de una chica que no hablaba español.

A. Marca con una **R** las expresiones que usa Rafael para contar la anécdota y con una **F** las expresiones que usa Fernando para reaccionar. Marca con un **Ø** las expresiones que no escuchas.

1. _____ ¡Fue horrible!

2. _____ Y entonces…

3. _____ ¡No me digas!

4. _____ Escucha, te voy a contar…

5. _____ ¿Y qué pasó después?

6. _____ Fue la primera vez que…

7. _____ ¿Sí? ¡No te lo puedo creer!

8. _____ ¡Fue increíble!

B. Escucha otra vez para encontrar las respuestas y para comprender mejor la anécdota. Después, escribe una pregunta para Rafael sobre su relación con la chica después del día de la anécdota.

_____

_____

TEMA 3   ASÍ NOS DIVERTIMOS

Vocabulario del tema

2-25 El tiempo libre.   Un reportero está entrevistando a cuatro estudiantes universitarios sobre qué hacen en su tiempo libre.

A. Termina las oraciones con la expresión apropiada de la lista.

1. Jack: "Es muy importante para un estudiante hacer ejercicio para bajar el nivel de estrés. Por eso, durante mi tiempo libre voy al gimnasio a _____ (levantar pesas, dar un paseo, tener una cita)."

2. Courtney: "Este semestre no tengo mucho tiempo libre porque mis clases son muy difíciles y me paso todo el tiempo estudiando en la biblioteca. Sin embargo, me gusta salir con mis amigos para charlar. Por eso, los fines de semana _____ (salimos a tomar un café, vamos a una reunión familiar, tenemos una cita)."

3. Lindsay: "Echo de menos a mi familia porque ahora vivo muy lejos. Con el poco tiempo libre que tengo como estudiante me gusta volver a casa para asistir _____ (a clases, al gimnasio, a las reuniones familiares)."

4. Mark: "Durante el invierno asisto a mis clases y estudio mucho. Además, no salgo mucho porque hace mucho frío. Eso significa que en el verano no quiero _____ (aburrirme, encontrarme, pasarlo bien)."

B. Contesta las preguntas siguientes.

1. ¿Qué haces tú para reducir el estrés?

_____

_____

2. ¿Qué haces con tus amigos los fines de semana para divertirte?

_____

_____

3. ¿Echas de menos a tu familia? ¿Qué actividades haces con ellos cuando los visitas?

_____

_____

4. ¿Qué haces tú en verano?

_____

_____

2-26 Asociaciones.   Encierra en un círculo qué actividades de la lista asocias con las personas indicadas. Explica en una frase el porqué de tu asociación.

1. los padres: pasear   pedir dinero prestado

salir de fiesta   tener reuniones

_____

_____

2. los novios: dar un ramo de flores   casarse

comprar regalos   hacer aerobics

_____

_____

3. los amigos: explicar un malentendido   dar celos

salir a tomar una copa   tener una cita

_____

_____

4. los jóvenes: tomar café   pagar la cena

vivir en residencias   regresar a casa en la madrugada
estudiantiles

_____

_____

2-27 ¿Recuerdas?   Indica cuáles de las oraciones siguientes asocias con la cultura española (E), la mexicana (M) o la estadounidense (EU) según la información de la lectura de tu libro de texto. Es posible asociar más de una cultura con las ideas.

1. _____ Los domingos por la tarde hay mucha gente en las calles dando un paseo.

2. _____ No es necesario mostrar el carnet de identidad para entrar en los bares.

3. _____ Las discotecas cierran a las cuatro o cinco de la mañana.

4. _____ Los jóvenes normalmente no viven con sus padres cuando asisten a la universidad.

5. _____ Normalmente las familias se reúnen mucho.

6. _____ Los jóvenes lo pasan bien los fines de semana.

A escuchar

2-28 Los planes para el sábado.　Raúl, un joven mexicano, te va a contar sus planes para el sábado.

A. Escribe el número apropiado (1, 2, 3, 4, 5, 6) bajo las imágenes para indicar el orden cronológico de las actividades de Raúl.

a. _____

b. _____

c. _____

d. _____

e. _____

f. _____

B. Escucha otra vez la descripción para comprobar las respuestas.

Gramática

Direct and Indirect Object Pronouns to Talk About Previously Mentioned Idea

2-29 Una tarjeta para dar gracias. Amelia es una estudiante americana que vive en Costa Rica. El fin de semana pasado su profesor la invitó a pasar el día en casa con su familia. Ahora, Amelia le quiere mandar una tarjeta pero no recuerda bien los pronombres de complemento indirecto. Llena los espacios en blanco para ayudarla a completar su mensaje con "me", "le" o "les."

Querido Profesor Martín:

1. _____ escribo para contarles que llegué bien a casa. 2. _____ doy las

gracias por la invitación para pasar el día en su casa. En particular, 3. _____

agradezco a Ud. su interés en mis estudios aquí en Costa Rica. La verdad es que con su ayuda

lo estoy pasando bien y estoy aprendiendo mucho. A mí 4. _____ cayó bien su

familia, especialmente sus hijos, porque tenemos más o menos la misma edad. Ellos

5. _____ invitaron a salir la semana próxima y estoy muy emocionada porque

tengo nuevos amigos costarrisenses. Mil gracias y espero invitarlos a visitar mi casa en el

futuro. 6. _____

Un abrazo,

_____

2-30 Sugerencias. ¿Qué hacen las siguientes personas en estas situaciones? En la primera respuesta, escribe el pronombre de complemento indirecto apropiado, siguiendo el modelo. En la segunda, agrega el pronombre de complemento directo apropiado.

> **MODELO:**
> Jaime tiene una cita con una chica a quien quiere impresionar.
> (comprar un ramo de flores)
> Jaime **le** compra un ramo de flores.
> Jaime **se lo** compra.

1. Julieta tiene que hablar con su profesor de español porque no hizo el examen por estar enferma.

(contar la verdad)

Julieta _____ cuenta la verdad.

Julieta _____ _____ cuenta.

2. La novia de Antonio lo vio con otra mujer tomando un café. (no decir mentiras)

Antonio no _____ dice mentiras.

Antonio no _____ _____ dice.

3. Nosotros no asistimos a la fiesta de Patricia y Margarita el sábado pasado. (pedir perdón)

Nosotros _____ pedimos perdón.

Nosotros _____ _____ pedimos.

4. Tu mejor amigo/a perdió tu camiseta favorita. (comprar una camiseta nueva)

Tu mejor amigo/a _____ compra una camiseta nueva.

Tu mejor amigo/a _____ _____ compra.

5. Tus padres olvidaron tu cumpleaños. (mandar un regalo)

Tus padres _____ mandan un regalo.

Tus padres _____ _____ mandan.

2-31 Malentendidos. Escribe de nuevo las oraciones con los pronombres de complemento directo e indirecto apropiados siguiendo el modelo. El complemento indirecto está entre paréntesis y el directo está en **negrita**.

MODELO:

Mi mejor amiga no dio (a mí) un **regalo** para mi cumpleaños.
Mi mejor amiga no me lo dio.

1. El novio no pagó (a su novia) la **cuenta** en el restaurante.

_____

2. La profesora asignó (a los estudiantes) la **tarea** incorrecta.

_____

3. Laura pidió (a su amiga) su **vestido** más bonito pero no devolvió (a su amiga) el **vestido.**

_____

4. El estudiante no entregó (a su profesor) la **composición** ayer.

_____

Redacción

2-32 Mi diario personal. Escribe una entrada en tu diario contando una anécdota interesante o memorable de tu pasado. Trata de usar pronombres de complemento directo e indirecto cuando sea posible.

_____

_____

_____

_____

_____

_____

_____

A escuchar

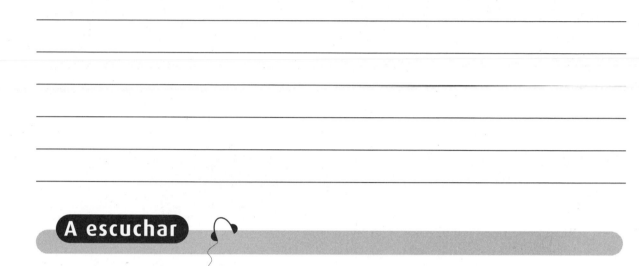

2-33 Comparar experiencias. Escucha la conversación entre dos personas que tienen un amigo en común.

A. Escribe el número apropiado (1, 2, 3, etc.) para indicar el orden en que se usan las expresiones siguientes. Si no se usa una expresión, escribe Ø.

a. _____ La persona que describes es muy diferente de la que yo conozco.

b. _____ Mi experiencia fue muy parecida.

c. _____ Mi experiencia con Manolo es completamente diferente.

d. _____ La impresión que yo tengo de él es completamente opuesta.

e. _____ Lo que me pasó fue un poco parecido.

B. Escucha otra vez para responder a estas preguntas según el contexto de la conversación.

1. ¿Quién es Clara?

    a. Una colega de Manolo.

    b. La novia del colega de Manolo.

    c. La novia del ex-compañero de cuarto de Manolo.

2. ¿Qué significa la palabra "dejado" en inglés?

   a. *Honor student*

   b. *Slob*

   c. *Roommate*

3. ¿Cuántas personas van a cenar juntas la semana que viene?

   a. 2

   b. 3

   c. 4

TEMA 4 — LAZOS HUMANOS, LAZOS HISTÓRICOS

Vocabulario del tema

2-34 Rompecabezas. Pon las letras en orden para formar palabras relacionadas con la lectura sobre Laura Esquivel. Usa las pistas.

1. jueqara _____

   Pista: Es un verbo que describe cómo los problemas afectan a las personas o al mundo.

2. divenia _____

   Pista: Es una emoción fuerte de las personas que sienten disgusto por el bien de otros.

3. ohgra _____

   Pista: Es el lugar donde las familias viven, cocinan, comen y se relacionan.

4. dosraga _____

   Pista: Es un adjetivo que indica una conexión con la divinidad.

5. rabord _____

   Pista: Es un verbo que se refiere a una labor doméstica, típicamente femenina, en que se decoran

   textiles con diseños colorados.

2-35 Actividades turísticas en Tabasco. Después de leer sobre la Ruta del Cacao en el libro de texto, ¿qué actividades asocias con cada lugar?

ACTIVIDADES

visitar pirámides   observar la elaboración del chocolate
comprar artesanías   sacar fotos de una iglesia pintoresca
aprender sobre   visitar reservas naturales
    civilizaciones antiguas   beber chocolate

LAS HACIENDAS CHOCOLATERAS	RUINAS MAYAS	PUEBLOS Y CIUDADES DE TABASCO

A escuchar

2-36 Un discurso sobre "El milagro del maíz". Vas a escuchar un discurso dado durante la ceremonia de inauguración del congreso "El milagro *(miracle)* del maíz". Escucha el discurso y contesta las preguntas siguientes.

A. Orientación. Encierra en un círculo la idea que mejor completa la oración.

1. La persona que da el discurso es…

   a. arqueólogo de las civilizaciones antiguas de Mesoamérica.

   b. profesor de antropología en la UNAM.

   c. agrónomo del Instituto Agrario de Oaxaca.

2. El público al que se dirige el discurso se compone de…

   a. agrónomos y científicos del maíz.

   b. turistas que visitan las ruinas precolombinas.

   c. indígenas mexicanos y centroamericanos.

3. El tono de este discurso es…

   a. formal

   b. informal

B. La idea principal. ¿Cuál es la idea principal del texto? Elige una.

1. El maíz se come mucho en América pero no tanto en otras partes del mundo por razones históricas.

2. El maíz representa un triunfo importantísimo de la cultura antigua mesoamericana.

3. El maíz se prepara de muchas maneras diferentes en la cocina mexicana.

C. Detalles importantes. Contesta las preguntas siguientes.

1. ¿Cuál fue una de las motivaciones principales del primer viaje de Colón?

   _____

2. ¿Cuáles son dos de las plantas americanas que transformaron la cocina europea?

   _____

3. ¿Qué es el teocinte? ¿Cuál es una de las diferencias entre el teocinte y el maíz?

   _____

4. ¿Quiénes dicen, "somos hombres de maíz"?

   _____

5. ¿Cuál será un futuro uso común del maíz?

   _____

D. Atención a los verbos Escucha otra vez el discurso y completa las oraciones siguientes con **se** más la forma apropiada del verbo de la lista que escuchas. Recuerda los usos de **se** estudiados en este capítulo.

cultivar	ilustrar	encontrar	poder

1. Colón llegó a un continente desconocido donde _____ varias plantas comestibles que no existían en Europa.

2. Se llama teocinte y no _____ comer su mazorca porque es pequeñísima.

3. El maíz llegó a cultivarse en el norte del continente, en lo que es hoy Canadá, y también en el sur, donde _____ en los pueblos antiguos de Argentina y Chile.

4. El papel fundamental del maíz en la cultura mesoamericana _____ con el dicho "somos hombres de maíz".

Más allá de las palabras

Redacción

2-37 El día de San Valentín.   El 14 de febrero, día de San Valentín, también se conoce como el día de la amistad. Vas a mandarle una carta a tu mejor amigo/a (o a tu novio/a) para este día. Haz referencia al acontecimiento más significativo de tu relación y explica por qué esta persona es una parte importante de tu vida. Usa por lo menos dos de las expresiones siguientes en tu carta.

a diferencia de, en contraste con	al fin y al cabo
después de todo	en resumen
igual que	mientras
sin embargo	

Para alguien especial

El escritor tiene la palabra

2-38 Las técnicas poéticas. Los poetas usan varios métodos o técnicas para comunicar el tema de un poema. En el libro de texto, exploraste las implicaciones de la técnica fundamental del poema: la metáfora del plato como planeta. Ahora vas a explorar otras técnicas típicas de Pablo Neruda en sus odas.

El sonido: En "Oda al plato", Pablo Neruda no usa como técnica poética la rima (la repetición de sonidos similares al final de cada verso). Sin embargo, hay varios ejemplos de repetición de sonidos, los cuales crean la musicalidad del poema. Lean los versos siguientes del poema en voz alta para escuchar la repetición. ¿Qué sonidos se repiten en los versos indicados?

1. versos 1-4 _____

2. versos 23-26 _____

3. versos 28-29 _____

Las imágenes: La poesía de Pablo Neruda es sumamente visual. En "Oda al plato", las palabras crean varias ilustraciones en la imaginación del lector. Estudia los versos 5-14 y en el espacio abajo dibuja la escena que las palabras crean en tu mente.

La hipérbole: La hipérbole es el uso de la exageración para crear efectos poéticos. En "Oda al plato", Neruda exagera la relevancia del simple plato para expresar la idea de que los objetos más comunes dan sentido profundo a la vida humana. Completa la lista con dos ejemplos adicionales de hipérbole y su explicación.

1. "hermosura redonda de diadema" (v. 42). El plato de una cocina típica es redondo pero no tiene la belleza, la elegancia ni el valor de una diadema.

2. _____

3. _____

2-39 Mi diario literario. Escribe tu reacción personal al poema. Considera las preguntas siguientes:

- Un resumen del tema: en tus propias palabras, explica el tema que Pablo Neruda comunica en "Oda al plato".

- Dificultades: ¿Hay partes del poema que no entendiste muy bien? Explica cuáles son y por qué crees que te resultan problemáticas.

- Reacción personal: ¿Te gusta el poema? ¿Por qué? ¿Piensas que la descripción hiperbólica de los platos es justificable? ¿Encuentras sentido profundo en los objetos domésticos?

_____

_____

_____

_____

_____

_____

Para escribir mejor

Los homófonos

Los homófonos son dos consonantes distintas que tienen el mismo sonido. En esta sección estudiarás tres grupos de homófonos: **ll** y **y; b** y **v; s, c** y **z.** Al hacer las actividades, practica tu pronunciación repitiendo en voz alta las palabras.

I. ll y y:

2-40 Práctica. Completa las palabras siguientes con **ll** o **y,** según el caso.

1. ma_____ores
2. _____amarse
3. inclu_____e
4. bri_____ante
5. _____over
6. ensa_____o

Cuidado: Escribir mal la palabra puede causar confusión. Mira el ejemplo siguiente:

calló = tercera persona singular del verbo callar que significa no hablar

cayó = tercera persona singular del verbo caer que significa perder el equilibrio

II. b y v:

2-41 Práctica. Completa las palabras siguientes con **b** o **v,** según el caso.

1. a_____urrirse
2. co_____rar
3. culti_____ar
4. disol_____er
5. o_____sesionarse
6. po_____lación

Cuidado: A veces saber lo que viene después y antes de la **b** o la **v** ayuda con la ortografía. Observa las reglas siguientes:

1. Antes de **l** y **r** siempre se escribe **b**.

    EJEMPLOS: o**bl**igación, ham**br**e

2. Después de **m** siempre se escribe **b**. Después de **n** siempre se escribe **v**.

    EJEMPLOS: ta**mb**ién, co**nv**ertir

3. Se usa **b** con las siguientes raíces: **bene-, bien-, biblio- bio-**. Se usa **b** también con los prefijos siguientes: **ab-, abs-, bi-, bis-, biz-, ob-, sub-**. Después del prefijo **ad-** siempre se usa **v**.

    EJEMPLOS: **biblio**teca, **ab**urrirse, **adv**erso.

2-42 Práctica. Completa las siguientes palabras e indica qué regla se aplica de las tres anteriores.

1. b a i l a _____ l e   Regla = _____

2. c o n _____ e r s a c i ó n   Regla = _____

3. a d _____ e r t i r   Regla = _____

4. _____ i o l o g í a   Regla = _____

III. s, z y c:

2-43 Práctica. Completa las palabras siguientes con **s, z** o **c**.

1. n a _____ c o

2. m u d a r _____ e

3. f a r m a _____ i a

4. p a _____ e a r

5. r e _____ a r

6. d e s c o n o _____ i d o

7. f r a c a _____ o

8. r e c h a _____ o

Cuidado: Escribir mal la palabra puede causar confusión. Nota la diferencia entre las siguientes palabras:

ca**s**ar = Unir en matrimonio.

ca**z**ar = Salir al campo a matar a animales.

2-44 Práctica. Escribe el homófono de las palabras siguientes.

1. vos = _____

2. risa = _____

3. haz = _____

4. maza = _____

Terminaciones con **s:**	EJEMPLOS:
a. – sivo y – siva	impulsivo
b. – sión	obsesión
c. – és, – ense	costarricense, francés
d. – oso y – osa	gracioso/a
e. – ismo	cristianismo
f. – ista	artista

Terminaciones y sufijos con **z:**   **EJEMPLOS:**
    a. –azo   puñetazo
    b. –ez, – eza   timidez

2-45 Práctica. Completa las palabras con **s** o **z** y subraya su terminación o sufijo.

    1. n o b l e _____ a   **2.** i n t r u _____ i ó n

    3. e s t u d i o _____ o   **4.** c r o n i _____ t a

Los acentos

En el Capítulo 1 estudiaste las reglas de silabeo y acentuación. En este capítulo aprenderás cómo el acento ortografico puede cambiar el significado de las palabras.

    EJEMPLO: si = *if*   sí = *yes*

2-46 Práctica. Usando tu diccionario, escribe el equivalente en inglés de las palabras siguientes:

    1. aun = _____   aún = _____

    2. el = _____   él = _____

    3. solo = _____   sólo = _____

    4. mas = _____   más = _____

    5. te = _____   té = _____

    6. mi = _____   mí = _____

    7. de = _____   dé = _____

    8. esta = _____   está = _____

2-47 Práctica. Completa las oraciones siguientes con la palabra apropiada de la lista anterior.

    1. _____ padre debe ayudar con el cuidado de los hijos pero_____ no lo hace porque

        trabaja por las noches.

    2. A _____ me gustan las familias grandes aunque _____ familia es pequeña.

    3. _____ casa es muy pequeña para todos los niños pero _____ al lado de una escuela muy

        buena.

Para pronunciar mejor

Diphthongs

- Diphthongs are pairs of vowels that are pronounced in one single syllable.
- The combination of vowels *i* and *u* forms a diphthong.
- The combination of either *i* or *u* with one of the following vowels: *a, e, o* are also a diphthong.
- Speakers need to be careful not to pronounce the two vowels in two separate syllables especially in words that are similar in English and when the vowel combination begins with *i* or *u*.

2-48 Listen to the words and repeat them after the recording. Pay attention to the diphthongs. They all start with *i* or *u*.

1. fiesta
2. patio
3. bien
4. bueno
5. adiós
6. luego
7. siempre
8. estudiante
9. nueve
10. ciudad

2-49 Listen to the words and repeat them after the recording. Notice that the diphthongs start with *a, e, o*. This pattern is easier to pronounce.

1. seis
2. auto
3. hoy
4. hay
5. aire
6. pausa
7. peine
8. androide
9. Europa
10. reunir

CAPÍTULO

3 Nuestra comunidad bicultural

TEMA 1   SER BICULTURAL

Vocabulario del tema

3-1 Una encuesta personal.   Contesta estas preguntas sobre los orígenes de tu familia. En tus respuestas usa el vocabulario entre paréntesis y escribe oraciones completas. ¡OJO! Cuidado con las formas de los verbos.

1. ¿De dónde emigraron tus antepasados? (*emigrar*) _____

_____

2. ¿Dónde se establecieron en Estados Unidos? (*establecerse*) _____

_____

3. ¿Cuál es el idioma de tus antepasados? (*idioma*) _____

_____

_____

4. ¿Son bilingües tus abuelos o tus padres? ¿Qué idiomas hablan? (*bilingüe*) _____

_____

_____

5. Comparte tu familia algún valor común con tus antepasados? ¿Cuáles son? (*valores comunes, compartir*) _____

_____

3-2 Diferencias semánticas.   En este capítulo, se usan varios términos para hablar de personas. ¿Qué definición asocias con cada término?

1. exiliado/a   **a.** Alguien de España.

2. ciudadano/a   **b.** Una persona que se muda de su país de origen a otro país.

3. emigrante   **c.** Una persona con lazos familiares y culturales en un país hispanohablante.

4. español/a   **d.** Alguien de ascendencia inglesa.

5. inmigrante   **e.** Alguien de un país donde el idioma principal es una lengua romance.

6. hispano/a   **f.** Un residente de un país con todos los derechos, como trabajar y votar.

7. latino/a   **g.** Una persona que se muda a otro país por razones políticas.

8. anglosajón   **h.** Alguien que entra en un país extranjero para vivir.

3-3 ¿Eres bicultural? El Departamento de Antropología está realizando un estudio sobre cómo se define el biculturalismo. Completa el siguiente formulario con tus opiniones, para poder participar en el estudio.

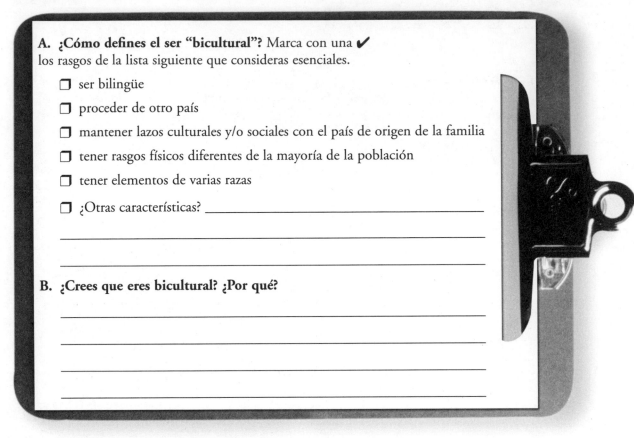

A. ¿Cómo defines el ser "bicultural"? Marca con una ✔
los rasgos de la lista siguiente que consideras esenciales.

❏ ser bilingüe

❏ proceder de otro país

❏ mantener lazos culturales y/o sociales con el país de origen de la familia

❏ tener rasgos físicos diferentes de la mayoría de la población

❏ tener elementos de varias razas

❏ ¿Otras características? _____

_____

_____

B. ¿Crees que eres bicultural? ¿Por qué?

_____

_____

_____

_____

3-4 ¿Recuerdas? De la siguiente lista de rasgos, ¿cuáles representan semejanzas (**S**) y cuáles representan diferencias (**D**) entre los grupos hispanos, según la lectura *Ser hispano en Estados Unidos*? Para los que representan diferencias, explica a qué grupo/s se refieren.

1. _____ Son refugiados políticos. _____

2. _____ Son personas de color. _____

3. _____ Hablan español. _____

4. _____ Viven dispersados por Estados Unidos. _____

5. _____ Escaparon del régimen de Castro. _____

6. _____ Residen en Nueva York. _____

7. _____ Su religión predominante es la católica. _____

8. Según la información que has leído en tu libro de texto y tu propia opinión, ¿piensas que se puede hablar de una "comunidad hispana"? ¿Por qué? ＿＿＿＿＿＿＿＿＿＿＿＿＿

＿＿＿＿＿＿＿＿＿＿＿＿＿＿＿＿＿＿＿＿＿＿＿＿＿＿＿＿＿＿＿＿＿＿＿＿

＿＿＿＿＿＿＿＿＿＿＿＿＿＿＿＿＿＿＿＿＿＿＿＿＿＿＿＿＿＿＿＿＿＿＿＿

＿＿＿＿＿＿＿＿＿＿＿＿＿＿＿＿＿＿＿＿＿＿＿＿＿＿＿＿＿＿＿＿＿＿＿＿

＿＿＿＿＿＿＿＿＿＿＿＿＿＿＿＿＿＿＿＿＿＿＿＿＿＿＿＿＿＿＿＿＿＿＿＿

A escuchar

3-5 Choques culturales. Cristina es española y acaba de llegar a Estados Unidos. Ella cree que se ha adaptado bien e incluso ha hecho nuevos amigos estadounidenses. Un día, recibe esta invitación de Kimberly y la acepta. Durante la cena, se entera de una diferencia cultural importante. Escucha la conversación entre Cristina y Kimberly y contesta las preguntas a continuación.

A. Indica si la información es verdadera (**V**) o falsa (**F**) según la lectura. Si es falsa, corrígela.

> **¡FIESTA!**
>
> **¿Qué?** Una cena en casa de Kimberly
> **¿Cuándo?** El viernes 17 de abril a las 7:00.
> **¿Dónde?** 528 E. Benjamin St.
> Favor de responder a Kimberly antes del martes 15 de abril.

1. ＿＿＿＿＿ Kimberly está enfadada porque Cristina lleva sólo pan y queso.

   ¿Corrección? ＿＿＿＿＿＿＿＿＿＿＿＿＿＿＿＿＿＿＿＿＿＿＿＿＿＿

   ＿＿＿＿＿＿＿＿＿＿＿＿＿＿＿＿＿＿＿＿＿＿＿＿＿＿＿＿＿＿＿＿＿＿

2. ＿＿＿＿＿ Cuando Kimberly expresa su enfado, Cristina es indiferente.

   ¿Corrección? ＿＿＿＿＿＿＿＿＿＿＿＿＿＿＿＿＿＿＿＿＿＿＿＿＿＿

   ＿＿＿＿＿＿＿＿＿＿＿＿＿＿＿＿＿＿＿＿＿＿＿＿＿＿＿＿＿＿＿＿＿＿

3. ＿＿＿＿＿ Cristina llegó tarde a la fiesta porque ésa es la costumbre en España.

   ¿Corrección? ＿＿＿＿＿＿＿＿＿＿＿＿＿＿＿＿＿＿＿＿＿＿＿＿＿＿

   ＿＿＿＿＿＿＿＿＿＿＿＿＿＿＿＿＿＿＿＿＿＿＿＿＿＿＿＿＿＿＿＿＿＿

4. ＿＿＿＿＿ Al final Cristina se va de la fiesta ofendida.

   ¿Corrección? ＿＿＿＿＿＿＿＿＿＿＿＿＿＿＿＿＿＿＿＿＿＿＿＿＿＿

   ＿＿＿＿＿＿＿＿＿＿＿＿＿＿＿＿＿＿＿＿＿＿＿＿＿＿＿＿＿＿＿＿＿＿

   ＿＿＿＿＿＿＿＿＿＿＿＿＿＿＿＿＿＿＿＿＿＿＿＿＿＿＿＿＿＿＿＿＿＿

B. ¿Estás de acuerdo con la reacción de Kimberly? ¿Por qué? _____

_____

_____

_____

GRAMÁTICA

Introduction to the Subjunctive

3-6 Cláusulas. Las siguientes oraciones expresan duda o certeza en relación a las ideas expresadas en el artículo de Arturo Fox. En cada oración, identifica la cláusula principal y la cláusula subordinada según el modelo.

MODELO:

Yo no creo que haya una "raza hispana".
cláusula principal = **Yo no creo**
cláusula subordinada = **que haya una "raza hispana"**

1. Es verdad que muchos cubanos son exiliados políticos.

cláusula principal = _____

cláusula subordinada = _____

2. La gente duda que todos los hispanos sean iguales.

cláusula principal = _____

cláusula subordinada = _____

3. Es dudoso que todos los mexicanos vivan en el suroeste.

cláusula principal = _____

cláusula subordinada = _____

4. Yo creo que todos los hispanos tienen rasgos comunes.

cláusula principal = _____

cláusula subordinada = _____

3-7 ¿Eres optimista o pesimista?

A. Clasifica las expresiones siguientes según sean de certeza o de duda.

dudar que	ser evidente que	ser obvio que
ser (im)probable que	no pensar que	negar que
ser dudoso que	ser cierto que	creer que
no ser seguro que	ser (im)posible que	ser seguro que

EXPRESIONES DE DUDA	EXPRESIONES DE CERTEZA

B. Ahora, para saber si eres pesimista u optimista responde a estas preguntas expresando duda o certeza con algunas expresiones de la lista.

¿Optimista o pesimista?

	DUDA	CERTEZA
¿Crees que sacarás buenas notas en tus clases este semestre?		

¿Optimista o pesimista?

	DUDA	CERTEZA
¿Piensas que ganarás mucho dinero en la lotería?		

¿Optimista o pesimista?

	DUDA	CERTEZA
¿Crees que encontrarás al hombre / a la mujer de tus sueños?		

¿Optimista o pesimista?

	DUDA	CERTEZA
¿Piensas que harás pronto un viaje al Caribe?		

3-8 La presencia hispana en Estados Unidos. Un grupo de estudiantes está hablando sobre la presencia hispana en EE.UU. Forma oraciones completas usando las expresiones impersonales dadas y el modo apropiado del verbo.

1. Kristina: Es cierto que / las escuelas públicas / ofrecer / programas bilingües.

_____

2. John: Es probable que / los hispanos / tener / un papel más importante en la política.

_____

3. Mark: Es evidente que / todos nosotros / estudiar / español en la escuela primaria.

_____

4. Michelle: Es posible que / la música de salsa / ser / más popular ahora.

_____

3-9 Los estereotipos. Imagina que un grupo de extraterrestres emigra a nuestro planeta. Abajo se describen las características que conocemos sobre ellos. Según esta información, ¿qué piensas de ellos y de su cultura y/o civilización? Completa las oraciones usando el subjuntivo o el indicativo según el caso.

A. Los rasgos que conocemos:
- Todos tienen cuatro brazos.
- Los hombres y las mujeres llevan la misma ropa. Sólo unos pocos llevan gorras que dicen 9Bm.
- Su piel es de muchos colores pero todos tienen la piel muy traslúcida. Son muy bajos, miden casi 1 metro.
- Nunca se saludan ni se despiden de nadie.
- Duermen 15 horas al día.
- Todos llevan gafas rosadas.

1. Yo pienso que... _____

2. Yo no pienso que... _____

3. Yo creo que... _____

4. Yo no creo que... _____

B. Para pensar. ¿Cuál crees que es el origen de los estereotipos? En tu respuesta explica dos orígenes diferentes e intenta usar (**no**) **creer que** y/o (**no**) **pensar que.**

_____

_____

_____

_____

3-10 Tu opinión

A. Acabas de leer una revista hispana publicada en Estados Unidos. Marca si estás de acuerdo o no con las ideas expresadas en la revista.

	Sí	No
1. La inmigración es buena para Estados Unidos.	☐	☐
2. Los inmigrantes deben conservar su lengua y costumbres.	☐	☐
3. Los inmigrantes, legales e ilegales, tienen derecho a servicios médicos.	☐	☐
4. Es necesario limitar la entrada de inmigrantes.	☐	☐
5. El gobierno debe trabajar para mejorar la vida de los inmigrantes.	☐	☐
6. El inglés será el idioma oficial en EE.UU.	☐	☐

B. Ahora, escribe tus opiniones sobre los comentarios anteriores usando (**no**) **pensar que,** (**no**) **creer que, ser evidente que, ser cierto que, dudar que,** etc. cuando sea posible.

1. _____

2. _____

3. _____

4. _____

5. _____

6. _____

Redacción

3-11 Una carta al editor. Prepara una carta para el editor de la revista hispana anterior, en la que expreses tus opiniones sobre uno de los temas de la actividad 3-9. En tu carta acuérdate de usar el subjuntivo o el indicativo cuando sean necesarios.

_____

_____

_____

_____

_____

_____

A escuchar

3-12 Expresar tus opiniones. Vas a escuchar un debate sobre la inmigración a Estados Unidos.

A. Escucha el debate e indica las expresiones de opinión que se usan.

_____ No estoy de acuerdo   _____ Por supuesto

_____ En mi opinión   _____ Tienes razón

_____ ¿Qué crees?   _____ Prefiero…

_____ Me parece interesante   _____ ¿Qué te parece?

B. Escucha otra vez y anota dos problemas asociados con la inmigración que se mencionan en el debate.

1. _____

   _____

2. _____

   _____

TEMA 2   SER BILINGÜE

Vocabulario del tema

3-13 El bilingüismo.   Alex, un estudiante bilingüe, va a describir su experiencia con el aprendizaje del inglés y el español. Completa lo que dice usando la palabra o expresión apropiada de la lista.

hablante	hablar	lengua oficial
dominar	estudio	lengua materna
perfección	gramática	vocabulario
acento extranjero	monolingüe	aprendizaje

1. Mi primera lengua, o mi _____, es el inglés.

   Soy _____ de español también. Por eso soy bilingüe.

2. Empecé mi _____ del español cuando tenía 12 años, o sea, en la

   escuela secundaria.

3. No llegué a _____ muy bien el español hasta los 18 años, cuando

   fui a vivir a México por un año.

4. Lo más difícil para mí al aprender español fue aprender bien la _____

   porque algunas estructuras, como el subjuntivo, son muy diferentes a las del inglés.

5. Muchos hablantes nativos de español me han dicho que hablo bastante bien y que no notan en mi

   pronunciación un _____.

6. ¿Son tus experiencias personales con el aprendizaje del español similares a las de Alex?

   ¿Por qué ? _____

   _____

   _____

3-14 ¿Qué crees?   Lee las oraciones siguientes. Explica en otras palabras el significado de las palabras y/o expresiones en negrita. Luego, indica si la idea es una falacia (**F**), un hecho (**H**) o una creencia (**C**).

1. _____ Sólo se puede aprender otra lengua por medio de la **interacción** con la gente.

   interacción = _____

2. _____ Todos los estadounidenses deben **perfeccionar** su habilidad para hablar otra

lengua cuando son adolescentes.

perfeccionar = _____

3. _____ La lengua oficial de Estados Unidos es el inglés porque más de la **mitad** de los

habitantes lo hablan.

mitad = _____

4. _____ La **población de hispanohablantes** en EE.UU. sigue creciendo cada año.

población de hispanohablantes = _____

5. _____ En Europa la mayoría de la gente aprende otra lengua antes de la **pubertad**.

pubertad = _____

6. _____ Para ser bilingüe es necesario hablar las dos lenguas con **precisión**.

precisión = _____

3-15 Reacciones. En este tema vas a aprender cómo expresar reacciones y emociones. Ahora vas a preparar el vocabulario para hacerlo. Empieza identificando un sinónimo para cada uno de estos verbos.

1. _____ estar alegre	**a.** me gusta
2. _____ estar triste	**b.** odiar
3. _____ detestar	**c.** alegrarse
4. _____ estar preocupado/a	**d.** sorprenderse
5. _____ es sorprendente	**e.** entristecerse
6. _____ me encanta	**f.** preocuparse

A escuchar

3-16 El requisito universitario. Un grupo de estudiantes de la Asamblea Estudiantil *(Student Government)* se reúne para hablar. Escucha la conversación y luego contesta las preguntas.

1. Indica qué oración expresa mejor el propósito principal de la reunión de estudiantes.

❑ El propósito de la reunión es eliminar el requisito de estudiar dos años en un país extranjero.

❑ El propósito de la reunión es reconsiderar el requisito de estudiar una lengua extrajera durante dos años.

❑ El propósito de la reunión es practicar el español en preparación para un examen.

❑ El propósito de la reunión es decidir si deben seguir estudiando español o no.

2. Encierra en un círculo la opción que muestra si los grupos están de acuerdo, en desacuerdo o ambos con el requisito.

    a. los profesores: de acuerdo   en desacuerdo

    b. los estudiantes de administración de empresas: de acuerdo   en desacuerdo

    c. la población general de estudiantes: de acuerdo   en desacuerdo

3. Anota una ventaja o una desventaja que presenta cada grupo.

    a. los profesores:

    _____

    b. los estudiantes de administración de empresas:

    _____

    c. la población general de estudiantes:

    _____

4. Al final de la reunión, ¿qué decide hacer la Asamblea Estudiantil?

_____

_____

Gramática

Second Use of the Subjunctive: After Expressions of Emotion

3-17 ¿Recuerdas? Reacciona a las siguientes citas de varios estudiantes según la información del texto *Mitos sobre el bilingüismo*. Usa una de las expresiones entre paréntesis más el subjuntivo.

> **MODELO:**
> "No soy bilingüe porque tengo acento extranjero."
> (ser sorprendente que, encantar que, sentir que) **Siento que tu acento te haga sentir que no eres bilingüe.**

1. "Cuando decidí estudiar español en la universidad mis padres me dijeron que ya era demasiado

tarde para aprender otra lengua."

(tener miedo de que, ser lamentable que, ser increíble que) _____

_____

2. "No soy bilingüe porque sólo he estudiado español tres años y no hablo con mucha precisión."

(ser interesante que, tener miedo de que, sentir que) _____

_____

3. "Si pudiera vivir en Costa Rica podría aprender español en seis meses."

(temer que, ser vergonzoso que, parecer bien que) _____

_____

4. "Aprender una lengua es sólo aprender la gramática y el vocabulario."

(molestar que, ser malo que, ser vergonzoso que) _____

_____

3-18 Una tarjeta postal. Nick, un estudiante estadounidense que estudia español en España, le ha escrito esta tarjeta postal a su novia mexicana. Completa su tarjeta con las formas apropiadas de los verbos.

Querida Marta:

Hola, ¿qué tal? Lo estoy pasando muy bien en Madrid pero me entristece que tú **1.** _____ (estar) tan lejos de mí. Estoy aprendiendo mucho y me encantan la gente y las costumbres de aquí. Sin embargo, temo que todavía no **2.** _____ (hablar) suficiente español para comunicarme de verdad, pero estoy aprendiendo mucho en mis clases. En general, me gusta que mis clases **3.** _____ (ser) tan prácticas, porque uso inmediatamente todo lo que aprendo para hablar con la gente de la calle. Es interesante que la gente aquí **4.** _____ (usar) muchas expresiones diferentes de las que usas tú, ¿será porque el vocabulario de España es diferente del de México? En fin, estoy contento de tener esta oportunidad. Y, ¡ya nos veremos dentro de cinco semanas! Te mando un abrazo fuerte.

Te echo de menos, mi amor,

Nick

3-19 Perspectivas diferentes. ¿Cómo reaccionan estas personas ante estas situaciones? Escribe cuatro oraciones con expresiones de la lista y los verbos apropiados para indicar la reacción de cada persona.

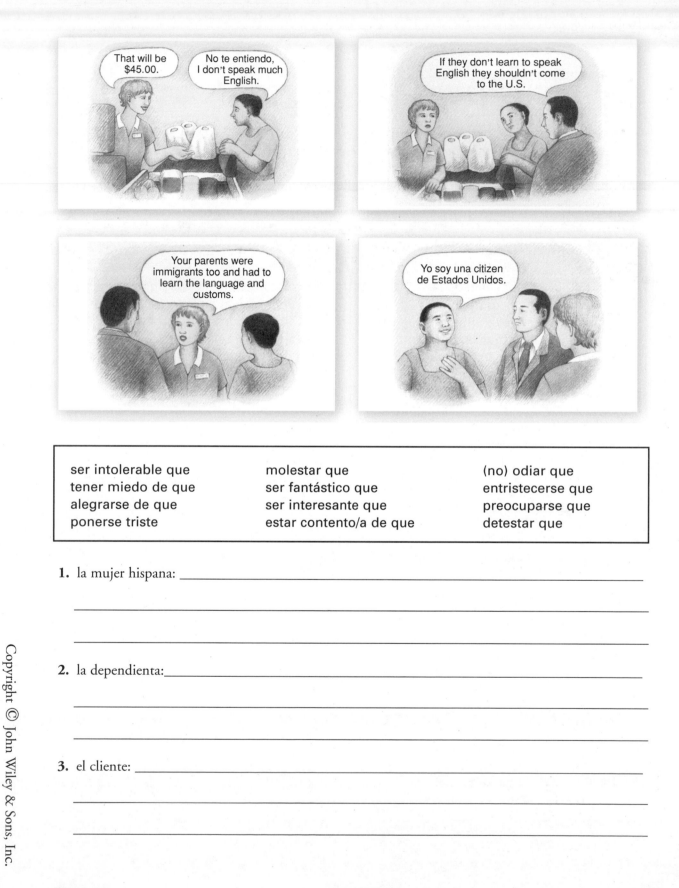

ser intolerable que	molestar que	(no) odiar que
tener miedo de que	ser fantástico que	entristecerse que
alegrarse de que	ser interesante que	preocuparse que
ponerse triste	estar contento/a de que	detestar que

1. la mujer hispana: _____

_____

_____

2. la dependienta:_____

_____

_____

3. el cliente: _____

_____

_____

4. y tú: _____

_____

_____

Redacción

3-20 La educación bilingüe. Para tu clase de español entrevistaste a Carlos, un hispano que enseña español en una escuela primaria, acerca de su opinión sobre la educación bilingüe. Usando las notas de abajo, escribe tu reacción a sus opiniones. Recuerda usar el subjuntivo o el indicativo cuando sean apropiados.

ASPECTOS POSITIVOS DE LA EDUCACIÓN BILINGÜE	ASPECTOS NEGATIVOS DE LA EDUCACIÓN BILINGÜE
• Los niños se benefician de la perspectiva multicultural. • En el futuro, ellos tendrán más oportunidades de encontrar un buen trabajo. • El estudio de otra lengua ayuda en el aprendizaje de su propia lengua. • Crea una comunidad más fuerte fuera de la escuela porque hay muchos hispanos viviendo allí.	• Muchos niños hispanos no llegan a dominar bien el inglés. • Es difícil encontrar maestros bilingües para dar clases. • Muchos padres no están de acuerdo con la educación bilingüe y eso afecta la actitud de sus hijos. • No hay suficiente tiempo en el plan de estudios.

_____

_____

_____

_____

_____

_____

_____

A escuchar

3-21 Cómo expresar tus sentimientos   Vas a escuchar un diálogo entre dos estudiantes que son vecinos. Juan Pablo está enfadado con Julián.

A. Escucha el diálogo y marca las expresiones de sentimiento que usan los hablantes

_____ ¡Es el colmo!   _____ ¡Pobrecito!

_____ ¡Lo siento mucho!   _____ ¡Eso es increíble!

_____ Estoy harto de…   _____ ¡Ya no aguanto más!

_____ ¡No me digas!   _____ ¿De verdad?

B. ¿Qué opinas tú? Escribe dos opiniones sobre la situación de Juan Pablo y Julián. Usa expresiones de emoción con el subjuntivo.

1. _____

2. _____

TEMA 3 LENGUAS EN CONTACTO

Vocabulario del tema

3-22 ¿En qué consiste el espanglish? Lee estas oraciones. Usando el contexto y tu intuición, define de otra forma las palabras y/o expresiones en negrita. Luego indica si cada oración es verdadera (**V**) o falsa (**F**) según tu opinión.

1. _____ El espanglish es una **mezcla** de inglés y español.

   mezcla = _____

   _____

2. _____ El uso del espanglish no es muy **polémico** porque todos están de acuerdo con su valor

   lingüístico.

   polémico = _____

   _____

3. _____ No es muy común el uso del espanglish, porque **predomina** el uso del inglés o del

   español individualmente.

   predomina = _____

   _____

4. _____ El espanglish es el lenguaje de la tecnología, como la **informática**.

   informática = _____

   _____

5. _____ Los estudiantes nunca usan espanglish en su **habla**.

   habla = _____

   _____

3-23 ¿Me puedes ayudar? Marisa está preparando una presentación para su clase de español pero no sabe las definiciones de las palabras siguientes. Identifica la definición correcta de estas palabras.

1. _____ un ataque   **a.** las personas que están a favor de una posición

2. _____ los detractores   **b.** mostrar falta de respeto hacia algo o alguien

3. _____ degradar   **c.** agresión o asalto hacia algo o alguien

4. _____ los defensores   **d.** las personas que están en contra de algo o alguien

5. _____ técnico/a   **e.** lo opuesto de tener fe en algo

6. _____ la sospecha   **f.** describe algo relacionado con la tecnología

3-24 ¿Recuerdas?   Marta necesita tu ayuda porque tiene que organizar sus ideas para su presentación. Según el artículo, tu propia opinión y la de otros miembros de tu clase, escribe tres oraciones a favor y tres en contra del uso del espanglish.

A FAVOR	EN CONTRA
_____	_____
_____	_____
_____	_____
_____	_____
_____	_____
_____	_____
_____	_____

3-25 Recomendaciones.   En este tema vas a aprender cómo expresar recomendaciones. Ahora vas a preparar el vocabulario para hacerlo. ¿Qué otros verbos y expresiones se pueden usar para dar recomendaciones?

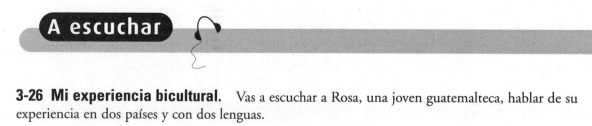

A escuchar

3-26 Mi experiencia bicultural.   Vas a escuchar a Rosa, una joven guatemalteca, hablar de su experiencia en dos países y con dos lenguas.

A. Escucha a Rosa y marca con una X sus experiencias.

a. _____ Hablaba español en casa cuando era joven.

b. _____ Sus padres hablan inglés.

c. _____ Estudió la escuela secundaria en Estados Unidos.

d. _____ Visita Parkersburg, Virginia Occidental todos los veranos.

e. _____ Su madre detesta el espanglish.

B. Escucha otra vez y escribe el equivalente en inglés de las siguientes palabras en espanglish.

a. checar _____

b. lonche _____

c. tiquet _____

d. taipear _____

Gramática

Third Use of the Subjunctive: After Expressions of Advise and Recommendation

3-27 ¿Qué hago?   Varios estudiantes tienen problemas en clase de español y van a hablar con su instructor/a para pedir ayuda. Tú eres su instructor/a y tienes que responder a sus preguntas usando el verbo dado en la forma apropiada.

1. "No me gusta hablar español en clase porque soy muy tímido."

Es necesario que _____

2. "No puedo hacer la tarea porque he perdido el libro de texto."

Insisto en que _____

3. "No hice el examen ayer porque estaba enferma."

Permito que _____

4. "No entiendo lo que Ud. dice cuando habla español."

Es importante que _____

3-28 El estudio del español.   Hillary ya terminó su último semestre de español, pero no sabe si debe continuar sus estudios de la lengua. Por eso ha pedido la opinión de varias personas. Completa las oraciones para saber cómo respondieron ellas y después explica las razones posibles.

1. Sus profesores previos de español / le sugerir / que / seguir / con sus estudios de español _____

_____ porque _____

_____

2. Su mejor amiga / preferir / que / no estudiar más español _____

_____ porque _____

_____

3. Sus padres / desear / que / viajar / a un país hispano _____

_____ porque _____

_____

4. Sus amigos hispanos / querer / que / hablar bien el español _____

_____ porque _____

_____

3-29 Un resumen del subjuntivo. Acabas de recibir un correo electrónico de una estudiante. Llena los espacios con la forma apropiada del verbo. Recuerda las expresiones para expresar opiniones y reacciones.

✉ **Situación difícil**	▾ ▣ _ ▢ ✕

> Para: consultorio@universidad.com
> De: Enamorada
> Ref: Situación difícil

Querido/a amigo/a del consultorio:

Te escribo sobre un problema con mi novio porque la verdad 1. _____

(ser) que no sé qué hacer. Yo soy estadounidense y él es hispano, pero personalmente no

creo que eso nos 2. _____ (causar) problemas. Pienso que nosotros

3. _____ (llevarnos) bien. Bueno, todo eso cambió anoche porque nos

peleamos por primera vez. Te cuento lo que pasó. Fuimos juntos a una fiesta a la que

también vinieron varios de sus amigos. Lo estábamos pasando muy bien pero la cosa

cambió cuando yo bailé con uno de sus amigos. De repente mi novio se puso furioso.

Estoy segura de que su reacción 4. _____ (tener que ver) con los celos.

Ahora no me habla y me duele mucho que no me 5. _____ (decir) ni

una palabra. La situación 6. _____ (preocuparse) mucho porque

llevamos seis meses juntos y tenemos una buena relación. ¿Qué puedo hacer?

Gracias,

Enamorada

Redacción

3-30 El consultorio cultural. Trabajas como voluntario en el consultorio y acabas de recibir el correo electrónico de la actividad 3-29. Escribe una respuesta para *Enamorada* y su novio dándoles recomendaciones para resolver su problema.

```
┌──────────────────────────────────────────────────────────────────────┐
│ ✉  RE: Situación difícil                          ▾▣ _ □ X │
├──────────────────────────────────────────────────────────────────────┤
│    Para: Enamorada                                                     │
│    De: consultorio@universidad.com                                     │
│    Ref: RE: Situación díficil                                          │
├──────────────────────────────────────────────────────────────────────┤
│ _____▲  │
│ _____   │
│ _____   │
│ _____   │
│ _____   │
│ _____   │
│ _____   │
│ _____   │
│ _____   │
│ _____   │
│ _____▼  │
└──────────────────────────────────────────────────────────────────────┘
```

A escuchar

3-31 Pedir y dar consejos. Vas a escuchar un diálogo entre la madre de un niño que va a empezar el primer grado y un instructor de la escuela.

A. Escucha el diálogo e indica con una **M** las frases que usa la madre, con una **I** las frases que usa el instructor y con una **Ø** las frases que no escuchas.

_____ ¿Qué debo hacer…?   _____ ¿Qué le parece?

_____ La otra sugerencia es que…   _____ No sé qué voy a hacer.

_____ ¿Ha pensado en…?   _____ ¿Qué me recomienda?

_____ Le digo que sí.   _____ ¿Por qué no…?

B. Escribe una recomendación para Andrés y otra para la madre de Andrés. Usa dos de los siguientes verbos y expresiones: sugerir, aconsejar, ser importante, ser necesario.

_____

_____

TEMA 4 OTRA LENGUA, OTRA CULTURA

Vocabulario del tema

3-32 Mi pequeño diccionario. Has estudiado muchos verbos nuevos en este capítulo. Para ver los que recuerdas, subraya el verbo de cada grupo que no esté relacionado con los demás.

1. aconsejar	recomendar	sugerir	sorprender
2. es seguro	es necesario	es verdad	es evidente
3. me molesta	odio	ruego	detesto
4. es aconsejable	es imposible	es dudoso	es improbable

3-33 ¿Por qué estudias español?

A. ¿Por qué elegiste estudiar español en vez de otro idioma extranjero? Escribe las tres razones principales.

1. _____

2. _____

3. _____

B. Ahora, piensa en las razones para estudiar español, tomando como base tus metas personales y profesionales.

	Estoy de acuerdo	No estoy de acuerdo
1. Estudiar otra lengua me ayudará a tener éxito con el estudio de otras asignaturas, como el inglés.	❑	❑
2. Será beneficioso para mi carrera.	❑	❑
3. Quiero viajar o vivir en el extranjero.	❑	❑
4. Mis padres hablan español como lengua materna.	❑	❑
5. Porque saber otra lengua multiplicará mis oportunidades de conocer gente nueva.	❑	❑
6. Voy a vivir en un lugar de EE.UU. donde se habla español.	❑	❑
7. Creo que saber español será importante para mi futuro, pero no sé exactamente cómo.	❑	❑
8. Porque estudiar otra lengua es un requisito universitario.	❑	❑
9. Me voy a especializar en español.	❑	❑
10. Estudiar otra lengua y cultura me ayuda a entender mi propia lengua y cultura.	❑	❑
11. ¿Otras ideas?	❑	❑

C. Recomendaciones. Tu hermano/a acaba de empezar la escuela secundaria. Está pensando estudiar otra lengua y te pide consejos. ¿Qué le recomiendas? Escribe tres recomendaciones explicando tus razones.

1. _____

2. _____

3. _____

3-34 Definiciones. Recuerda El Álamo y lo que aprendiste en tu libro de texto para escribir una definición o elaboración de los siguientes conceptos. Puedes volver a consultar el texto si es necesario.

la misión _____

_____

los coahuiltecos _____

_____

1821 _____

_____

la esclavitud _____

_____

Lone Star Republic _____

_____

la fachada _____

_____

A escuchar

3-35 Un testimonio. Escucha el testimonio de María y contesta las preguntas. Puedes escuchar el texto más de una vez.

A. El tono. ¿Cómo es el tono del testimonio de María? Marca todos los adjetivos apropiados.

☐ triste   ☐ alegre   ☐ serio

☐ cómico   ☐ temeroso   ☐ orgulloso

B. Ideas principales. Escribe una oración explicando la idea principal del testimonio.

Yo pienso que... _____

_____

_____

C. Los detalles importantes. Identifica si las siguientes oraciones son verdaderas (**V**) o falsas (**F**). Si son falsas, corrígelas incluyendo ejemplos específicos para apoyar tu corrección.

1. _____ María se considera estadounidense.

   ¿Corrección? _____

2. _____ En la escuela secundaria el hecho de que era bilingüe no le afectó.

   ¿Corrección? _____

3. _____ En la universidad María ayudaba a sus amigos con su tarea de español.

   ¿Corrección? _____

4. _____ En la universidad los amigos de María respetaban el hecho de que era bilingüe.

   ¿Corrección? _____

5. _____ Ser bilingüe no ha ayudado a María a conseguir un buen trabajo.

   ¿Corrección? _____

D. Aplicación. En su testimonio María explica un problema que tiene ahora que es adulta.

1. Describe su problema: _____

   _____

2. Ahora, escribe tres recomendaciones para ayudar a María a resolver su problema. Recuerda usar el subjuntivo o el indicativo, según el caso.

   _____

   _____

   _____

E. Atención a los verbos. Vas a escuchar algunas oraciones del testimonio. Identifica si los verbos de la cláusula subordinada están en el subjuntivo o el indicativo.

Oración 1:	subjuntivo	indicativo
Oración 2:	subjuntivo	indicativo
Oración 3:	subjuntivo	indicativo
Oración 4:	subjuntivo	indicativo

Más allá de las palabras

Redacción

3-36 Un nuevo comité. La diversidad y el multiculturalismo han sido temas muy importantes y polémicos en el ambiente universitario. Por eso tu universidad ha formado un comité para crear un ambiente más diverso y multicultural. El comité ha publicado este anuncio buscando representantes estudiantiles.

> El Comité Universitario para la Diversidad busca representantes estudiantiles interesados en crear un ambiente multicultural en nuestro campus. Es importante que los participantes sean personas bilingües, biculturales o que tengan experiencia en el estudio de otras lenguas y culturas. Para ser considerado, escribe un breve ensayo respondiendo a las preguntas siguientes:
>
> **1.** ¿Qué experiencia personal tienes con otras culturas o lenguas?
> **2.** ¿Por qué crees que es importante la diversidad en nuestra universidad?
> **3.** ¿Qué recomendaciones específicas tienes para alcanzar los objetivos del comité?

Responde al anuncio con tu propio ensayo. Recuerda usar el subjuntivo cuando sea necesario e incorporar algunas de las expresiones siguientes.

a diferencia de / en contraste con	después de todo
en general	en resumen
igual que...	por lo tanto
por un lado... por otro lado	sin embargo

Estimado/a director/a del comité multicultural:

_____

_____

_____

_____

_____

_____

_____

_____

_____

_____

_____

Le saluda atentamente,

El escritor tiene la palabra

3-37 Las técnicas discursivas. El discurso es una obra literaria con un fin muy particular. En esta sección tendrás la oportunidad de aprender más sobre el discurso y aplicar tus conocimientos al discurso de Alonso S. Perales de tu libro de texto.

El orador: La persona que pronuncia el discurso en vivo o la voz que escuchamos al leer un discurso como texto.

El público: Las personas que escuchan el discurso en vivo o los lectores que lo leen.

La evidencia: Los datos y ejemplos que el orador usa para ilustrar su argumento y lograr su propósito. A veces el orador usa la distorsión o la exageración para reforzar sus ideas.

El propósito del orador: El orador pronuncia el discurso para informar, convencer, inspirar y/o motivar a su público.

1. En 1923, en San Antonio, Texas, ¿quiénes eran los miembros del público de este discurso?

_____

2. Examina la evidencia del discurso en tu libro de texto.

   a. Párrafo uno: Según Perales, ¿qué tipo de persona abunda en Texas?

_____

   b. Párrafo tres: Según Perales, ¿qué aprenden los anglo-americanos en el norte y en el este?

_____

   c. Párrafo tres: ¿Qué ejemplos de personas o grupos de personas notables hay en la historia? (menciona dos)

_____

3. ¿Notas alguna distorsión o exageración en esta evidencia? Explica tu respuesta.

_____

4. ¿ Cuál fue el propósito específico de Perales al presentar la evidencia? ¿Informar? (¿Sobre qué?) ¿Convencer?(¿Sobre qué?)¿Inspirar?(¿A quiénes?) ¿Provocar? (¿Qué acción?)

_____

5. ¿Te identificas con el público que escuchó este discurso en 1923? ¿Crees que tu reacción al discurso es similar o diferente a la del público original?

_____

_____

_____

3-38 Mi diario literario. Escribe tu reacción personal al discurso. Considera las preguntas siguientes:

- Un pequeño resumen: En tu opinión, ¿cuál es la idea más importante del discurso?

- Dificultades: ¿Hay partes del discurso que no entendiste bien? Explica cuáles son y por qué crees que te han resultado problemáticas.

- Reacción personal: ¿Descubriste algo nuevo en el discurso? ¿Hay algo en el discurso que te sorprendió?

_____

_____

_____

_____

_____

_____

_____

_____

_____

_____

_____

Para escribir mejor

Los triptongos

En el Capítulo 1 estudiaste el silabeo y los diptongos. En este capítulo aprenderás qué son los triptongos y cómo dividir las sílabas de las palabras que los contienen. Al hacer las actividades practica tu pronunciación repitiendo en voz alta las palabras.

Un **triptongo** es la combinación de tres vocales, una fuerte (**a, e, o**) entre dos débiles (**i, u**), que se pronuncia como un sólo sonido y que forma una sola sílaba. Las combinaciones posibles son: **iei, iai, uei, uau, uai, iau.**

> EJEMPLO: g**uau**

La **y** puede tener valor de vocal. Por eso, cuando está después de una vocal fuerte y antes de una débil forma un triptongo.

> EJEMPLOS: ur-u-g**uay**, b**uey**

Las palabras con una vocal débil entre dos fuertes no forman triptongos.

> EJEMPLO: al-c**a**-h**ue**te

3-39 Práctica

A. Subraya los triptongos en las palabras siguientes. Es posible que no todas las palabras tengan triptongos.

1. ahuecamiento
2. Paraguay
3. buey
4. miau

B. Divide las palabras de la parte A en sílabas.

1. _____

2. _____

3. _____

4. _____

La letra *g*

El sonido de la letra **g** cambia según la vocal que la sigue. Saber estas variaciones te ayudará con la pronunciación y la ortografía. Al leer las reglas y hacer la actividad, practica tu pronunciación repitiendo en voz alta las palabras.

1. Antes de las vocales **a, o, u** el sonido de **g** es suave.

> EJEMPLOS: madru**ga**da, len**gua**

2. Con las vocales **e, i** es necesario agregar **u** para mantener el sonido suave.

> EJEMPLOS: **gue**rra, **gui**ón

Nota la diferencia en el sonido si no se agrega **u**. En estos ejemplos el sonido es similar a la **j** de José:

> EJEMPLOS: **gi**ra, exi**ge**ncia

3. En las combinaciones **gue, gui** la **u** no se pronuncia.

> EJEMPLOS: meren**gue,** á**gui**la

Para pronunciar la **u** en estas combinaciones es necesario poner ¨. Este signo se llama **diéresis.** Compara la pronunciación de los ejemplos siguientes con los anteriores.

> EJEMPLOS: bilin**güe,** lin**güi**sta

3-40 Práctica.   Completa las palabras siguientes con **g** y las vocales necesarias. No olvides el uso de **ü.**

1. c o m p a ____ ____ n a r

2. e n t r e ____ ____ r

3. g ____ ____ r d a r

4. v e r ____ ____ ____ n z a

5. c e ____ ____ ____ r a

6. ____ ____ s t o

Más sobre la letra *g*

La letra **g** siempre se usa:
1. Raíces con **g:**
a. geo-, legi- y ges-   EJEMPLOS: geología, gesto
b. gen-   EJEMPLO: generación

2. Las terminaciones de los verbos:
a. –ger y –gir   EJEMPLOS: escoger, surgir
b. –gerar y gerir: EJEMPLOS: sugerir, exagerar

3-41 Práctica.   Completa las palabras con **g** y la vocal apropiada y subraya la raíz o la terminación.

1. ____ ____ n e r a r

2. p r o t e ____ ____ r

3. e x a ____ ____ r a r

4. ____ ____ o m e t r í a

Para pronunciar mejor

Linking

> **1.** In Spanish, words are linked to one another with no interruption of the sound flow other than breathing pauses.
> **2.** Linking words causes a final consonant from one word to combine with the following vowel e.g., *español* y *francés* is pronounced **españo li francés.**
> **3.** Linking words causes identical vowels to collapse into one sound, e. g. *va a hablar* is pronounced **vablar.**
> **4.** Linking words causes non-identical vowels to combine across words, e. g., *mi amigo* is pronounced **miamigo**

3-42 Listen to the recording and repeat. Pay attention to linking across word boundaries!

1. las ciencias y las matemáticas

2. la secretaria y el profesor

3. los animales están en el zoológico

4. este árbol es alto

5. José espera a Ana en el carro

6. mi amigo es argentino

7. mis amigas son uruguayas

8. el amigo de Antonio es oculista

9. él habla español

10. ella habla español

3-43 Listen to these riddles (*adivinanzas*) and repeat. Pay attention to linking across word boundaries!

1.

Tiene ojos y no ve,

tiene agua y no la bebe,

tiene carne y no la come

tiene barba y no es hombre.

(El coco)

2.

Su cabeza es amarilla,

siguiendo al sol, gira y gira,

muchos comen sus pepitas

y dicen que son muy ricas.

(El girasol)

3.

Está en la navaja

y está en el cuaderno,

se cae del árbol

antes del invierno.

(La hoja)

CAPÍTULO

4 La diversidad de nuestras costumbres y creencias

TEMA 1   NUESTRAS COSTUMBRES

Vocabulario del tema

4-1 Costumbres.   Escribe una oración para cada dibujo describiendo la expresión de afecto mostrada y la costumbre representada.

Vocabulario para hablar de expresiones de afecto:

darse la mano   agarrarse el brazo   darse un beso en las mejillas
darse un abrazo

Verbos para hablar de las costumbres:

caminar   saludarse   comer tapas
tomar una bebida en un *pub*   alternar

1.

_____

_____

_____

        Capítulo 4   La diversidad de nuestras costumbres y creencias

2.

_____

_____

_____

3.

_____

_____

_____

4.

_____

_____

_____

4-2 ¿Recuerdas? Lee las oraciones siguientes. Según la información de la presentación de Tomás y Margarita de tu libro de texto indica si cada oración es verdadera (**V**) o falsa (**F**). Si es falsa, corrígela.

1. _____ En España a los amigos del sexo opuesto normalmente se les dan dos besos para saludarlos.

   ¿Corrección? _____

2. _____ Cuando dos personas hispanas se besan, en realidad sólo se tocan las mejillas.

   ¿Corrección? _____

3. _____ En España los niños no acompañan a sus padres a los bares.

   ¿Corrección? _____

4. _____ En España es común "alternar" o hacer un recorrido por varios bares.

   ¿Corrección? _____

5. _____ En Venezuela es común que los hijos se independicen al empezar sus estudios universitarios.

   ¿Corrección? _____

6. _____ En el mundo hispano, una de las diferencias entre un *pub* y un bar es que en un bar sólo

   se pueden comer tapas.

   ¿Corrección? _____

A escuchar

4-3 Costumbres de todos los días. Vas a escuchar a una persona hablar de la variedad de tortillas en diferentes países.

A. Indica si la información es verdadera (**V**) o falsa (**F**) según el texto. Si es falsa, corrígela.

1. _____ Hay mucha variedad de tortillas en el mundo de habla hispana.

   ¿Corrección? _____

2. _____ El burrito es una comida típica del sur de México.

   ¿Corrección? _____

3. _____ La arepa es una tortilla de harina de trigo que se come en Venezuela y Colombia.

   ¿Corrección? _____

4. _____ La tortilla española es de maíz o harina.

   ¿Corrección? _____

5. _____ La tortilla española se sirve como tapa en los bares.

   ¿Corrección? _____

B. Según lo que aprendiste, explica por qué la tortilla española sorprende a muchos americanos que van a España.

   _____

   _____

   _____

   _____

   _____

   _____

GRAMÁTICA

Using Relative Pronouns to Avoid Redundancy

4-4 La fiesta perdida. Marisa asistió a una fiesta anoche pero su amiga Raquel no pudo ir. Ahora, Raquel llama por teléfono a Marisa porque quiere saber todos los detalles de la fiesta. Lee su conversación. Identifica el sustantivo que funciona como el antecedente de la cláusula relativa en cada oración, y escríbelo en el espacio.

> **MODELO:**
> (1) La fiesta que empezó tarde fue divertida.
> fiesta.

Marisa: Hola Raquel, ¿cómo estás?

Raquel: Hola Marisa, estoy algo mejor hoy. Oye, ¿qué tal la fiesta?

Marisa: Lo pasamos muy bien, pero te echamos de menos.

Raquel: Quiero saber todo. ¿Qué tal la casa de Marcos?

Marisa: (1) La casa, que está muy cerca, es muy grande.

_____

Raquel: Y ¿qué tal los muchachos que asistieron la fiesta?

Marisa: (2) Los muchachos, que eran todos amigos de Marcos, eran guapísimos.

_____

Raquel: La comida no estuvo muy buena, ¿verdad?

Marisa: No estuvo mal. (3) El vino que Marcos había traído de España estaba riquísimo.

_____

Raquel: ¿Qué llevaste puesto?

Marisa: (4) Como recuerdas, la falda negra que compré la semana pasada me queda muy bien.

_____

Raquel: Es una lástima que me haya perdido la fiesta.

Marisa: Bueno, para la próxima estarás mejor.

4-5 Un viaje de fin de curso. Las siguientes oraciones describen el viaje de un grupo de amigos para celebrar el fin de su último año de la escuela secundaria. En cada oración, identifica si la cláusula relativa es restrictiva o no restrictiva.

1. El crucero, que tomamos de Florida a Acapulco, duró doce días.

_____

2. La orquesta todas las noches tocaba una música que era excepcional.

_____

3. Los otros viajeros, que eran jóvenes de todas partes de Estados Unidos, eran muy divertidos

y simpáticos. _____

4. Me gustó la comida que sirvieron en el restaurante. _____

4-6 Las clases. Unos estudiantes están describiendo sus clases. Completa sus oraciones con **que** o **lo que**.

1. Me gusta la clase de literatura _____ tomé el semestre pasado. Leímos novelas muy interesantes.

2. No entiendo _____ quiere mi profesor de filosofía. Repaso los apuntes de la clase pero siempre hay información adicional en los exámenes.

3. El libro _____usamos para la clase de matemáticas es muy útil. Me gustan las explicaciones porque son muy claras.

4. El profesor de biología, _____ es de Inglaterra, es muy bueno. Estoy aprendiendo mucho.

4-7 El Cinco de Mayo. Jill escribió un informe para su clase de español sobre la fiesta del Cinco de Mayo. Su profesor le ha devuelto el informe pidiéndole cambios para evitar redundancias. Ayuda a Jill a combinar las siguientes frases con pronombres relativos.

1. El Cinco de Mayo se celebra una fiesta en México y en Estados Unidos. El Cinco de Mayo conmemora el triunfo de los mexicanos sobre los franceses.

   _____

   _____

2. En Texas la gente celebra el Cinco de Mayo con desfiles. Texas tiene una población mexicoamericana muy grande.

   _____

   _____

3. La famosa Batalla de Puebla se conmemora con representaciones teatrales en las plazas mexicanas. La Batalla de Puebla tuvo lugar el 5 de mayo de 1862.

   _____

   _____

4. Como parte de la celebración la gente come mole poblano. El mole poblano es un plato típico de México.

   _____

   _____

Redacción

4-8 Las excusas. El viernes pasado tuviste un examen de español. No lo hiciste porque era la fiesta de aniversario de tus padres. Hoy es domingo y tienes que escribirle un correo electrónico a tu profesor explicándole lo que pasó. En tu carta, intenta usar las expresiones de la lista y un tono apropiado. Expresiones para dar explicaciones: **porque, puesto que, por eso, por esta razón, a causa de, por motivo de, dado que**

✉ **Examen de español**   ▾■ _□ ✕

> Para: _____
> De: _____
> Ref: Examen de español

_____
_____
_____
_____
_____
_____

A escuchar

4-9 Dar explicaciones. Vas a escuchar un diálogo entre dos vecinos que tienen problemas.

A. Escucha e indica el orden (del 1 al 6) en que los vecinos usan las expresiones de la lista.

a. _____ dado que

b. _____ puesto que

c. _____ por esta razón

d. _____ por eso

e. _____ a causa de

f. _____ por motivos de

B. Y tú, ¿qué le recomiendas a Rosario? Escribe una recomendación usando el presente del subjuntivo en la cláusula subordinada.

_____

_____

TEMA 2 NUESTRAS CREENCIAS

Vocabulario del tema

4-10 La Noche de las Brujas

A. ¿Qué hacías de niño/a para celebrar el día? Marca con una ✓
las actividades que hacías y después escribe tu ejemplo favorito de cada tradición.

❐ comer caramelos _____

❐ llevar disfraces _____

❐ jugar con otros niños _____

❐ hacer bromas _____

❐ decorar la casa _____

B. ¿Qué significado tiene para ti la Noche de las Brujas? ¿Por qué celebras este día?

_____

_____

_____

_____

_____

_____

_____

4-11 Actitudes respecto al tema de la muerte

A. Para poder considerar las diferentes perspectivas culturales sobre el tema de la muerte debes pensar
en tu propia actitud hacia ella. Elige una expresión del recuadro que refleje tu opinión sobre cada
elemento de la lista de la página siguiente.

dudar que	es evidente que	es obvio que
es (im)probable que	no pensar que	negar que
es dudoso que	es cierto que	creer que
no es seguro que	es (im)posible que	es seguro que

1. la incineración del cadáver _____

2. la eutanasia _____

3. donar los órganos vitales _____

4. las visitas al cementerio _____

5. los chistes sobre la muerte _____

6. celebrar un entierro con una fiesta _____

7. la comunicación con los muertos _____

8. el más allá _____

B. Elige dos elementos de la lista de arriba y explica más en detalle tu opinión.

_____

_____

_____

_____

_____

4-12 Las tradiciones del Día de los Muertos.   Te interesa saber más sobre las actividades asociadas con la celebración de este día. Lee la información de la página web de la página siguiente y contesta las preguntas a continuación.

1. ¿Por qué es importante limpiar las tumbas de los familiares difuntos?

_____

_____

_____

2. ¿Por qué pasa la gente la noche del 1 de noviembre en el cementerio?

_____

_____

_____

3. ¿Con qué objetos decoran los altares? ¿Por qué?

_____

_____

_____

4. Después de leer esta breve descripción de las actividades asociadas con el Día de los Muertos, ¿qué otra información quieres obtener?

_____

_____

_____

El Día de los Muertos

❏ En preparación para la celebración y para honrar a los seres queridos difuntos, la gente limpia y adorna las tumbas. También se construyen altares que sirven como ofrendas y recuerdos de sus vidas.

❏ Se decoran los altares para los difuntos con flores, veladoras, calaveras de dulce, pan de muerto, papel con figuras y fotos de los familiares ya muertos. Según la tradición, cada cosa puesta en el altar tiene un significado especial para la familia.

❏ El día 31 de octubre las almas de los niños muertos vuelven a la tierra. Salen el día 1 de noviembre cuando llegan las almas de los adultos muertos. Sus familiares acuden en masa al cementerio donde pasan la noche para acompañar a los muertos antes de despedirse de ellos el día 2 de noviembre.

Otras páginas de interés:

Los orígenes prehispánicos

Las festividades en Michoacán

Receta para el pan de muerto

(Comentarios / opiniones)   (REGRESAR)

Visitas desde noviembre de 2000.

4-13 ¿Recuerdas?

A. Según la información presentada en la clase sobre las dos perspectivas sobre la muerte, ¿qué palabras de la lista siguiente asocias con cada perspectiva?

conmemorar	evitar	en voz baja
naturalidad	chistes	incómodo
personalizar	antinatural	aceptación
integral	festivo	honor

PERSPECTIVA 1: RITUALIZAR LA MUERTE	PERSPECTIVA 2: LA MUERTE ES TABÚ

B. ¿Con cuál perspectiva te identificas tú? ¿Por qué?

_____

_____

_____

_____

A escuchar

4-14 Una fiesta infantil. Vas a escuchar a una persona hablar de la Noche de las Brujas en Estados Unidos.

A. Escucha a la persona y anota la información indicada.

1. Una práctica que México y Estados Unidos tienen en común: _____

2. Un disfraz típico para los niños estadounidenses: _____

3. Un disfraz típico para las niñas: _____

4. En las casas embrujadas, los niños:

    a. piden caramelos

    b. gritan y pasan mucho miedo.

5. El nombre del día cuando se conmemora a los muertos en EE.UU: _____

B. ¿Estás de acuerdo con el narrador cuando dice que la Noche de las Brujas es una fiesta infantil? Explica tu opinión. ¿Celebras tú la Noche de las Brujas?

_____

_____

_____

_____

_____

GRAMÁTICA

The Imperfect Subjunctive in Noun Clauses

4-15 Reacciones.   El año pasado unos amigos tuyos visitaron el estado de Michoacán, en México, para participar en la celebración del Día de los Muertos. Ahora uno de ellos te cuenta lo que pasó y su reacción personal. Completa sus oraciones usando el pretérito para el primer verbo y el pasado del subjuntivo para el segundo.

> **MODELO:**
>
> sorprenderme / la gente construir altares para los muertos
>
> **Me sorprendió que la gente construyera altares para los muertos.**

1. a Mark gustarle / las familias limpiar las tumbas

    _____

2. a nosotros entristecernos / los mexicanos hacer burlas de los muertos

    _____

3. ser interesante / participar (Helen) en la decoración de las tumbas en el cementerio

    _____

4. dudar (yo) / los altares ser una buena manera de honrar a los muertos

    _____

4-16 Recomendaciones. Estás trabajando como mentor/a para los nuevos estudiantes universitarios. Explícales qué recomendaciones recibiste antes de empezar tus estudios universitarios. Forma oraciones con la lista de personas en la primera columna y las sugerencias de la segunda.

PERSONAS	RECOMENDACIONES
❶ mis padres	① estudiar mucho en la biblioteca
❷ mi mejor amigo/a	② asistir a muchas fiestas para conocer a más personas
❸ mi/s hermano/s	③ no volver a casa durante los fines de semana
❹ mis amigos	④ visitar a mis profesores durante las horas de oficina
❺ mis maestros de la escuela secundaria	⑤ vivir en la residencia estudiantil el primer año
❻ mis abuelos	⑥ no comer la comida de la residencia
❼ ¿otras personas?_____	⑦ ¿otras sugerencias?_____

MODELO:

Recomendar

Mi hermano me recomendó que asistiera a muchas fiestas para conocer a más personas.

1. aconsejar: _____

_____

2. sugerir: _____

_____

3. exigir: _____

_____

4. decir: _____

_____

4-17 Duda. Cuando tus amigos y tú consultaron a una adivina el año pasado, éstas son las cosas que les dijo. Completa las oraciones de la página siguiente expresando tus dudas con el pretérito y el pasado del subjuntivo, según el modelo.

MODELO:

Cuando la adivina nos dijo que mi amiga encontraría un novio antes de la Navidad yo (dudar)...

dudé que lo encontrara.

Cuando la adivina nos dijo...

1. que sacaríamos buenas notas en la clase de español yo (no creer que)...

_____

2. que mi familia se mudaría de casa antes de terminar el año, mis amigos (negar) la posibilidad de

que...

_____

_____

3. que nosotros haríamos un viaje al Caribe durante el verano, mi amigo (dudar)...

_____

_____

4. que mis hermanos se casarían antes de terminar el verano, yo (no pensar que)...

_____

_____

4-18 Una fiesta horrible. Cuatro compañeros de casa organizaron una fiesta anoche. Desafortunadamente, todo salió mal. Lee los problemas que tuvieron y cómo intentaron evitarlos. Después, completa los espacios con la forma apropiada del pasado del subjuntivo o el indicativo del verbo entre paréntesis.

Joaquín: "Yo les recomendé que (1) _____ (*invitar*) a menos personas.

No tenemos mucho espacio en la casa y los vecinos siempre se quejan del ruido con tanta gente."

Eduardo: "Cuando yo hablé con la banda dudaba que (2) _____

(*llegar*) a la hora indicada. Me dijeron que tenían otra fiesta antes de la nuestra."

Juan: "La verdad es que nosotros (3) _____ (*no comprar*) mucha comida

y no hubo bastante para todos los invitados."

Alberto: "A mí me sorprendió que (4) _____ (*salir*) todo tan mal. Yo

propongo organizar otra fiesta para el fin de semana próximo porque ahora sabemos cómo evitar

problemas."

Redacción

4-19 Perspectivas diferentes. En el periódico de tu universidad encuentras esta carta al editor.

> La semana pasada tuve la oportunidad de viajar a Michoacán, México para celebrar el Día de los Muertos. Me considero una persona abierta a otras costumbres e ideas, pero esta fiesta, en mi opinión, fue de muy mal gusto. Me sorprendió mucho la falta de respeto que mostraron los mexicanos hacia los muertos, con sus burlas, y su tratamiento ligero de la muerte, como algo divertido en vez de algo serio, merecedor de nuestro respeto. No les recomiendo asistir a esta celebración.

Según lo que ya sabes sobre la actitud mexicana hacia la muerte y la importancia de la celebración del Día de los Muertos en esta cultura, responde a la carta. En tu respuesta contesta las preguntas a continuación y recuerda las expresiones de acuerdo y desacuerdo de tu libro de texto.

1. ¿Cómo reaccionaste al leer la carta?
2. ¿Cómo explicas la celebración y su significado cultural?
3. ¿Recomiendas que la gente vaya o no a la celebración? ¿Por qué?

_____

_____

_____

_____

_____

_____

_____

A escuchar

4-20 Expresar acuerdo y desacuerdo enfáticamente. Vas a escuchar una conversación entre Antonio y Miguel, quienes no se pueden poner de acuerdo sobre qué hacer.

A. Escucha la conversación e indica el orden (del 1 al 6) en que se usan las expresiones de la lista.

a. _____ Lo que dices no tiene ningún sentido.

b. _____ No tienes ninguna razón.

c. _____ Eso es absolutamente falso.

d. _____ Me parece que es una idea malísima.

e. _____ Exactamente, eso mismo pienso yo.

f. _____ Por supuesto que sí.

B. Escucha otra vez y anota dos argumentos que usa Antonio para defender las corridas de toros y dos que usa Miguel para criticarlas.

Antonio (a favor de las corridas): 1. _____

2. _____

Miguel (en contra de las corridas): 1. _____

2. _____

TEMA 3 NUESTRA RELIGIÓN

Vocabulario del tema

4-21 Las fiestas de santos. El párrafo de abajo explica las celebraciones religiosas que conociste en tu libro de texto. Para repasar el vocabulario, escribe la forma correcta de la palabra apropiada en los espacios en blanco.

tamales	idiosincrasia	asar
días festivos	campesinos	madrugada
canonizar	embarazadas	tumba

Las celebraciones nacionales o 1) _____ del mundo de

habla hispana, son numerosas y variadas. Reflejan la 2) _____

de cada país. Muchas de ellas son fiestas patronales que celebran el santo patrón, o el santo protector,

de cierto tipo de personas: por ejemplo, las mujeres 3) _____ o los 4)

_____. Los santos son personas que la Iglesia

Católica ha 5) _____ por su vida y muerte extraordinarias. Un santo

hace milagros y su cadáver se queda incorrupto en la 6) _____. La manera en

que se celebra a estas figuras varía según la región. Los 7) _____ son

una comida que se prepara durante la fiesta de San Isidro en Oaxaca, México, y en España se

8) _____ sardinas en la playa la noche de San Juan hasta la

9) _____.

4-22 ¿Recuerdas? Las siguientes oraciones narran los eventos más importantes de la vida de San Isidro Labrador. Pon en orden los eventos de 1 a 6.

_____ Aprendió los principios de la religión católica.

_____ Se levantaba muy de madrugada para asistir a misa antes de ir a su trabajo.

_____ Nació en una familia de campesinos pobres.

_____ La iglesia lo canonizó.

_____ Se casó con una campesina.

_____ Lo sepultaron en el año 1130.

A escuchar

4-23 La Virgen del Pilar.   Vas a escuchar la historia de otra santa católica.

A. Indica si la información es verdadera (**V**) o falsa (**F**) de acuerdo al texto. Si es falsa, corrígela.

1. _____   La leyenda de la Virgen del Pilar data del siglo XX.

   ¿Corrección? _____

2. _____   Solamente una persona presenció la aparición de la Virgen del Pilar.

   ¿Corrección? _____

3. _____   La Virgen pidió que Santiago le construyera una iglesia.

   ¿Corrección? _____

4. _____   La aparición de la Virgen ocurrió después de la muerte de María.

   ¿Corrección? _____

5. _____   Un milagro famoso de la Virgen es la restauración de una pierna amputada.

   ¿Corrección? _____

6. _____   La fiesta del Pilar es el 12 de octubre.

   ¿Corrección? _____

B. Escucha otra vez e indica la persona que se asocia con las siguientes acciones: La Virgen del Pilar
(V), Santiago (S), o el hombre de la pierna amputada (H).

1. _____   Predicar el evangelio en España.

2. _____   Construir una iglesia.

3. _____   Aparecer sobre un pilar.

4. _____   Soñar que visitaba la basílica.

GRAMÁTICA

Formal and Informal Commands to Get People to Do Things for You or Others

4-24 Situaciones. ¿Qué mandato usarías en cada situación? Lee las descripciones y después escribe el verbo en negrita como mandato formal o informal, afirmativo o negativo según el contexto.

1. Bill es un estudiante universitario que vuelve a casa el fin de semana. Su madre lo encuentra fumando un cigarrillo. Le pide **no fumar.**

   No fumar = _____

2. Entras al baño en un restaurante y hay un letrero dirigido a los empleados que dice: Favor de **lavarse las manos.**

   Lavarse las manos: _____

3. En una biblioteca una señora mayor está riéndose mucho y haciendo mucho ruido. Una joven se acerca y le pide **no hacer ruido.**

   No hacer ruido: _____

4. Una niña le ha mentido a su madre. La madre le pide **decir la verdad.**

   Decir la verdad: _____

4-25 Pan de muertos. Tu clase de español está organizando una fiesta para celebrar el Día de los Muertos. Tu profesor/a necesita una receta para el pan de muertos. Llena los espacios en blanco con la forma apropiada de los mandatos para completar la receta. Recuerda que es importante dirigirte a tu profesor/a formalmente.

1. _____ (mezclar) todos los ingredientes secos menos la harina.

2. _____ (calentar) la leche, el agua y la mantequilla. _____ (agregar) la mezcla líquida a los ingredientes del Paso 1.

3. _____ (batirlo) bien.

4. _____ (añadir) los huevos y harina. _____ (mezclarlo) bien, agregando poco a poco toda la harina.

5. _____ (dejar) la masa hasta que haya crecido el doble de su tamaño.

6. _____ (formar) las calaveras con la masa.

7. _____ (dejar) que repose una hora más.

8. _____ (hornear) a 350 °F durante 40 minutos.

4-26 Estudiantes problemáticos. Este profesor de la escuela secundaria tiene algunos estudiantes que no se comportan muy bien y que no lo escuchan. Escribe sus órdenes de nuevo, usando mandatos informales y pronombres cuando sea apropiado, para que sus estudiantes se comporten mejor.

1. "Carlos, nunca vienes a clase preparado. **Quiero que siempre hagas la tarea.**"

   _____

2. "Marta, siempre sales de la clase cinco minutos antes. **No puedes salir hasta terminar la clase.**"

_____

3. "Ayer vosotros no me disteis la tarea. **Hoy, ponéis la tarea en la mesa antes de salir.**"

_____

4. "John, te pedí escribir la respuesta en la pizarra. **Quiero que vayas a la pizarra ahora mismo.**"

_____

4-27 Consejos útiles.   Los estudiantes están nerviosos porque mañana tienen su primer examen de español. ¿Qué consejos les da la profesora para ayudarlos en su preparación? Usando los verbos dados, escribe una recomendación siguiendo el modelo.

> **MODELO:**
> leer
> **Lean otra vez el capítulo del libro de texto.**

1. estudiar: _____

2. memorizar: _____

3. escribir: _____

4. practicar: _____

Redacción

4-28 Celebraciones religiosas en tu campus.   El periódico de tu universidad va a publicar un suplemento especial que trata sobre la diversidad de religiones que se practican en tu universidad. Escribe un artículo que describa brevemente la importancia de estas celebraciones y las diferentes actividades asociadas con ellas en tu campus universitario.

_____

_____

_____

_____

_____

_____

_____

_____

_____

_____

_____

_____

_____

A escuchar

4-29 Expresar compasión, sorpresa y alegría. Vas a escuchar a dos personas describir experiencias que han tenido recientemente.

A. Indica la expresión de compasión, sorpresa o alegría que se usa para las experiencias de la lista. A veces, se usan dos expresiones para reaccionar a una experiencia. Otras expresiones no se usan.

1. _____ Mercedes ha tenido muchos problemas esta semana.

2. _____ El auto de Mercedes se descompuso.

3. _____ Mercedes se perdió su examen final.

4. _____ Gerardo ganó la lotería

   a. ¡Pobre mujer!

   b. ¡Qué desgracia!

   c. Me puedo poner en tu lugar.

   d. ¿De verdad?

   e. ¿En serio?

   f. ¡No me digas!

   g. ¡Cuánto me alegro!

   h. ¡Qué bueno!

   i. ¡Qué bien!

   j. Pues, me alegro mucho.

B. Escucha otra vez para comprobar las respuestas.

TEMA 4   NUESTRAS CELEBRACIONES

Vocabulario del tema

4-30 Curiosidades.   Consulta la página 167 de tu libro de texto para completar las letras de las siguientes palabras relacionadas con los encierros. Usa las pistas.

1. ___ ___ R ___ ___ ___ ___ S

    Pista: Es el lugar donde se encierran los toros.

2. M ___ ___ A ___ A

    Pista: Se refiere al grupo de toros en su totalidad.

3. ___ ___ N ___ O

    Pista: Es lo opuesto de *animado* o *violento*. Los toros normalmente no son así.

4. ___ R ___ ___ E ___ ___ ___

    Pista: Es la distancia total que corren los toros.

5. ___ ___ D I ___

    Pista: Es el término que se refiere a la lucha entre torero y toro.

6. R ___ E ___ ___ O

    Pista: Es sinónimo de *peligro*.

4-31 Los Sanfermines

A. Completa el párrafo con la forma correcta de cada palabra o frase de la lista.

aglomeración	poco a poco	fuegos artificiales	rendir
trasladarse	impactar	perderse en la historia	

Los orígenes de la fiesta pamplonesa ya no se conocen porque muchos detalles 1) _____

_____. Sin embargo, sabemos que la fiesta se

celebraba en octubre y que 2) _____ a julio. Otro hecho histórico

es la influencia de Ernest Hemingway. Él regresó a los Sanfermines en varias ocasiones y la fiesta le

3) _____ tanto que su novela *The Sun Also Rises* tiene lugar en

Pamplona. La ciudad de Pamplona 4) _____ homenaje a Hemingway con la

inauguración de un monumento junto a la plaza de toros. A través de los años, la fiesta ha cambiado

5) _____. Una adición impresionante ha sido el espectáculo de 6)

_____ cada noche en el Parque de la Ciudadela. La luz y color

producen el asombro de todos. El cambio más negativo ha sido el excesivo número de personas que

acuden a la fiesta cada año. Esta 7) _____ es peligrosa y molesta.

B. Con toda la información que tienes sobre los Sanfermines, ¿quieres asistir a esta fiesta? ¿Por qué?

_____

_____

_____

4-32 Mi pequeño diccionario. Primero, identifica la fiesta o persona que se muestra en las siguientes 3 fotos. Después, identifica las palabras de la lista que usarías para describir cada foto.

los encierros	el cementerio	la iglesia
la tumba	la masificación	un creyente
el milagro	proteger	trasladarse
la fiesta patronal	la misa	adornar
el disfraz	canonizar	la manada
el trayecto	el riesgo	los agricultores
la corrida de toros	asar	las calaveras
los tamales		el patrón

¿Otras posibilidades? _____

_____

1.

_____

_____

_____

_____

_____

_____

_____

_____

_____

_____

2. _____

_____

_____

_____

_____

_____

_____

3. _____

_____

_____

_____

_____

_____

_____

4-33 La fiesta del tomate. Ayer en la cafetería le mencionaste a una amiga que en tu clase de español habías leído sobre una fiesta divertidísima. Responde a las preguntas de tu amiga.

1. ¿Cómo se llama la fiesta? _____

2. ¿En qué parte de España se celebra? _____

3. ¿En qué época del año tiene lugar? _____

4. ¿Cómo se celebra? _____

_____

_____

5. ¿Qué reglas hay para evitar accidentes? _____

_____

_____

A escuchar

4-34 Otra fiesta. Vas a escuchar a una mujer hablar de una fiesta a la que iba cuando era joven.

A. Ideas principales. Indica la idea correcta en cada caso.

1. a. La mujer describe una fiesta española.

   b. La mujer describe una fiesta latinoamericana.

2. a. La historia ocurrió el año pasado.

   b. La historia ocurrió hace muchos años.

3. a. La "vendimia" se refiere al aspecto religioso de la fiesta y a la Virgen del Pilar.

   b. La "vendimia" se refiere a la cosecha de uvas y la producción de vino en la región.

4. a. La experiencia de la mujer en esta fiesta es negativa.

   b. La experiencia de la mujer en esta fiesta es positiva.

B. Detalles importantes. La mujer narra una historia que ocurrió un año en la Fiesta de la Vendimia. Pon las siguientes acciones en orden del 1 al 6, según su historia.

a. _____ Salió rápido de la plaza de toros.

b. _____ Su amiga sugirió entrar en la plaza.

c. _____ Comenzó a caminar hacia el barril.

d. _____ Un novillo le miró a los ojos.

e. _____ Los jóvenes gritaron "vosotras, fuera".

f. _____ Tuvo miedo.

C. Definiciones. ¿Qué significan las siguientes palabras o expresiones en el contexto de la Fiesta de la Vendimia?

1. El encierro
   a. Encerrar a una manada de toros en la plaza de toros.
   b. Correr con los toros en la calle de la ciudad.

2. Los novillos

   a. Los nervios; el estado nervioso que produce estar en la plaza con los toros.

   b. Los toros jóvenes que estaban en la plaza de toros.

3. La valla

   a. Barrera entre la plaza de toros y los espectadores.

   b. Sinónimo de "barril"; recipiente que contiene vino.

D. Aplicación. ¿Es "el encierro" que describe la mujer igual al encierro de los Sanfermines en Pamplona? ¿Qué es similar y qué es diferente?

_____

_____

_____

_____

E. Atención a los verbos. Vas a escuchar algunas oraciones del pasaje. Identifica si los verbos de la cláusula subordinada están en presente o pasado del subjuntivo.

Oración 1:	presente del subjuntivo	pasado del subjuntivo
Oración 2:	presente del subjuntivo	pasado del subjuntivo
Oración 3:	presente del subjuntivo	pasado del subjuntivo
Oración 4:	presente del subjuntivo	pasado del subjuntivo

Más allá de las palabras

Redacción

4-35 Una fiesta de mi región.   En Estados Unidos los pueblos, ciudades o regiones también celebran fiestas típicas locales. A veces se celebra algún evento o época histórica (*Old Settlers Reunion* en Jacksonville, Ohio); otras veces se festeja un producto agrícola (*The Tulip Festival* en Pella, Iowa). Piensa en un festival local de tu estado o región e imagina que los organizadores te han pedido preparar un folleto en español para promocionar la fiesta entre la comunidad latina. Incluye la información a continuación:

- El nombre de la fiesta
- Los orígenes y la conexión con la región
- Actividades típicas (para niños, para jóvenes, para mayores)
- Consejos prácticos para los participantes (usando mandatos formales)

_____

_____

_____

_____

_____

_____

_____

_____

_____

_____

El escritor tiene la palabra

4-36 Las técnicas poéticas del barroco.   En esta sección, tendrás la oportunidad de explorar más a fondo el arte poético de Sor Juana Inés de la Cruz. Para responder a las preguntas, debes consultar el poema *En perseguirme, Mundo, ¿qué interesas?* en tu libro de texto.

El barroco. Este término se refiere al estilo literario particular del siglo XVII, cuando escribía Sor Juana. La poesía barroca se caracteriza por su riqueza de metáforas, su abundancia de dobles sentidos y su densidad de técnicas poéticas.

La estructura del soneto. El poema es un soneto, una de las formas poéticas más comunes del siglo XVII. El soneto consiste en dos cuartetos (estrofas de cuatro versos) y dos tercetos (estrofas de tres versos).

La rima. Los versos de un soneto riman (los últimos sonidos de varios versos terminan con los mismos sonidos). Indicamos la rima de un poema con letras: a los versos que riman se les asigna la misma letra. La rima del primer cuarteto es de ABBA (-esas, -ento, -ezas).

Capítulo 4 La diversidad de nuestras costumbres y creencias

1. Indica con letras la rima del segundo cuarteto: _____

¿Qué sonidos riman? _____

2. ¿Y en el primer terceto? (letras y sonidos) _____

3. ¿El segundo terceto? (letras y sonidos) _____

El doble sentido y el quiasmo. Los dos últimos versos de cada cuarteto usan una técnica llamada "quiasmo," en que el orden de dos palabras del tercer verso se invierte en el cuarto verso. En el primer cuarteto: bellezas....entendimiento / entendimiento...bellezas. Además, la palabra "bellezas" se usa con un doble sentido: el primer uso tiene un significado espiritual y el segundo tiene un significado material.

1. Explica el quiasmo y el doble sentido del segundo cuarteto. ¿Qué palabras forman el quiasmo?

¿Qué palabra cambia de sentido? ¿Cuáles son los dos significados?

_____

_____

El apóstrofe. En casi todo el poema, la autora se describe a sí misma como alguien que valora lo espiritual y lo intelectual sobre lo material. Sin embargo, en el primer verso sabemos que el mundo la persigue. Ese primer verso es un ejemplo de la técnica poética llamada "apóstrofe": la hablante se dirige a alguien o, en este caso, algo: el mundo. En el apóstrofe ella le pregunta al mundo por qué la persigue. Explica el conflicto o la dificultad de la situación: una religiosa con valores espirituales fuertes perseguida por "el mundo".

_____

_____

_____

4-37 Mi diario literario. Escribe, en la siguiente página, tu reacción personal al poema. Considera las preguntas siguientes:

- El tema del poema: en tu opinión, ¿cuál es la idea que Sor Juana quería comunicar?
- Dificultades: ¿Hay partes del poema que no entendiste bien? Explica cuáles son y por qué crees que te han causado problemas.

- Reacción personal: ¿Te gusta el poema? ¿Tienes el mismo conflicto que Sor Juana en tu vida personal? ¿Hay fuerzas que te impiden vivir como tú quieres? ¿Hay influencias que te impiden respetar tus valores?

_____

_____

_____

_____

_____

_____

_____

_____

Para escribir mejor

La letra *h*

La **h** no se pronuncia, como en la palabra *honor* en inglés. Por eso causa problemas de ortografía. Las siguientes reglas te ayudarán a saber cuándo se escribe **h** y cuando no, para así evitar malentendidos.

1. Con las palabras que tienen diptongos, cuando la primera vocal es **i** o **u** se usa la **h.** En este caso no importa si viene el diptongo al principio o en el medio de la palabra.

   EJEMPLOS: **hue**vos, **hie**lo, caca**hue**te

2. La mayoría de los **derivados** (una palabra que viene de otra) y los **compuestos** (las palabras formadas de dos palabras) se escriben con **h** para mantener su ortografía.

   EJEMPLOS: **hu**mano > in**hu**mano
   humedad > **hú**medo

   Hay algunas excepciones a esta regla.

   EJEMPLO: **hú**erfano > **o**rfanato

3. Se usa **h** con los prefijos **hipo**-, **hidro**-, **hemi**-, **hecto**-, **homo**.

   EJEMPLOS: **hipo**cresía, **hidró**lisis, **hemi**sferio, **hecto**grama, **homó**nimo

4. Se usa **h** con los derivados de verbos.

   EJEMPLOS: hacer: hay, he, había, habrá, haya,…

   honrar: honra, honrará, honre,…

4-38 Práctica. Lee las siguientes oraciones escribiendo o eliminando la **h.**

1. La tarea para esta semana ya está echa pero todavía no e terminado la de la semana siguiente.

2. Es importante como estudiante tener la abilidad de manejar bien el tiempo.

3. La ermosa huésped se fue al ospital después de comer los uevos dañados.

4. La actriz tiene una cara hovalada y ojos azules.

Cuidado: A veces escribir mal la palabra puede causar confusión. Observa la diferencia entre las palabras siguientes:

abría = imperfecto del verbo abrir
habría = imperfecto del verbo haber

4-39 Práctica. Escribe el homófono de las siguientes palabras.

1. echo = _____

2. hola = _____

3. asta = _____

4. rehusar = _____

Cuidado: La pronunciación de las palabras **a** y **ha** es igual pero su significado es muy diferente. Para evitar confusión en la escritura es importante recordar sus significados.

• La preposición **a** expresa dirección, movimiento, lugar, distancia, hora o método.

EJEMPLOS: **1.** Vamos **a** la playa para descansar.
                    2. Bajamos **al** primer piso.
                    3. La clase empieza **a** las diez.
                    4. El edificio está **a** dos cuadras.

• **Ha** viene del verbo haber. Se usa **ha** con el presente perfecto del indicativo antes de un participio.

EJEMPLO: Ella **ha** estudiado por dos horas.

4-40 Práctica. Para completar las siguientes oraciones escribe **a** o **ha,** según el caso.

1. La hija _____ honrado a su madre para el Día de los Muertos.

2. La fiesta de María termina _____ las 11:00.

3. El pueblo _____ celebrado su santo patrón.

4. Cuando eran niños caminaban _____ la escuela.

El uso de *y* y *e, o* y *u*

Por una cuestión de pronunciación cuando la **y** está delante de **i** o **hi,** cambia a **e.**

EJEMPLOS: Mark **e** Isabel asistieron a la fiesta de la Noche de las Brujas.
                    Madre **e** hija celebraron su santo ayer.

También por una cuestión de pronunciación cuando la **o** está delante de **o** u **ho,** cambia a **u.**

> EJEMPLOS: La fiesta empezará a las siete **u** ocho.
> La fiesta del Día de los Muertos es una manera de conmemorar
> **u** honrar a los muertos.

4-41 Práctica

A. Completa las siguientes oraciones con **y** o **e.**

1. El mes siguiente los estudiantes viajarán al Caribe para descansar _____ intentar olvidar el

   estrés del fin de curso.

2. Durante su viaje se quedarán en hostales _____ hoteles.

B. Completa las siguientes oraciones con **o** o **u.**

1. Los estudiantes no volverán hasta el día siete _____ ocho.

2. No están seguros de si irán a México _____ a Jamaica.

Para pronunciar mejor

p, t, c + *a, o, u* and *qu* + *e, i*

- These sounds are never pronounced with the puff of air that characterizes the similar English sounds. In order to avoid the puff of air, you must tense your lips, tongue or velum (the soft area at the top and towards the back of the mouth).
- The puff is more difficult to control in stressed syllables.
- Because of the absence of puff, the sounds represented by **p, t, c + a, o, u** and **qu + e, i** may at times be perceived by your ear as **b, d g + a, o, u** or **gu + e, i.**
- Notice the two spellings ("c" and "qu") for the same consonant sound (/k/), as shown in these examples: **ca**sa, **co**la, acusar, **aquel, aquí.**

4-42 Listen to the recording and circle the word you hear. Notice the lack of puff in each case.

1. pan van
2. boca poca
3. gol col
4. toma doma
5. don ton

4-43 Listen to the recording and pronounce these English/Spanish pairs. You must tense your lips, tongue or velum to pronounce the Spanish word accurately, without puff.

1. *pistol* pistola

2. *pope* papa

3. *tennis* tenis

4. *detail* detalle

5. *quiet* quieto

6. *case* caso

4-44 Listen to the recording and repeat. You must tense your tongue or velum to pronounce each word accurately, without puff.

1. tomate

2. total

3. tetera

4. cola

5. coco

6. queso

4-45 Repeat each proverb after the recording. Practice each one of them until you can recite them from memory.

1. Quien se casa quiere casa *(Whoever marries wants his/her own house)*

2. El que se casa por todo pasa *(He who marries tolerates and suffers everything)*

3. Un ten con ten para todo está bien *(A give and take is good for everything)*

4-46 Repeat each line after the recording, then sing the entire song along with the recording. Be careful to pronounce all the sounds spelled with **p, t, cu** and **ca** without puff.

La cucaracha, la cucaracha

ya no puede caminar

porque no tiene

porque le faltan

las dos patitas de atrás.

TEMA 1 · ANTES DE 1492: LA GENTE DE AMÉRICA

Vocabulario del tema

5-1 ¿Cuánto sabes sobre geografía?   El estereotipo del estudiante estadounidense es que no sabe mucho de geografía.

A. Identifica los continentes de Norteamérica, Sudamérica, Asia, África, Europa, Australia y Antártida en el mapa. Después, identifica los océanos Atlántico y Pacífico y el mar Mediterráneo.

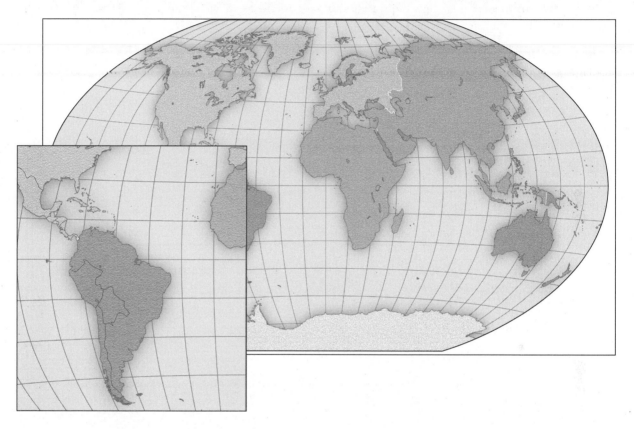

B. Ahora, usando el mapa y tu conocimiento previo completa las oraciones siguientes.

1. Para viajar de Europa a las Américas Cristóbal Colón cruzó el _____.

2. Los primeros habitantes del continente americano migraron de Asia a

_____ por un brazo de tierra llamado Bering.

3. Los europeos exploraron el norte de África cruzando el _____.

4. Los incas eran una civilización indígena de _____.

C. Para saber más sobre las Américas en el año 1492 completa estos pasos usando el mapa del Paso A.

1. Marca España, de donde salió Colón en su viaje al Nuevo Mundo.
2. Marca la ubicación de las tres civilizaciones americanas más avanzadas:
   a. Los aztecas: se establecieron en el Valle Central de México.
   b. Los mayas: su territorio incluía la Península de Yucatán y los países de Guatemala, Belice y partes de Honduras y El Salvador.
   c. Los incas: su reino se extendía desde Perú a partes de Bolivia y Chile.
3. Cuando Colón viajó a las Américas llegó primero al Caribe. Marca el Caribe.

5-2 ¿Recuerdas?   En años recientes los arqueólogos han aprendido mucho sobre los primeros habitantes del continente americano. Aquí tienes una lista de ideas erróneas que antes se consideraban ciertas. Explica en cada caso por qué la idea no es verdad.

1. La llegada de los indígenas desde Asia al continente americano es relativamente reciente en la historia de la humanidad.

   _____

   _____

2. El descubrimiento de América ocurrió en 1492.

   _____

   _____

3. No había mucha variedad entre las tribus indígenas del continente: eran nómadas y sus sociedades no eran complejas.

   _____

   _____

4. Las sociedades indígenas precolombinas más avanzadas no llegaron a tener la sofisticación de la sociedad europea de la época.

   _____

   _____

5. Cuando los españoles llegaron a América, el continente estaba escasamente *(sparsely)* poblado.

   _____

   _____

6. Los indígenas precolombinos no sabían leer, escribir, contar o construir.

   _____

   _____

A escuchar

5-3 Otras palabras problemáticas.   Vas a escuchar a una profesora de historia hablar de la terminología imprecisa que se usa para describir los eventos de 1492.

A. Escucha y selecciona la idea general que expresa la profesora sobre cada término.

1. El término *indios:*

    a. Los indígenas americanos lo usan con orgullo.

    b. Es sinónimo de "americano nativo."

2. El término *América:*

    a. Se refiere a la primera persona que llegó al continente.

    b. Todos lo usan porque no hay alternativa.

3. El término *descubrimiento:*

    a. Expresa el punto de vista europeo.

    b. Pone énfasis en la violencia del momento del primer contacto.

B. Escucha otra vez y responde a las preguntas siguientes.

1. ¿Por qué no usan los indígenas americanos el término "americano nativo"?

_____

_____

2. ¿Por qué parece absurdo llamar "América" a todo el continente?

_____

_____

3. De los tres términos mencionados para hablar del primer contacto entre europeos e indígenas (descubrimiento, conquista, encuentro), ¿cuál prefieres tú? ¿Por qué?

_____

_____

GRAMÁTICA

The Future to Talk about Plans

5-4 Horóscopo

A. Completa los espacios con la forma correcta del verbo en el futuro.

CAPRICORNIO

Ud. **1.** _____ (tener) mucho éxito en un proyecto personal este mes. Cuidado, **2.** _____ (sufrir) problemas económicos. Ahora no **3.** _____ (ser) el mejor momento para invertir dinero.

ACUARIO

Ud. **4.** _____ (recibir) mucho dinero. Con él, Ud. y sus amigos **5.** _____ (hacer) un viaje al Caribe.

CÁNCER

Su vida personal **6.** _____ (cambiar) este mes porque **7.** _____ (conocer) a una nueva persona. Al mismo tiempo **8.** _____ (perder) a un viejo amigo.

LEO

Ud. **9.** _____ (sacar) muy malas notas este mes. No se desanime, al final del mes sus padres le **10.** _____ (dar) buenas noticias.

B. Escribe tres predicciones más sobre la vida social, académica, familiar, etc. de tu grupo de amigos, usando el futuro, y el sujeto "nosotros".

1. _____

2. _____

3. _____

5-5 Las profecías. Ya sabes que las profecías tenían un papel muy importante dentro de la cultura azteca. En el mundo moderno también hay profetas importantes como Nostradamus. Ahora tú tienes el papel de profeta. ¿Cómo será el futuro del mundo?

A. Conjuga los verbos de las oraciones siguientes y luego marca con una ✔ los eventos que crees que ocurrirán.

1. ☐ No (haber) _____ pobreza en el mundo.

2. ☐ Los científicos (descubrir) _____ la cura para el cáncer.

3. ☐ Todos los países del mundo (unirse) _____ para formar un solo país.

4. ☐ La tercera guerra mundial (tener) _____ lugar dentro de treinta años.

5. ☐ Los países de Oriente Medio (resolver) _____ sus conflictos.

6. ¿Otras posibilidades? Escribe dos ideas más.

_____

_____

B. ¿Eres optimista o pesimista? Explica si tu visión del futuro del mundo es positiva o negativa según tus respuestas de la Parte A.

_____

_____

_____

5-6 Metas futuras

A. Eres un/a padre/madre viviendo en la época de los aztecas o los mayas antes del encuentro con los europeos. ¿Cuáles serán tus metas para el futuro de tus hijos?

Mis hijos...

1. ser agricultores y siempre tener mucha comida

_____

2. asistir a la escuela de entrenamiento para guerreros

_____

3. comportarse bien y seguir las leyes de la sociedad

_____

4. aprender las danzas religiosas

_____

B. ¿Qué metas tienen tus padres para tu futuro? Marca con una **X** las más relevantes.

_____ casarse   _____ tener muchos hijos

_____ graduarse de la universidad   _____ ganar mucho dinero

_____ trabajar largas horas   _____ viajar mucho

_____ comprar una casa grande   _____ vivir cerca de ellos

C. ¿Cuáles serán tus propias metas para el futuro? Describe las dos más importantes.

_____

_____

_____

_____

Redacción

5-7 Una reunión importante. Mañana Moctezuma, el emperador de los aztecas, y Hernán Cortés, el conquistador de los aztecas, discuten su relación futura y cómo evitar una guerra. Los dos tienen ideas muy diferentes. Moctezuma propone su plan primero y Cortés le responde. Escribe, en los respectivos recuadros en la página siguiente, el plan de Moctezuma y la respuesta de Cortés incorporando las expresiones de la lista y otras del Vocabulario para conversar de tu libro de texto.

Expresiones:

① Le propongo este plan…

② Yo le daré… y a cambio Ud. me dará…

③ Esto nos beneficiará a los dos porque…

④ Piense lo que pasará si…

⑤ Mi plan tendrá consecuencias negativas/positivas porque…

⑥ Creo que mi plan es acertado porque…

Nombre: _____ Fecha: _____ Clase: _____

El emperador Moctezuma:

_____

_____

_____

_____

_____

_____

_____

_____

Hernán Cortés:

_____

_____

_____

_____

_____

_____

_____

_____

A escuchar

5-8 Convencer o persuadir. Vas a escuchar una conversación entre un marciano con intenciones hostiles y el presidente de la Organización de las Naciones Unidas (ONU).

A. Escucha la conversación e indica las personas que usan las expresiones siguientes. Identifica al marciano con una **M** y al presidente de la ONU con una **P.**

a. _____ Le propongo este plan…

b. _____ Yo le doy… y a cambio usted me da…

c. _____ Le invito a cenar en un restaurante…

d. _____ Mi plan tendrá consecuencias graves para…

e. _____ Esto nos beneficiará a los dos porque…

f. _____ Piense lo que pasará si…

g. _____ Admiro su valentía…

B. Escucha otra vez para comprobar tus respuestas.

TEMA 2   1492: EL ENCUENTRO DE DOS MUNDOS

Vocabulario del tema

5-9 Un viaje al Nuevo Mundo.

A. Serás capitán/capitana de una carabela que saldrá de España para explorar el Nuevo Mundo. Tienes que preparar tu nave con el equipo necesario para el viaje. Por cuestión de espacio, sólo puedes llevar contigo cinco objetos. Elige con una ✔ cinco objetos de la lista a continuación:

- ❏ una espada
- ❏ un mapa
- ❏ un mástil de respuesto *(spare)*
- ❏ una brújula
- ❏ una vela de respuesto
- ❏ un traje formal
- ❏ un reloj de arena
- ❏ un reloj de sol
- ❏ un diario
- ❏ regalos para tu tripulación

B. Justifica tus decisiones explicando para qué sirve el objeto y por qué lo has elegido.

1. _____

_____

2. _____

_____

3. _____

_____

4. _____

_____

5. _____

_____

5-10 Primeras impresiones. En los manuscritos viejos se encuentran muchas representaciones del primer encuentro entre los indígenas y los hombres de Colón. Describe la escena usando la ilustración, el vocabulario dado y tus propias ideas e interpretaciones.

Vocabulario para hablar de la impresión española de los indígenas: pacífico, guerrero, loro, jabalina, pelo corto, miedo, desnudo, agrado, patatas, maíz, tomates, oro, rey, agricultor, áspero

_____

_____

_____

_____

Vocabulario para hablar de la impresión indígena de los españoles: espada, barco, collares de cuentas, metal, caballos, guerreros, la religión católica, regalos, miedo, pacífico, pelo rubio, hombres

_____

_____

_____

_____

5-11 ¿Recuerdas? Identifica los personajes y lugares a continuación según la *miniconferencia* de este capítulo.

1. _____ Cristóbal Colón

2. _____ los hermanos Pinzón

3. _____ Juan de la Cosa

4. _____ La Pinta, la Niña y la Santa María

5. _____ Las Canarias

6. _____ las Indias Orientales

7. _____ Amerigo Vespucci

8. _____ Martin Waldseemuller

a. marineros experimentados
b. son islas de España de donde salieron las naves de Colón
c. son las tres carabelas de Colón
d. publicó el primer mapa del Nuevo Mundo en 1507
e. el territorio de India, Indochina y Malasia
f. un explorador que salió de España
g. un piloto y cosmógrafo
h. un explorador florentino

A escuchar

5-12 El mito de Quetzalcóatl. Además de sus profecías, los aztecas también tenían muchos mitos que se basaban en hechos históricos pasados pero que predecían el futuro de su civilización. Ahora vas a escuchar uno de estos mitos, sobre un rey y un dios llamado Quetzalcóatl. Escucha el mito y completa las actividades.

A. Los dibujos muestran los momentos importantes en la vida de Quetzalcóatl. Indica con números del 1 al 6 el orden cronológico de los eventos según el mito. Después escribe una oración que describa la importancia del evento mostrado.

a. _____

_____
_____
_____
_____

b. _____

_____
_____
_____
_____

c. _____

d. _____

_____
_____
_____
_____

_____
_____
_____
_____

e. _____

f. _____

_____
_____
_____
_____

_____
_____
_____
_____

B. ¿Por qué fue importante la figura de Quetzalcóatl cuando llegaron los españoles? En tu opinión, ¿qué consecuencias tuvo eso en la percepción de los aztecas de su llegada?

_____
_____
_____
_____

GRAMÁTICA

Future and Present with si-Clauses to Talk about Possibilities or Potential Events

5-13 La ruta de los mayas. Tus compañeros y tú deciden ir de viaje a la Península de Yucatán para conocer mejor la civilización maya. Encuentran el anuncio siguiente sobre varias excursiones posibles.

LA RUTA DE LOS MAYAS

Vengan a México para descubrir por sí mismos las raíces de la famosa civilización maya.

Para planear su viaje les ofrecemos varias opciones:
❒ Hospedaje: en casas de familias, hoteles de ** o de *** estrellas
❒ Transporte local: camiones, coches alquilados o avión privado
❒ Comida: Se puede elegir entre dos o tres comidas diarias incluidas en el precio total.

Además les proponemos varias rutas según sus intereses y la duración de su viaje. Todas las opciones incluyen un guía local gratis.

RUTA 1: Nueve días. Esta ruta explora la parte interior de la península. Se visitarán las ciudades antiguas de Chichen Itzá, Tikal, Palenque e Itzán.

RUTA 2: Seis días. Esta ruta explora la costa de la península. Se visitarán las ciudades modernas de Cancún y Cozumel con una excursión a la antigua ciudad maya de Tulum.

RUTA 3: Once días. Esta ruta incluye todas las ciudades de la Ruta 1 y la Ruta 2.

Tus amigos y tú hablan de las opciones según sus preferencias. Completa las oraciones en la siguiente página siguiendo el modelo.

MODELO:

Joaquín: Yo prefiero tomar el sol. Si nosotros

(elegir) la Ruta 2 _____ .

Joaquín: Yo prefiero tomar el sol. Si nosotros elegimos la Ruta 2 podremos ir a las playas en Cancún y Cozumel.

1. Tú: Yo estoy muy ocupado. Si yo _____ (*ir*) por once días yo

_____.

2. Marisa y Mateo: A nosotros no nos gustan los camiones. Si nosotros

_____ (*viajar*) en avión local _____

_____.

3. Marisol: A mí me interesan mucho las ciudades antiguas del interior.

Si yo _____ (*tomar*) la Ruta 1 _____

_____.

4. Álvaro: Yo no tengo mucho dinero. Si nos _____ (*quedar*) en

un hotel de tres estrellas _____

_____.

5-14 La llegada a "Las Indias". La tripulación de Colón se reúne para elaborar un plan después de haber visto tierra por primera vez. Es necesario considerar las opciones posibles para tener éxito en la conquista de la nueva tierra. Conjuga los dos verbos para saber de sus planes.

1. "Si los indios _____ (*tener*) mucho oro nosotros lo

_____ (*robar*) para mandárselo a los reyes de España ."

2. "Si los indios de esta región _____ (*ser*) pacíficos nuestros

sacerdotes los _____ (*convertir*) fácilmente a la religión católica."

3. "Si los indios _____ (*obedecer*) las normas nosotros les

_____ (*obsequiar*) con regalos, como collares."

4. "Si los reyes de España _____ (*querer*) saber de la conquista de esta

tierra, Colón _____ (*documentar*) todo en una carta oficial."

5-15 El primer encuentro. Al ver las naves de los españoles los indígenas también se reúnen para discutir su llegada. Forma oraciones completas explicando las consecuencias posibles de su presencia.

MODELO:
querer hacernos esclavos:
Si ellos nos quieren hacer esclavos nos esconderemos en las montañas.

1. tener armas: _____

2. conquistarnos: _____

_____

3. querer casarse con nuestras mujeres: _____

_____

4. traer nuevas enfermedades: _____

_____

Redacción

5-16 La defensa de los indígenas. Hubo varios personajes históricos que defendieron la cultura y los derechos de los indígenas ante los reyes de España, a la vez que criticaron el trato de los indígenas por parte de los españoles. Uno de ellos fue el padre Bartolomé de las Casas. Adopta la perspectiva de uno de ellos y escribe su defensa ante los reyes. Incorpora algunas de las expresiones siguientes: las acciones de ... son / fueron irracionales / inexcusables, la información que tiene es incompleta, la moralidad de ... es muy cuestionable, su argumento no es convincente / es débil.

_____

_____

_____

_____

_____

_____

_____

_____

_____

_____

_____

_____

_____

_____

A escuchar

5-17 Acusar y defender. Vas a escuchar una representación de un juicio en el año 1500. Colón está siendo juzgado por los indígenas, por los daños que causó a sus tierras y a sus pueblos. Antes de escuchar, ¿en qué contexto anticipas que estarán los argumentos de la lista? ¿Para defender o acusar a Colón? Marca con una **A** o una **D** según tu predicción. Después, escucha el juicio y marca con una **X** los argumentos que escuchas.

1. D/A _____ A causa de su ambición personal, los indígenas sufrieron muchísimo.

2. D/A _____ Los indígenas perdieron su religión.

3. D/A _____ Colón consiguió muchas riquezas para España.

4. D/A _____ Muchos indígenas murieron de enfermedades.

5. D/A _____ Colón trajo conocimientos científicos de Europa.

6. D/A _____ Colón estaba siguiendo las órdenes de los Reyes Católicos de España.

7. D/A _____ Los españoles obsequiaron a los indígenas con regalos.

8. D/A _____ Colón era un hombre de Dios.

9. D/A _____ Los viajes de Colón pusieron de manifiesto el espíritu aventurero de la época.

TEMA 3 · EL CRISOL DE TRES PUEBLOS

Vocabulario del tema

5-18 Reacciones diferentes. La conmemoración del *V Centenario* provocó mucha controversia por las diferentes perspectivas sobre la conquista y cómo conmemorarla. Identifica si estas oraciones las diría un defensor (**D**) o alguien opuesto (**O**) a la celebración. Después, define las palabras o expresiones en negrita usando el contexto y tu intuición.

1. _____ "La invasión europea supuso el **genocidio** de millones de indígenas. Es un hecho que debemos criticar, no celebrar."

   genocidio = _____

2. _____ "Es importante hoy, como parte de la celebración, conmemorar las contribuciones africanas a la cultura latinoamericana como los **rituales religiosos,** la música, el baile y las esculturas de madera."

   rituales religiosos = _____

3. _____ "Muchos africanos e indígenas **perecieron** por el mal trato de los españoles. Para mí el *V Centenario* es una manera de recordarlos."

   perecieron = _____

4. _____ "Los países de Latinoamérica han sido independientes por varios **siglos** pero no debemos olvidar ni celebrar nuestros orígenes violentos y crueles."

   siglos = _____

B. ¿Defiendes la celebración del *V Centenario* o te opones a ella? ¿Por qué?

_____

_____

_____

5-19 Palabras en acción. Busca en tu diccionario el sustantivo correspondiente a cada uno de los verbos siguientes.

MODELO:	
conmemorar	**conmemoración**

1. oponer _____
2. reclamar _____
3. mezclar _____
4. esclavizar _____
5. celebrar _____
6. poblar _____
7. heredar _____

5-20 ¿Recuerdas? Lee las siguientes oraciones. Según la lectura *Hispanoámerica y su triple herencia* indica si la oración es verdadera (**V**) o falsa (**F**). Si es falsa, corrígela.

1. _____ Por los malos tratos de los españoles un cuarto de la población original indígena murió a consecuencia de la Conquista.

   ¿Corrección? _____

2. _____ Los indígenas no sufrían las enfermedades europeas, como la viruela, porque tenían defensas inmunológicas.

   ¿Corrección? _____

3. _____ Se llevaron más esclavos africanos a Estados Unidos que a Latinoamérica.

   ¿Corrección? _____

4. _____ Los esclavos africanos trabajaban en las plantaciones de azúcar de las islas del Caribe y el norte de Brasil.

   ¿Corrección? _____

5. _____ No se hablan lenguas nativas en Latinoamérica hoy en día.

   ¿Corrección? _____

6. _____ La cultura de Hispanoamérica hoy es una mezcla de las culturas europea, africana e indígena.

   ¿Corrección? _____

A escuchar

5-21 Una entrevista. Eduardo es un estudiante universitario que participa en el Proyecto Regional de Educación para América Latina y el Caribe organizado por la UNESCO. Le ha hecho una entrevista a Jorge Sainz, el director de un instituto de culturas indígenas en Argentina. Escucha su entrevista y contesta las preguntas.

1. Explica cómo el *V Centenario* del descubrimiento de las Américas provocó la idea de crear el instituto.

   _____

   _____

2. Si decidieras asistir al instituto, ¿qué podrías estudiar?

_____

_____

3. ¿Qué otras actividades ofrece el instituto? Menciona dos.

_____

_____

4. ¿Cómo termina cada año académico? Describe el evento.

_____

_____

5. En tu opinión, ¿cuáles serán las consecuencias futuras del instituto?

_____

_____

GRAMÁTICA

The Conditional and Conditional Sentences to Talk About Hypothetical Events

5-22 La cortesía. ¿Qué dirían las siguientes personas? Usando el condicional responde a las situaciones con cortesía.

1. John visita a su profesor de español durante las horas de oficina para pedir ayuda porque no entiende los usos del condicional.

   poder _____

2. Tú y tu amigo/a están en México estudiando y viviendo con una familia. Quieren ir a una fiesta pero su familia quiere mostrarles el museo de arte precolombino.

   preferir _____

3. Marta es una joven española. Una pareja mayor estadounidense se le acerca y pregunta si deben tomar la calle Vera Cruz o la calle Rúa Mayor para llegar al restaurante italiano.

   deber (la calle Vera Cruz) _____

4. Mañana es el día de repaso para el primer examen de español. La profesora les pregunta a los estudiantes si prefieren repasar el condicional o el futuro. Ellos prefieren repasar el futuro.

   gustar _____

5-23 ¿Qué harías tú? Eres un explorador español. ¿Qué harías en las circunstancias siguientes?

> **MODELO:**
>
> Encuentras una cultura nueva.
>
> **Yo trataría de aprender su lengua nativa.**

1. Te pierdes por un río desconocido.

_____

2. Una tempestad muy fuerte destruye tus barcos y pierdes toda la comida.

_____

3. Un grupo de indígenas mata a todos tus hombres.

_____

4. Te encuentras muy enfermo por una enfermedad desconocida.

_____

5-24 La vida en Marte. Durante muchos años los científicos han buscado evidencia de vida en el planeta Marte. ¿Qué pasaría si encontraran una civilización de marcianos? Completa las oraciones siguientes con la forma apropiada del verbo.

1. Si nosotros _____ (descubrir) una civilización marciana no la

_____ (destruir).

2. Si la civilización marciana _____ (tener) avances científicos nuestro

mundo _____ (beneficiarse).

3. Nuestro ejército _____ (proteger) a los habitantes de la Tierra si los

marcianos nos _____ (hacer daño).

4. Si los marcianos _____ (ser) pacíficos las dos civilizaciones

_____ (intercambiar) mucha información.

5-25 Un mundo diferente. ¿Cómo sería diferente el mundo o tu vida hoy si pasaran las siguientes cosas? Escribe, en la página siguiente, oraciones completas con la forma apropiada de los verbos y recuerda ser creativo/a con tus respuestas.

> **MODELO:**
>
> King Kong es presidente de Estados Unidos.
>
> **Si King Kong fuera presidente de Estados Unidos hoy yo me iría a otro país.**

1. Llegan extraterrestres a la Casa Blanca.

2. Un virus destruye todas las computadoras del mundo.

_____

3. Los científicos descubren dónde está la fuente de la juventud.

_____

4. Los animales desarrollan la habilidad de hablar.

_____

5. Todos los estudiantes universitarios pueden viajar al espacio.

_____

6. Todo el mundo está obligado a vivir en casas subterráneas.

_____

5-26 Los Reyes Católicos. Es el año 1491 y tú tienes la oportunidad de cambiar la historia. Usando la lista de los eventos más importantes de su reino, contesta la pregunta siguiente: Si fueras rey o reina de España, ¿harías o no las siguientes cosas? ¿Por qué?

- financiar la expedición de Colón
- establecer el dominio europeo sobre el Nuevo Mundo
- convertir a los indígenas al catolicismo
- usar el oro de las Américas para mejorar la economía de España
- extender el reino español por Europa
- hacer de los indígenas súbditos del trono

1. Yo (no) _____

   porque _____

2. Yo (no) _____

   porque _____

3. Yo (no) _____

   porque _____

4. Yo (no) _____

   porque _____

Nombre:_____ Fecha:_____ Clase:_____

Redacción

5-27 Una civilización nueva. Mañana el mundo será destruido por las armas nucleares. Hay un lugar donde la gente podrá sobrevivir el ataque pero sólo caben 13 personas. Estas 13 personas tendrán la responsabilidad de reconstruir y repoblar el mundo. Las naciones del mundo forman un comité en el cual participas tú para decidir quiénes formarán parte de este grupo. Escribe tu propuesta incluyendo una descripción de las personas que elegirías y por qué.

- Para considerar: presidentes u otros líderes políticos, arquitectos, agricultores, amigos y/o parientes, intelectuales, científicos,…
- Recuerda también incluir en tu descripción la edad de las personas y si son hombres o mujeres.

_____
_____
_____
_____
_____
_____

A escuchar

5-28 Iniciar y mantener una discusión. Vas a escuchar un diálogo entre dos familias: una familia española y otra dominicana. Esteban, el hijo de la familia española, y Cristina, la hija de los dominicanos, son novios pero sus padres no aprueban su noviazgo.

A. Escucha el diálogo y marca las expresiones que escuchas.

_____ ¿Qué piensa de…?   _____ ¿No cree que…?

_____ Es verdad.   _____ ¿Bueno?

_____ Es exactamente lo que pienso yo.   _____ ¿No te parece un buen tema?

_____ ¿Verdad?   _____ Miren.

_____ Eso mismo pienso yo.   _____ ¿Cuál es su reacción ante…?

_____ Es un tema muy controvertido pero…   _____ Perdone, pero…

B. Escucha otra vez para comprobar las respuestas.

TEMA 4 VOCES INDÍGENAS

Vocabulario del tema

5-29 Curiosidades

A. Para saber lo que dijo Miguel León Portilla sobre la celebración del *V Centenario* identifica los sinónimos o antónimos de las palabras siguientes.

estéril	diario	conciliar
contundente	inalterable	controvertido
pedido	contribución	recriminación

1. un sinónimo de *fuerte:*

___ ___ ___ ___ ___ ___ ___ ___ ___ ___
    1   2

2. el antónimo de *alterable*

___ ___ ___ ___ ___ ___ ___ ___ ___ ___
    3   4

3. un sinónimo de *resolver varios puntos de vista*

___ ___ ___ ___ ___ ___ ___ ___
 5

4. un sinónimo de *crítica*

___ ___ ___ ___ ___ ___ ___ ___ ___ ___ ___ ___
                6

5. un sinónimo de *debatido*

___ ___ ___ ___ ___ ___ ___ ___ ___ ___ ___ ___
                7   8

6. un sinónimo de *inútil*

___ ___ ___ ___ ___ ___ ___
 9   10

B. Completa la frase llenando los espacios en blanco con las letras correspondientes a los números indicados.

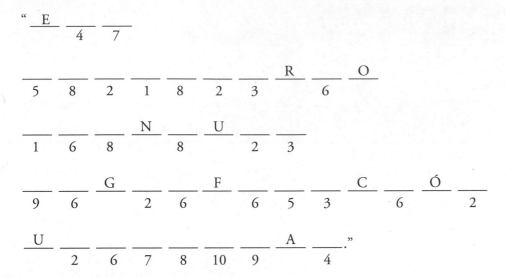

" $\underline{\text{E}}$ $\underline{\hspace{1em}}_{4}$ $\underline{\hspace{1em}}_{7}$

$\underline{\hspace{1em}}_{5}$ $\underline{\hspace{1em}}_{8}$ $\underline{\hspace{1em}}_{2}$ $\underline{\hspace{1em}}_{1}$ $\underline{\hspace{1em}}_{8}$ $\underline{\hspace{1em}}_{2}$ $\underline{\hspace{1em}}_{3}$ $\underline{\text{R}}$ $\underline{\hspace{1em}}_{6}$ $\underline{\text{O}}$

$\underline{\hspace{1em}}_{1}$ $\underline{\hspace{1em}}_{6}$ $\underline{\hspace{1em}}_{8}$ $\underline{\text{N}}$ $\underline{\hspace{1em}}_{8}$ $\underline{\text{U}}$ $\underline{\hspace{1em}}_{2}$ $\underline{\hspace{1em}}_{3}$

$\underline{\hspace{1em}}_{9}$ $\underline{\hspace{1em}}_{6}$ $\underline{\text{G}}$ $\underline{\hspace{1em}}_{2}$ $\underline{\hspace{1em}}_{6}$ $\underline{\text{F}}$ $\underline{\hspace{1em}}_{6}$ $\underline{\hspace{1em}}_{5}$ $\underline{\hspace{1em}}_{3}$ $\underline{\text{C}}$ $\underline{\hspace{1em}}_{6}$ $\underline{\text{Ó}}$ $\underline{\hspace{1em}}_{2}$

$\underline{\text{U}}$ $\underline{\hspace{1em}}_{2}$ $\underline{\hspace{1em}}_{6}$ $\underline{\hspace{1em}}_{7}$ $\underline{\hspace{1em}}_{8}$ $\underline{\hspace{1em}}_{10}$ $\underline{\hspace{1em}}_{9}$ $\underline{\text{A}}$ $\underline{\hspace{1em}}_{4}$."

5-30 El Zócalo, México, D.F.

A. Escribe un número (del 1 al 7) para indicar el orden de construcción de los siguientes elementos del Zócalo. Si no lo recuerdas, consulta tu libro de texto.

a. _____ los murales del Palacio Nacional

b. _____ el Museo del Templo Mayor

c. _____ la base de la pirámide azteca

d. _____ las fachadas y el campanario de la Catedral Metropolitana

e. _____ la fuente de Pegaso del Palacio Nacional

f. _____ la primera piedra de la Catedral Metropolitana

B. Escribe una breve definición de cada lugar según lo que aprendiste sobre el Zócalo.

1. El Zócalo: _____

_____

2. El Palacio Nacional: _____

_____

3. La Catedral Metropolitana: _____

_____

4. El Palacio del Virrey: _____

_____

5. El Museo del Templo Mayor: _____

_____

6. El Palacio de Moctezuma: _____

_____

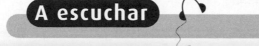

5-31 Los retos del futuro.   Como parte del proyecto "Amerindia '92" tuvo lugar un Congreso en San José, Costa Rica. Escucha uno de los discursos dados y contesta las preguntas a continuación.

A. Orientación

1. ¿Quién es la persona que da el discurso?
   a. un español que forma parte del proyecto "Amerindia '92"
   b. un indígena de Costa Rica
   c. un representante de un grupo indígena de México

2. ¿Cuál es el propósito del Congreso?
   a. comprender los eventos históricos
   b. considerar los retos futuros de Latinoamérica
   c. ambos a y b

3. ¿Cuál es el propósito del discurso?
   a. inspirar al público a solucionar problemas
   b. resumir la historia latinoamericana
   c. culpar *(to blame)* a los opresores del pasado

B. La idea principal. ¿Cuál es la idea principal del discurso?

   a. Los indígenas y los africanoamericanos han sufrido muchas injusticias a lo largo de la historia.

   b. Para solucionar los problemas de Latinoamérica en el futuro, hay que comprender el pasado.

C. Detalles importantes

1. De la lista a continuación, marca con una X las ideas que expresa la persona que da el discurso.

   a. _____ La identidad indígena cambió radicalmente a partir de 1492.

   b. _____ Es importante culpar a individuos del pasado para lograr la justicia en el futuro.

   c. _____ El indígena y el africanoamericano tienen en común la opresión y la esclavitud durante la

   época colonial.

   d. _____ Los indígenas, los africanos y los descendientes de europeos deben colaborar juntos.

   e. _____ Los problemas del africanoamericano son diferentes y necesitan una solución separada.

   f. _____ La diversidad cultural y racial de Latinoamérica hacen imposible la unidad.

D. Atención a los verbos. Escucha el discurso otra vez y completa, en la página siguiente, las cláusulas con la forma del verbo que escuchas.

1. Si _____ (comprender) el pasado, podemos solucionar nuestros

   problemas en el futuro.

2. Si colaboramos el indígena, el africano y el europeo, y si dejamos a un lado nuestros antiguos

   prejuicios, _____ (construir) una mejor sociedad para el futuro.

3. Si _____ (haber) menos diversidad en Latinoamérica, la solución sería

   más fácil.

4. Si superamos nuestros retos, _____ (haber) consecuencias positivas para todos.

Más allá de las palabras

Redacción

5-32 El día de Colón. En Estados Unidos se celebra el Día de Colón el 12 de octubre. Varios grupos, entre los que se incluyen grupos indígenas y afroamericanos, han propuesto la eliminación de esta conmemoración o un cambio de nombre para darle una orientación diferente. Expresa tu propia opinión en una carta al editor que publicarás en un periódico nacional. Responde a las preguntas siguientes.

- ¿Estás de acuerdo con la eliminación de la celebración?
- Si elimináramos la conmemoración en Estados Unidos, ¿cuáles serían las consecuencias negativas y/o positivas? ¿Por qué?
- ¿Estás de acuerdo con la idea de cambiarla? Si la cambiáramos, ¿qué nombre le darías? ¿Cómo cambiarías las actividades asociadas con el día? ¿Por qué?

Ahora escribe el artículo teniendo en cuenta las necesidades de tus lectores y recuerda incorporar las expresiones aprendidas para conectar tus ideas.

_____

_____

_____

_____

_____

_____

_____

_____

_____

_____

El escritor tiene la palabra

5-33 Las técnicas literarias. Aunque Miguel de Cúneo no se considerara un autor literario cuando escribió la carta a su amigo Jerónimo Annari, la carta es literatura porque caracteriza a los personajes, narra y describe desde un punto de vista específico y tiene un propósito. En esta sección tendrás la oportunidad de explorar las técnicas de Cúneo, comparando su carta con el diario de Cristóbal Colón.

La caracterización. En la miniconferencia de tu libro de texto se habla de la manera en que Cristóbal Colón caracterizó a los indígenas en su diario. ¿Qué detalles recuerdas de esa caracterización? ¿Cómo son los indígenas en el diario de Colón? ¿Cómo es la interacción entre los españoles y los indígenas?

_____

_____

_____

En contraste, ¿cómo son los indígenas en la carta de Miguel de Cúneo? ¿Cómo es la interacción?

_____

_____

_____

El punto de vista. En el diario de Colón, los verbos que describen los eventos y la percepción del continente americano están en primera persona singular ("[yo] no vide…" y "todos los que yo vi…"). En la carta de Cúneo, muchos de los eventos se describen con verbos en la forma plural ("lo pescamos con un bichero y lo acercamos al borde de la barca y allí le cortamos la cabeza con una segur"). ¿Por qué crees que el Almirante Colón omite a su tripulación?

_____

_____

_____

¿Por qué crees que Cúneo se describe como parte de un grupo?

_____

_____

_____

El propósito. El diario de Colón, al igual que sus otros escritos, tuvo el propósito de convencer a la Reina Isabel de que el viaje a las Indias había sido un éxito y de que la gran suma de dinero que costó había sido una inversión sólida *(solid investment)*. En su diario, Colón describe a los indígenas positivamente como personas pacíficas, generosas y fáciles de convertir al Cristianismo. La reputación profesional de Colón dependía de esa caracterización. Según tus observaciones sobre la caracterización y el punto de vista en la carta de Cúneo, ¿cuál fue el propósito de Cúneo al narrar y describir para su amigo Jerónimo Annari?

_____

_____

_____

Nombre: _____ **Fecha:** _____ **Clase:** _____

La fantasía. Todos conocemos las leyendas que los exploradores y conquistadores inventaron sobre el continente americano. Una de ellas, que vemos en la carta de Cúneo, es el canibalismo de los caribes, aunque no hay evidencia arqueológica del canibalismo entre las tribus caribeñas. Imagina que vives en Europa en 1510 y que te llega la carta de Cúneo. ¿Qué reacción tienes a la caracterización de los caribes como caníbales?

_____
_____
_____

5-34 Mi diario literario. Escribe tu reacción personal a la carta. Considera las preguntas siguientes:

- Un pequeño resumen: Sin mencionar detalles, explica cómo fue la experiencia de Cúneo en el segundo viaje de Colón. ¿Qué tipo de eventos, personas y situaciones encontró en el viaje?
- Dificultades: ¿Hay partes de la carta que no entendiste bien? Explica cuáles son y por qué crees que te han causado problemas.
- Reacción personal: ¿Qué parte de la carta te sorprendió o te interesó más?

_____
_____
_____
_____
_____
_____
_____
_____
_____

Para escribir mejor

Los cognados falsos

Cognados son palabras que se escriben de manera similar en dos idiomas, como inglés y español, y que tienen el mismo significado. Los **cognados falsos** son palabras que se escriben igual, o casi igual, pero tienen diferente significado. Saber estos cognados falsos te ayudará a evitar confusión.

EJEMPLO: En esta unidad aprendiste la palabra actual que tiene un significado muy diferente en español e inglés:

actual = presente

La España actual reconoce sus errores históricos.

actual = verdadero

La verdadera razón por la que los indígenas no quieren participar es por su resentimiento.

5-35 Práctica.   Busca las palabras siguientes en un diccionario. Después, escribe una definición de la palabra en español. Para la palabra en inglés escribe la palabra correcta en español, usándola en una oración completa.

1. embarazada: _____

  embarrassed: _____

2. éxito: _____

  exit: _____

3. suceso: _____

  success: _____

4. atender: _____

  to attend: _____

5. mayor: _____

  mayor: _____

6. lectura: _____

  lecture: _____

7. pariente: _____

  parents: _____

8. largo: _____

  large: _____

9. soportar: _____

  to support: _____

Usos de *pero, sino* y *sino que*

Pero, sino y **sino que** significan *but* en inglés. Para saber cuál usar en español es importante entender la relación entre las dos ideas que conectan.

1. Se usa **pero** cuando hay una relación opuesta entre las dos ideas. La primera idea no elimina la posibilidad de la segunda, o sea, las dos pueden ser correctas.

  EJEMPLOS: Luisa es buena estudiante pero está cansada.
  La fiesta empieza a las ocho pero pueden llegar más temprano.

2. Se usa **sino** cuando la primera idea es negativa y la segunda es afirmativa. En este caso ambas ideas son contradictorias.

  EJEMPLOS: La fiesta no empieza a las ocho sino a las diez.
  El libro no es de Marcos sino de Miguel.

3. Se usa **sino que** para expresar la misma relación anterior. La diferencia es que la contradicción ocurre entre dos verbos conjugados.

EJEMPLOS: No quiero que salgas sino que estudies.
No es necesario que respondas sino que vengas.

Observa que al usar dos infinitivos se usa **sino** y no **sino que.**

EJEMPLOS: No quiero salir **sino** estudiar.
No es necesario responder **sino** venir.

5-36 Práctica. Completa las oraciones siguientes con **pero, sino** o **sino que.**

1. No me gustaron los personajes de la película _____ los efectos especiales.

2. El profesor de biología es aburrido _____ inteligente.

3. No es que me aburra _____ no tengo tiempo para leer.

4. No nos dijeron que teníamos que participar _____ estar.

Para pronunciar mejor

b/v, d, g + a, o, u; gu + e, i

- b and v represent exactly the same sound.
- b/v sound as in boy (closed b) when they occur as the first sound in a phrase, or after m or n.
- If b/v are not after m or b, they are pronounced by blowing softly through a narrow opening between your lips (open b). This sound has no English equivalent.

- English d is pronounced with the tip of the tongue against the top of the mouth while Spanish d in *dolor* requires full contact between the front area of the tongue and the front upper teeth. This sound occurs when it is the first sound in a phrase or after n or l.
- If not the first sound or after n or l, Spanish d as in *lado* is pronounced approximately as English th in the.

- Spanish g in *gota, guitarra* sounds as in English logo, get (closed g) when it is the first sound in a phrase or after n.
- If not the first sound in a phrase or after n, Spanish g as in lago, una guitarra is pronounced by avoiding interruption of the air flow (open g). This sound has no English equivalent.
- Note that the u in combinations gui and gue is not pronounced.

5-37 Listen to the recording and repeat.

1. vaso

2. un vaso

3. el vaso

4. abanico

5. vivir

5-38 Listen to the recording and repeat.

1. dado

2. un dedo

3. el dedo

4. comida

5. lado

5-39 Listen to the recording and repeat.

1. lugar

2. gota

3. malagueña

4. seguir

5. un gato

5-40 Dictado. Listen to the recording and write the words you hear.

1. _____

2. _____

3. _____

4. _____

5. _____

6. _____

5-41 Aliteración. Listen to the recording and repeat. Practice until you can recite the phrases fluently.

1. Francisco busca el bosque

2. Cava el cabo en la cueva

3. Domingo desnuda el nudo

4. El legado del hidalgo

5-42 Proverbios. Listen to the recording and repeat. Practice until you can recite the phrases fluently.

1. Amigos, pocos y buenos

2. Hijos y dinero, menos cuidados cuando son menos

3. El que algo quiere, algo le cuesta

CAPÍTULO

6

México y España: Idiosincrasias, rivalidad y reconciliación

TEMA 1 · MÉXICO Y SU HERENCIA INDÍGENA

Vocabulario del tema

6-1 Las culturas amerindias del pasado. Usando el contexto y tu intuición identifica la definición de las palabras y/o expresiones en negrita.

1. Hace más de 40,000 años, grupos procedentes de Asia **atravesaron** el estrecho de Bering, que en aquella época estaba congelado.

   a. cruzaron   **b.** poblaron   **c.** construyeron

2. Hacia el año 5000 a. de C., los amerindios abandonaron el nomadismo para adoptar una **vida sedentaria.**

   a. una vida caracterizada por el movimiento constante de un grupo de personas de un área a otra

   b. una vida caracterizada por el establecimiento permanente de centros urbanos

   c. una vida caracterizada por la conquista de un grupo de personas por otro grupo

3. Hubo otras civilizaciones amerindias que **florecieron** en el área de México antes del imperio azteca.

   a. se desarrollaron   **b.** propusieron   **c.** destruyeron

4. Los aztecas **adoptaron** el calendario, el sistema numérico y la escritura de otras culturas.

   a. se rindieron   **b.** dieron   **c.** tomaron

5. El 13 de agosto de 1521 la ciudad de Tenochtitlán **se rindió.**

   a. se arruinó   **b.** se cansó   **c.** se dio por vencida

6-2 La comunidad indígena en el presente. Trabajas como voluntario/a para una nueva organización indígena de México, que se ha formado para luchar por sus derechos. El primer objetivo del grupo es llegar a un acuerdo sobre sus demandas y sobre la importancia de éstas. Para contribuir con tus propias ideas, completa la siguiente encuesta.

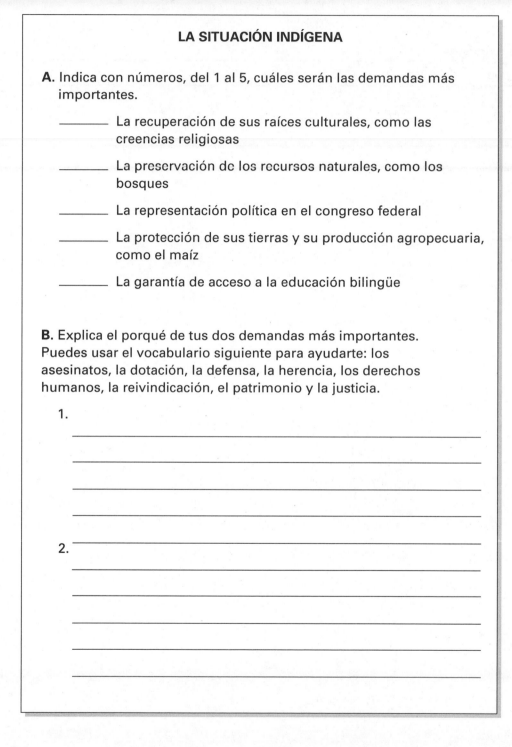

LA SITUACIÓN INDÍGENA

A. Indica con números, del 1 al 5, cuáles serán las demandas más importantes.

_____ La recuperación de sus raíces culturales, como las creencias religiosas

_____ La preservación de los recursos naturales, como los bosques

_____ La representación política en el congreso federal

_____ La protección de sus tierras y su producción agropecuaria, como el maíz

_____ La garantía de acceso a la educación bilingüe

B. Explica el porqué de tus dos demandas más importantes. Puedes usar el vocabulario siguiente para ayudarte: los asesinatos, la dotación, la defensa, la herencia, los derechos humanos, la reivindicación, el patrimonio y la justicia.

1. _____
   _____
   _____
   _____

2. _____
   _____
   _____
   _____
   _____

6-3 Las características importantes de un líder. Tu campus ha elegido separarse de Estados Unidos y formar su propio país. Estás en un comité para elegir al nuevo líder.

A. Antes de proponer tu propio candidato considera a otros líderes mundiales, del pasado o del presente. Escribe el nombre de un líder que asocias con cada característica. Después identifica si consideras que esa característica es una virtud (**V**) o un defecto (**D**).

MODELO:

_**D**_ Ser un tirano terrible.   **Moctezuma II**

_____ Ser un guerrero valiente y virtuoso. _____

_____ Mostrar un profundo desprecio por la clase baja. _____

_____ Ser religioso y supersticioso. _____

_____ Violar los tratados con otros países. _____

_____ Obligar a la gente a pagar un tributo. _____

_____ Mantener siempre la estabilidad política. _____

_____ Controlar con la tiranía las protestas de la gente. _____

_____ Combatir a los invasores de otras regiones. _____

_____ Provocar el odio de su gente. _____

_____ Morir a manos de su propia gente. _____

B. Ahora elige entre los miembros de tu familia, tus amigos, tus profesores, etc., a una persona a la que consideras un líder. Explica brevemente tres de sus virtudes más importantes para justificar tu selección.

_____

_____

_____

6-4 ¿Recuerdas?   Identifica la importancia de cada lugar, figura o grupo en la historia de México.

1. _____ Tenochtitlán	**a.** lugar en el que se desarrolló el imperio maya
2. _____ Hernán Cortés	**b.** se han encargado de exponer los problemas que afectan a sus comunidades
3. _____ Península de Yucatán	**c.** el conquistador de los aztecas
4. _____ los toltecas	**d.** la ciudad principal de los aztecas
5. _____ Moctezuma II	**e.** el líder de los aztecas durante la conquista española
6. _____ los aztecas	**f.** poblaron el area central de México en el siglo XV
7. _____ las organizaciones indígenas	**g.** construyeron la ciudad de Tula

A escuchar

6-5 Unos mensajes telefónicos.   Olga deja varios mensajes en el contestador automático de Carolina.

A. Escucha los mensajes e indica si la información es verdadera (**V**) o falsa (**F**). Si es falsa, corrígela.

1. _____ En su primer mensaje Olga invita a Carolina a ver una película.

   ¿Corrección? _____

2. _____ Olga piensa que Carolina no está muy ocupada ahora.

   ¿Corrección? _____

3. _____ Carolina vio la película con sus amigas.

   ¿Corrección? _____

4. _____ En su segundo mensaje Olga se enfadó con Carolina.

   ¿Corrección? _____

B. Escucha otra vez la conversación y marca las ideas que expresa Olga sobre la película.
- ❏ A Olga no le gustó la película.
- ❏ En la película el rey quiere liberarse.
- ❏ La película trata de un líder valiente y virtuoso.
- ❏ Los rebeldes reclamaban la justicia contra el gobierno inglés.
- ❏ A Olga le gustó mucho el final de la película.

C. Explica brevemente otra película que te haya gustado que trate un tema similar al de *Braveheart*.

_____

_____

_____

_____

_____

GRAMÁTICA

Preterite and Imperfect Tenses in Contrast

6-6 La vida de Hernán Cortés.   El conquistador Cortés es una figura central en la historia de México y en la de España del siglo XVI. ¿Qué sabes de su vida?

A. Escribe la forma correcta del verbo en paréntesis en el pretérito o el imperfecto, según el contexto.

Hernán Cortés _____ (**1.** nacer) en Medellín, provincia de Badajoz, España en

1485. Su padre _____ (**2.** llamarse) Martín Cortés y su madre, Cristina Pizarro.

Por parte de madre, Hernán _____ (**3.** ser) primo segundo de Francisco Pizarro,

conquistador de Perú. Cortés _____ (**4.** estudiar) brevemente en Salamanca.

Cuando _____ (**5.** tener) 26 años _____ (**6.** participar) en la

expedición a Cuba liderada por Diego Velázquez. En 1519, Cortés _____

(**7.** partir) de Santiago de Cuba y _____ (**8.** llegar) a la isla de Cozumel que

_____ (**9.** ser) un puerto maya. Ese mismo año Cortés _____

(**10.** continuar) su viaje hacia el interior hasta llegar a Tenochtitlán, capital del imperio azteca.

B. Elige 5 verbos del párrafo anterior y explica la razón por la que elegiste el pretérito o el imperfecto en cada caso.

1. _____

2. _____

3. _____

4. _____

5. _____

6-7 Un diario personal. Los antropólogos acaban de encontrar los fragmentos del diario siguiente, escrito por una indígena azteca varios años después de la conquista. Primero llena los espacios en blanco con el pretérito o imperfecto del verbo en paréntesis. Después, organiza las oraciones con números del 1 al 6 para indicar su orden cronológico correcto.

a. _____ Yo _____ (tener) 15 años cuando aparecieron los hombres con barba

por primera vez. Recuerdo muy bien que _____ (hacer) mucho calor

aquel día cuando nuestro líder, Moctezuma II, _____ (salir) de la

ciudad de Tenochtitlán y _____ (conocer) a Cortés.

b. _____ Mi pueblo _____ (saber) demasiado tarde que el conquistador

Cortés no era Quetzalcóatl. Como consecuencia muchos indígenas

_____ (morir).

c. _____ Después de su entrada en nuestra ciudad principal la vida _____

(cambiar) para siempre. Mi padre me dijo que nosotros _____ (ir) a ser

conquistados por ellos. Todos _____ (tener) mucho miedo y no

_____ (saber) qué hacer.

d. _____ Mi vida antes de los 15 años era muy diferente. Normalmente _____

(trabajar) en el campo por la mañana y _____ (asistir) a la escuela por

la tarde.

e. _____ Mis padres _____ (venir) a la ciudad de Tenochtitlán antes de que yo

naciera. En el campo _____ (ser) muy pobres pero con el trabajo en la

ciudad ellos _____ (poder) alcanzar un nivel de vida mejor.

f. _____ Después de la Conquista yo _____ (volver) al campo para vivir y para

intentar escaparme del maltrato y las enfermedades de los españoles.

6-8 Las experiencias de Hernán Cortés. Para entender mejor los verbos que cambian de significado en el pretérito y el imperfecto completa las siguientes oraciones sobre algunos momentos importantes en la conquista de los aztecas.

1. saber

   a. Al llegar a la costa del Nuevo Mundo, Cortés no _____ nada de la civilización azteca.

   b. Al conocer a los indígenas de la costa, Cortés _____ de la civilización azteca porque ellos odiaban a los aztecas.

Nombre: ______________________ Fecha: __________ Clase: __________

2. conocer

a. Antes de conocer a Moctezuma II, Cortés no __________ la leyenda del dios Quetzalcoátl.

b. Cuando Cortés __________ a Moctezuma II supo sobre la leyenda del dios Quetzalcoátl.

3. poder

a. Antes de ver la ciudad de Tenochtitlán, Cortés no __________ imaginar su grandeza y riquezas.

b. Al ver por primera vez la ciudad de Tenochtitlán, Cortés __________ ver su grandeza y riquezas.

4. querer

a. Cortés __________ conquistar a los aztecas y llevarse su oro a España.

b. Cortés __________ convencer a Moctezuma II de abandonar la ciudad, pero Moctezuma no lo escuchó.

6-9 Un recuerdo personal. ¿Ocurrió algo en algún momento de tu vida que la cambió para siempre?

A. Primero contesta las siguientes preguntas:

1. De niño/a, ¿te mudaste de casa? ¿Cómo reaccionaste al cambio?

____

____

2. ¿Tenías problemas con alguna clase en particular? ¿Por qué?

____

____

3. ¿Cuándo conociste a tu mejor amigo/a? ¿Cómo supiste que iban a ser tan buenos amigos?

____

____

4. ¿Hubo otros momentos de tu niñez que te marcaron mucho? ¿Cuáles fueron?

____

____

B. Elige uno de los eventos mencionados en la parte A y narra lo que pasó, contestando las siguientes preguntas:

- ¿Cuántos años tenías?

- ¿Cómo eras? ¿Cómo eran las otras personas?

- ¿Qué pasó?

- ¿Cómo te afectó?

_____

_____

_____

_____

_____

_____

Redacción

6-10 La cuestión indígena en relación con el racismo.   Después de leer el texto de Enrique Krauze en tu libro de texto, decides responder con tu propio artículo. En tu opinión, ¿tuvo la conquista de los indígenas estadounidenses un motivo racista o no? Explica tu respuesta.

VOCABULARIO ÚTIL

la opresión	el abuso	el exterminio
la convergencia	mezclar	la protesta
las secuelas	las epidemias	la igualdad

_____

_____

_____

_____

_____

_____

_____

_____

_____

_____

_____

A escuchar

6-11 Recordar viejos tiempos.   Antonio, Lucy y Sebastián están hablando en una reunión de ex alumnos de su escuela secundaria.

A. Escucha la conversación y contesta las preguntas que se hacen a continuación.

1. ¿En qué época se conocieron Lucy, Antonio y Sebastián?

_____

_____

2. ¿Qué hicieron Lucy y Antonio con la mochila de Sebastián?

_____

_____

3. ¿Quién es Pilar? ¿Qué dice Antonio de ella?

_____

_____

4. ¿Qué deporte practicaba Sebastián? ¿Por qué ya no lo practica?

_____

_____

5. ¿Qué relación existe entre Lucy y Carlos Lugo? ¿Cómo se describe a Carlos Lugo?

_____

_____

6. ¿Por qué dice Antonio que deben dejar de hablar?

_____

_____

B. Han pasado 15 años y vas a reunirte con tus amigos de la secundaria. Piensa en los amigos y amigas que tenías, en la música que escuchabas, en los momentos inolvidables, etc. Escribe una conversación usando las expresiones del *Vocabulario para conversar: Recordar viejos tiempos.*

_____

_____

_____

_____

_____

_____

_____

_____

_____

TEMA 2   ESPAÑA: SU LUGAR EN LA UNIÓN EUROPEA

Vocabulario del tema

6-12 La historia española

A. Completa el párrafo siguiente sobre el siglo XX en España con la palabra apropiada de la siguiente lista.

abolir	nombrar	una democracia
la decadencia	el aumento	derrota
promoción	la victoria	la integración
la transición	consolidar	liberalizar
sucesor	la adhesión	una dictadura

Después de varios siglos caracterizados por **1.** _____ del gran imperio de

España y su **2.** _____ al perder sus colonias en las Américas, España entró

en el siglo XX con muchos problemas, entre ellos la inestabilidad política y económica. No

pudo **3.** _____ una democracia estable y en 1936 empezó la guerra civil.

Esta guerra terminó con **4.** _____ del general Franco quien estableció

5. _____ totalitaria. El general Franco murió en 1975 y tras su fallecimiento

el rey Juan Carlos I tomó el poder del gobierno. El rey Juan Carlos decidió

6. _____ el gobierno dictatorial y llevó a cabo **7.** _____

democrática, teniendo las primeras elecciones en 1977.

B. Eres el rey Juan Carlos I y el año es 1975. ¿Cuáles serán los tres aspectos más problemáticos para establecer una democracia en tu país?

_____

_____

_____

_____

_____

6-13 La economía española en el presente

A. Identifica la definición correcta de cada palabra.

1. _____ estimular

2. _____ generar

3. _____ moneda

4. _____ inversión

5. _____ incertidumbre

6. _____ empleo

a. una transacción en que una compañía o persona da dinero a otra compañía

b. una duda

c. un trabajo

d. producir

e. provocar

f. el dólar, por ejemplo

B. Tú eres el director de una compañía multinacional. El gobierno español te ha pedido invertir dinero para abrir un negocio en su país. Basándote en lo que sabes de la economía española, ¿lo haces o no? ¿Por qué?

_____

_____

_____

_____

6-14 ¿Recuerdas? Explica la importancia en la historia española de los años indicados.

1986   1898 1939 1975 2002
1588

1580   1650   1720   1790   1860   1930   2000

1588: _____

_____

_____

1898: _____

_____

_____

1939: _____

_____

_____

1975: _____

_____

_____

1986: _____

_____

_____

2002: _____

_____

_____

A escuchar

6-15 La monarquía española.   La profesora Santamaría está dando su clase sobre la monarquía española. Durante su presentación, algunos estudiantes le hacen preguntas.

A. Escucha la conversación y decide si la información es verdadera (V) o falsa (F). Si es falsa, corrígela.

1. La reina Isabel I de Castilla tuvo 5 hijos.

   ¿Corrección? _____

2. Juana la Loca fue la madre de Carlos II.

   ¿Corrección? _____

3. El esposo de Juana tuvo un largo reinado.

   ¿Corrección? _____

4. En 1700 se extinguió la línea de sucesión borbónica.

   ¿Corrección? _____

5. Felipe V fue el primer rey de España procedente de la dinastía borbónica.

   ¿Corrección? _____

6. Ha habido sólo dos interrupciones en la historia de la monarquía española.

   ¿Corrección? _____

7. En España hay una monarquía parlamentaria y el rey es el jefe del Estado.

¿Corrección? _____

8. La persona que sucederá al rey de España será probablemente su hija la infanta Elena.

¿Corrección? _____

B. Ahora imagina que eres miembro de un comité que está trabajando en una reforma constitucional para permitir que el sucesor al trono sea el primer hijo o hija del rey. Debes escribir una propuesta dando 3 razones por las que apoyas esa decisión explicando con detalle cada una.

_____

_____

_____

_____

_____

_____

_____

_____

_____

_____

GRAMÁTICA

Present Perfect Tense

6-16 Las noticias sensacionalistas.   Muchas revistas sensacionalistas, incluyen artículos sobre las estrellas de Hollywood y sus escándalos. Tú eres periodista. Escribe una explicación sobre qué ha pasado en la vida de cada persona, siguiendo el modelo. Recuerda ser creativo/a.

> **MODELO:**
> Tom Cruise y Katie Holmes
> **Katie Holmes y Tom Cruise han pensado tener más hijos.**

1. Brad Pitt y Angelina Jolie

_____

2. Jennifer López

_____

3. El presidente de los Estados Unidos

_____

4. Lindsay Lohan

_____

6-17 Noticias personales. Tus padres quieren saber de tu vida personal y académica hasta ahora. Completa las siguientes oraciones, siguiendo el modelo.

> **MODELO:**
> yo / escribir / cinco ensayos
> **Este semestre yo he escrito cinco ensayos.**

1. Mis amigos y yo / hacer / la tarea todos los días

_____

2. Mis amigos de otras universidades / escribirme / mensajes por correo electrónico todos los días

_____

3. Yo / ir / a muchas fiestas los fines de semana

_____

4. Mis compañeros de cuarto y yo / ganar / poco dinero para pagar el alquiler

_____

5. Escribe una oración adicional.

_____

6-18 Noticias españolas.   En esta unidad has aprendido mucho de España y de cómo ha cambiado en los últimos siglos hasta hoy en día.

A. Escribe las oraciones de nuevo, conjugando los verbos en el presente perfecto. Después indica con una ✔ los dos cambios más importantes según tu opinión.

España...

❑ perder todas sus colonias americanas

_____

❑ tener una dictadura

_____

❑ reinstaurar una monarquía constitucional y democrática

_____

❑ ingresar en la Unión Europea

_____

❑ adoptar el euro como moneda oficial

_____

❑ integrarse económicamente en la Europa occidental

_____

❑ estimular la inversión extranjera

_____

B. Explica por qué en tu opinión estos dos cambios han sido tan importantes.

_____

_____

_____

6-19 La Feria de Abril. Eres un/a estudiante de intercambio y estás en Sevilla para la Feria de Abril. Hoy es el último día de tu visita y has comprado una tarjeta postal para escribirle a tu mejor amigo/a en Estados Unidos.

A. Lee el siguiente folleto de actividades.

La Feria de Abril

La Feria de Sevilla se conoce mundialmente por su alegría, colorido y singular belleza y distinción.

FECHAS DE CELEBRACIÓN: Regularmente se celebra cada año en la tercera semana después de Semana Santa

UBICACIÓN: El barrio de Los Remedios

INAUGURACIÓN: El día martes hay cenas tradicionales en las casetas y a las 11:00 tiene lugar la iluminación con bombillas y farolillos.

ACTIVIDADES DIARIAS: Numerosas casetas que pertenecen a familias, grupos de amigos o asociaciones donde se recibe a amigos y familiares para la comida diaria, las sevillanas y la música de las guitarras. Se puede visitar además el parque de atracciones y la feria de ganado. Un día típico sevillano empieza a media mañana en el Paseo de Caballos donde la gente pasea montando caballos y llevando sus bellos trajes típicos de flamenco. Se pasa el día cantando flamenco, comiendo y bebiendo. A las cinco se celebran las corridas de toros. Todo termina muy tarde por la noche, después de bailar y cantar mucho más, con el desayuno típico de chocolate con churros antes de volver a casa.

EL FIN: Se celebra el domingo de esa semana, a las 12:00 con fuegos artificiales a la orilla del río Guadalquivir.

B. Ahora, escribe tu tarjeta mencionando cuatro cosas que has hecho. Recuerda el uso de las siguientes expresiones con el pretérito, el imperfecto o el presente perfecto.

EXPRESIONES DE TIEMPO

hoy	esta mañana / tarde	hace una hora / dos horas
a las 9:00	ayer (por la mañana, tarde)	

Querida _____ :

_____

_____

_____

_____

_____

_____

_____

_____

_____

Un abrazo, _____

Redacción

6-20 La Unión Europea.   Como ya sabes, después de más de medio siglo y de numerosas fases de expansión, es muy probable que la Unión Europea siga creciendo. Por esta razón se ha formado un nuevo comité para reconsiderar los requisitos para ingresar en la UE. Tú eres el miembro español de este comité. Prepara un resumen de los cinco requisitos que consideras más importantes y explica por qué. Es importante recordar el efecto que la entrada de estos países tendrá en España.

VOCABULARIO ÚTIL		
estimular	conferir	solicitar
el progreso	la ciudadanía	los derechos
la democracia	consolidar	la estabilidad
la liberalización	la inversión	las obligaciones

_____

_____

_____

_____

_____

_____

_____

_____

_____

_____

A escuchar

6-21. Hablar de lo que acaba de pasar Un grupo de tres amigos universitarios se encuentran para almorzar y para hablar de lo que han hecho durante toda la mañana.

A. Escucha la conversación y trata de contestar las preguntas con bastantes detalles.

1. ¿Por qué tiene problemas María Alejandra con su clase de química?

_____

_____

2. ¿Qué examen acaba de tomar Roberto? ¿Cómo le fue? ¿Por qué?

_____

_____

3. ¿Qué acaba de hacer Beatriz?

_____

_____

4. ¿De dónde viene Roberto?

_____

_____

5. ¿Quién ya ha comido algo? ¿Esta persona va a pedir algo más?

_____

_____

6. ¿Qué deciden comer todos al final?

_____

_____

B. Empareja los nombres de los tres amigos con sus posibles profesiones. Puede haber más de una respuesta.

María Alejandra	Ciencias
Beatriz	Arquitectura
Roberto	Baile y coreografía
	Química
	Ingeniería

TEMA 3 MÉXICO Y ESPAÑA: SU RIVALIDAD Y RECONCILIACIÓN

Vocabulario del tema

6-22 Semejanzas y diferencias históricas. En este tema aprenderás sobre la independencia y la revolución mexicanas. Primero considerarás lo que recuerdas de la historia de EE.UU.

A. Contesta estas preguntas con oraciones completas.

1. ¿Qué tipo de gobierno tenía Inglaterra durante el período colonial?

_____

2. En tu opinión, ¿cuáles eran los factores principales que inspiraron el deseo de independencia de los británicos?

_____

3. ¿En qué año obtuvo EE.UU. su independencia?

_____

4. ¿Qué tipo de gobierno se estableció en EE.UU. después de ganar su independencia?

_____

5. ¿Cuándo terminó la guerra civil? ¿Por qué motivo principal ocurrió?

_____

6. Explica la división de los poderes ejecutivo, legislativo y judicial en el gobierno estadounidense, dando ejemplos de los representantes de cada uno.

_____

_____

_____

B. Según lo aprendido en tu texto, menciona una diferencia y una semejanza entre la historia mexicana y la estadounidense.

_____

_____

6-23 Verbos importantes. Carlos no ha entendido muy bien la información sobre la Revolución Mexicana y visita a su profesora durante las horas de oficina.

A. Completa su conversación con el verbo apropiado de la lista siguiente. ¡OJO! Cuidado con la conjugación de los verbos.

rechazar	capturar	manipular
establecerse	proceder	exiliarse
implementar	afirmar	favorecer
fomentar	enriquecerse	superar

Carlos: No entiendo por qué ocurrió la Revolución Mexicana.

Profesora: Bueno, había varios factores. Como ya sabes siempre hay grupos de personas que quieren

1. _____ aprovechándose de otros, por ejemplo, al tomar las tierras de

los pobres. Lo que querían los líderes revolucionarios fue 2. _____ la

reforma agraria, es decir, redistribuir las tierras dándoselas a los pobres.

Carlos: ¿Cómo llegó a ser Cárdenas presidente de México después de la revolución?

Profesora: Los grupos en el poder pensaban que iban a poder 3. _____ a

Cárdenas fácilmente con el propósito de 4. _____ sus propios

intereses, como el mantenimiento de su control económico. Pronto se dieron cuenta

de que estaban equivocados, ya que Cárdenas 5. _____ sus demandas

y dio prioridad a los pobres.

Carlos: ¿Cómo fue la relación entre España y México durante este período?

Profesora: Si recuerdas bien ocurrió la Guerra Civil Española durante esta misma época, de 1936 a

1939. Muchos españoles que no estaban de acuerdo con el dictador Franco tuvieron

que 6. _____ en otros países. Cárdenas les ofreció ayuda y muchos

7. _____ en México.

Carlos: Gracias profesora, ahora entiendo mejor.

B. Ahora, tú eres el/la profesor/a. Contesta la última pregunta de Carlos usando lo que ya sabes de México y la información de tu libro de texto: ¿Ha mejorado la economía mexicana desde la presidencia de Cárdenas?

_____

_____

_____

_____

6-24 La economía mexicana.
Usando el contexto identifica la definición de las palabras en negrita.

1. Según Felipe Calderón, es posible continuar **superando** los problemas económicos en México si se sigue con la apertura económica.

   a. resolviendo   **b.** tratando   **c.** atravesando

2. Para lograr su objetivo, Calderón está interesado en **estrechar** los vínculos del país con la comunidad internacional.

   a. limitar   **b.** establecer   **c.** fortalecer

3. En su **afán** por cumplir con su metas, Calderón ha propuesto mejorar la infraestructura de México.

   a. rapidez   **b.** deseo   **c.** tarea

4. En el futuro será indispensable que México y España continúen **fomentando** el intercambio económico.

   a. rechazando   **b.** afirmando   **c.** promoviendo

6-25 ¿Recuerdas?
Identifica quiénes son las siguientes personas y/o grupos en la historia de México.

1. _____ Felipe Calderón
2. _____ Miguel Hidalgo
3. _____ Lázaro Cardenas
4. _____ los criollos
5. _____ Pancho Villa
6. _____ los gachupines

a. hijos de padres españoles nacidos en territorio colonial

b. el presidente actual de México

c. los nacidos en España

d. un líder de la independencia de México que murió ejecutado en 1811

e. un líder de la revolución mexicana que luchó por la reforma agraria

f. presidente de México entre 1934 y 1940 que fue famoso por su implementación de reformas sociales

A escuchar

6-26 Las mujeres revolucionarias.
Escucha la siguiente explicación de una profesora mexicana de historia y contesta las preguntas a continuación.

1. El texto trata de los papeles que jugaron las mujeres en…

   a. la Revolución Mexicana

   b. la Guerra Civil Española

   c. la Guerra de Independencia Mexicana

2. Indica todos los papeles que jugaron las mujeres mencionados en el texto:

    a. soldados

    b. líderes políticas

    c. enfermeras para los heridos

3. Marca la información que se sabe de Adelita:

    a. era una mujer muy valiente

    b. se enamoró de un sargento

    c. era una mujer de la clase noble

4. ¿Qué es un *corrido*?

    a. una batalla

    b. una canción popular mexicana

    c. un héroe

5. ¿Por qué son tan importantes la figura y la leyenda de Adelita?

_____

_____

_____

_____

GRAMÁTICA

Prepositions: **por, para, de, a, en**

6-27 Los inmigrantes a EE.UU. Para entender mejor las diferencias entre los usos de **por** y **para** completa las siguientes oraciones.

1. Los primeros inmigrantes a Jamestown salieron de Inglaterra _____ la falta de libertad religiosa.

2. Los primeros inmigrantes vinieron _____ tener una vida mejor.

3. En una época todos los inmigrantes pasaron _____ la isla de Ellis, donde se registraron oficialmente.

4. Al llegar, muchos salieron de Nueva York _____ el oeste, donde podían reclamar tierras.

5. Muchos inmigrantes pertenecían a la clase baja y trabajaban _____ dinero.

6. Muchos inmigrantes no tenían dinero _____ comida.

6-28 Un inmigrante español en México.   Lee la historia de don Fernando completando los

espacios en blanco con *por, para, de, a(l)* o *en*.

Durante la Guerra Civil Española mi abuelo Fernando luchó **1.**_____ lado no franquista.

Como consecuencia, **2.**_____ ganar Franco, mi abuelo tuvo que buscar asilo

político. Él vino **3.**_____ México en 1939 **4.**_____ empezar de nuevo.

5._____ 1940 **6.**_____ 1950 trabajó **7.**_____ un periódico

8._____ un buen amigo. **9.**_____ reunir suficiente dinero

10._____ mantener una familia, él se casó **11.**_____ mi abuela.

Mi abuelo Fernando trabajó en un banco **12.**_____ 30 años. Se pensionó y vivió

13._____ Monterrey hasta su muerte **14.**_____ 2007.

6-29 Un viaje

A. Aurelia hará un viaje de grupo a México, D.F. Completa su itinerario con la preposición apropiada.

Plaza de las Tres Culturas

DÍA 1: El desayuno será _____ las ocho. El grupo saldrá después

_____ el Centro histórico, pasando primero _____ la

Plaza de las Tres Culturas. _____ dos a siete todos tendrán tiempo libre

_____ comer e ir de compras.

DÍA 2: El grupo irá _____ las pirámides de Teotihuacán en autobús después del

desayuno. _____ volver al hotel por la tarde habrá una comida

_____ la mexicana.

DÍA 3: El grupo irá a la zona comercial de la ciudad. Se reunirá _____ el Zócalo
a las seis para volver al hotel.

DÍA 4: Tiempo libre.

B. Ahora tus amigos y tú van de viaje al D.F. por cuatro días. Tu responsabilidad es planear el
itinerario. Primero decide dónde irán y después escribe tu programa para el viaje. Recuerda
el uso correcto de las preposiciones.

DESTINO:

DÍA 1:

_____

_____

DÍA 2:

_____

_____

DÍA 3:

_____

_____

DÍA 4:

_____

_____

Redacción

6-30 Reforma de la inmigración. El gobierno de EE.UU. ha cambiado las leyes en cuanto a la
entrada de nuevos inmigrantes para restringir el número de personas que entran. Tú eres miembro de
un comité que tiene la responsabilidad de aceptar o rechazar las solicitudes de entrada.
Desafortunadamente, de la lista de grupos siguientes sólo puede entrar uno.

- Un grupo de exiliados políticos. Este grupo ha sufrido mucha opresión por una guerra civil.
  Principalmente son personas de la clase media que trabajaban como profesionales en su propio
  país pero han llegado a EE.UU. sin recursos económicos.

- Un grupo que viene de un país sin muchos recursos económicos. Este grupo es de la clase
  baja, no tiene un alto nivel de educación y trabajaba en el campo.

- Un grupo de personas con enfermedades peligrosas. No tenían acceso a los adelantos médicos en su propio país por tener un bajo nivel tecnológico. Han venido sin mucho dinero pero con la esperanza de encontrar una cura. Si no reciben ayuda morirán.

- Un grupo de terroristas. Eran terroristas en su propio país y no estaban de acuerdo con su gobierno autocrático. Principalmente son personas liberales que han prometido no participar en la política de EE.UU. Sólo quieren una nueva vida y las libertades garantizadas por la Constitución.

Ahora, decide cuál grupo puede entrar y escribe tu justificación.

VOCABULARIO ÚTIL

apoyar	colaborar	progresar
aumentar	contribuir	aportar
establecerse	enriquecerse	superar

_____

_____

_____

_____

_____

_____

_____

A escuchar

6-31. Coloquialismos de México y España. Escucha la conversación entre Claudia, una joven mexicana y Rodrigo, su amigo español.

A. Contesta las preguntas que aparecen a continuación:

1. ¿Qué actividad planean Claudia y Rodrigo?

_____

_____

2. ¿A qué sitio deciden ir?

_____

_____

3. ¿Quién conoce más a Gastón?

_____

_____

4. ¿Por qué deciden no invitar a Alejandro?

_____

_____

5. ¿Cuál es la decisión final de Rodrigo y Claudia?

_____

_____

B. Escribe el significado de los coloquialismos.

1. ¿Qué onda?   _____

2. un mogollón de…   _____

3. ir de reventón   _____

4. ¡Qué padre!   _____

5. lana   _____

6. pijo   _____

7. ¡Qué guay!   _____

8. órale   _____

TEMA 4   LO MEJOR DE MÉXICO Y ESPAÑA

Vocabulario del tema

6-32 Las bellas artes.   Relaciona las palabras de la lista con la definición que les corresponde.

1. _____ la arquitectura	**a.** arte de plasmar sobre una superficie un dibujo, una imagen o una creación
2. _____ la escultura	**b.** arte de proyectar y construir edificios
3. _____ la música	**c.** se le conoce como el séptimo arte
4. _____ la pintura	**d.** arte de componer o representar obras dramáticas
5. _____ el teatro	**e.** arte de modelar, tallar o esculpir en barro, piedra, madera, etc.
6. _____ la poesía	**f.** arte de combinar sonidos de voz y/o instrumentos
7. _____ el cine	**g.** manifestación de la belleza por medio de la palabra

6-33 Curiosidades.   Pon las letras en orden para formar las palabras que se definen a continuación. Ayúdate con las pistas.

1. EEGNRO: _____

Pista: Categorías de películas. Los hay de horror, de acción, de drama, etc.

2. FNATSACOTI: _____

Pista: Que no es real

3. JESPERNASO: _____

Pista: Actores y actrices de una película

4. OIMERP: _____

Pista: Reconocimiento dado por un buen trabajo, una buena película, etc.

5. IOGEN: _____

Pista: Persona dotada con una capacidad extraordinaria para crear e inventor cosas extraordinarias

6-34 ¿Recuerdas?   Varios estudiantes planean sus viajes para las próximas vacaciones. Usando la siguiente lista de sitios de interés y las descripciones, indica adónde deben ir y por qué.

- la ciudad de Oaxaca, México
- la ciudad de Santiago de Compostela, España
- Atzompa, México
- Huatulco, México
- la ruta Monte Albán-Zaachila

1. Alberto: "Me encantan las ciudades con hermosos centros históricos. Me gusta ir andando para ver las casas antiguas, las galerías y la artesanía".

_____

2. Juan Antonio: "Me gusta mucho estudiar arqueología y específicamente me interesan las culturas indígenas".

_____

3. Belén: "Quiero ir a la costa del océano Pacífico. En general, prefiero quedarme en los complejos turísticos pero también me importa conservar la ecología y disfrutar de su belleza".

_____

4. Arturo: "Soy una persona religiosa y quiero ver la tumba del Apóstol Santiago".

_____

Redacción

6-35 El patrimonio. En este tema has aprendido sobre varios sitios en el mundo hispano que representan la fusión de diferentes culturas y períodos históricos, por ejemplo, el Camino de Santiago, que recibió el título de Primer Itinerario Cultural Europeo. Tu universidad, ciudad o país ha decidido identificar un sitio que también es representante de las culturas y la historia de la región. Elige un lugar y escribe una propuesta explicando el porqué de tu selección.

VOCABULARIO ÚTIL

el entorno	la comunidad humana	enriquecer
colaborar	el folclore	distinguirse
la riqueza	sobresalir	el paisaje

_____

_____

_____

_____

_____

_____

_____

A escuchar

6-36 Un programa de radio. Vas a escuchar un programa de radio que trata del Camino de Santiago.

A. Orientación.

1. ¿Dónde tiene lugar el programa de radio?

    a. Madrid, España   **b.** Santiago, España

    c. México D.F.   **d.** Francia

2. ¿Quién es Pedro?

    a. un reportero   **b.** un sevillano que quiere recorrer el camino

    c. un experto del camino   **d.** un residente de Santiago

3. ¿Cuál es el propósito principal del programa?

    a. contar experiencias personales de gente que ha recorrido el camino

    b. quejarse de la cantidad de gente que participa en la peregrinación

    c. discutir los itinerarios del viaje

    d. dar consejos prácticos a gente que quiere recorrer el camino

B. Las ideas principales.   Según Pedro, explica dos de los propósitos principales de hacer la peregrinación a Santiago. Sé específico/a en tu respuesta.

_____

_____

_____

C. Detalles importantes.

1. Según Pedro, ¿es mejor recorrer el camino en primavera, verano u otoño? ¿Por qué?

_____

2. ¿Prefiere Pedro hacer la peregrinación a pie o en bici? ¿Por qué?

_____

3. Menciona dos cosas específicas que un viajero necesita llevar.

_____

4. ¿Por qué es importante conseguir una credencial del peregrino?

_____

D. Aplicación.   Un/a amigo/a tuyo/a te pide viajar a España en julio para recorrer el Camino de Santiago. ¿Vas o no? ¿Por qué?

_____

_____

_____

E. Atención a los verbos.   Vas a escuchar algunas oraciones del programa. Identifica si los verbos están en el pretérito, el imperfecto o el presente perfecto.

Oración 1:	pretérito	imperfecto	presente perfecto
Oración 2:	pretérito	imperfecto	presente perfecto
Oración 3:	pretérito	imperfecto	presente perfecto
Oración 4:	pretérito	imperfecto	presente perfecto

Más allá de las palabras

Redacción

6-37 Una leyenda.   En este tema has aprendido varias leyendas diferentes. Ahora, escribirás tu propia leyenda. Puedes reescribir una leyenda que ya existe, como la de Quetzalcóatl o la de Adelita, o puedes considerar otras posibilidades:

- una leyenda de tu campus o tu ciudad natal
- una leyenda de la historia estadounidense (de la Guerra de Independencia, la Guerra Civil, etc.)
- una leyenda completamente inventada—¡Sé creativo/a!

Recuerda los usos del pretérito y del imperfecto y las expresiones de tiempo que aprendiste. Para aprender más sobre cómo son las leyendas puedes consultar la sección *El escritor tiene la palabra*.

_____

_____

_____

_____

_____

_____

_____

_____

_____

_____

_____

_____

_____

_____

_____

_____

_____

_____

El escritor tiene la palabra

En esta sección tendrás la oportunidad de aprender más sobre las leyendas y aplicar este conocimiento a la leyenda "Los novios" de tu libro de texto.

6-38 Características de las leyendas.   Lee las siguientes descripciones y contesta las preguntas.

- El marco escénico de las leyendas es el pasado.

1. Específicamente, ¿cuándo ocurrieron los eventos en "Los novios"? Explica cómo lo sabes usando evidencia específica del texto.

_____

_____

- Los personajes principales de una leyenda normalmente incluyen:

    — un líder, como un rey o presidente

    — un héroe o una heroína

    — un anti-héroe o antagonista, que a veces es una persona o puede ser un

    grupo de personas

2. En "Los novios" identifica el líder, el nombre del héroe y del anti-héroe. ¿Con cuál te identificas más? ¿Por qué?

_____

_____

- Los temas tratados en una leyenda muchas veces reflejan los valores culturales y sociales más importantes de la cultura. Por eso, una de las funciones importantes de una leyenda es presentar una moraleja. Por ejemplo, la leyenda de Cenicienta (*Cinderella*) muestra la importancia del trabajo duro y nos recuerda que la bondad siempre es recompensada.

3. Pensando en los temas de "Los novios", ¿qué valores culturales y sociales se ven reflejados? Menciona específicamente dos y explica por qué.

_____

_____

_____

_____

- Otra función frecuente de las leyendas es explicar el porqué de la existencia de un rasgo geográfico o de un comportamiento cultural para la gente contemporánea. Por ejemplo, la leyenda de Johnny Appleseed nos explica el porqué de todos los árboles.

4. Explica en tus palabras el porqué de la existencia de los dos volcanes en México, según la leyenda.

_____

_____

_____

6-39 Mi diario literario.   Escribe tu reacción personal a la leyenda. Considera las siguientes preguntas:

- Un pequeño resumen: En tu opinión, ¿cuáles son los eventos más importantes ocurridos?

- Dificultades: ¿Hay partes de la leyenda que no entendiste muy bien? Explica cuáles son y por qué crees que te han causado problemas.

- Reacción personal: ¿Te gusta la leyenda? ¿Por qué? ¿Qué aspectos cambiarías? ¿Por qué?

_____

_____

_____

_____

_____

_____

_____

_____

_____

_____

_____

Para escribir mejor

Los cognados y la ortografía

Los **cognados exactos** son palabras que se escriben de manera similar en inglés y español, y que tienen el mismo significado. Los **cognados semi-exactos** son palabras con el mismo significado pero que se escriben de manera diferente. En esta sección vas a aprender cómo escribir algunos de ellos. Al leer las explicaciones y hacer las actividades practica tu pronunciación, repitiendo las palabras en voz alta.

I. Cognados con *c*

- Los cognados que se escriben con *cc* en inglés normalmente se escriben con *c* en español.

EJEMPLOS: *accent*   acento
            occur   ocurrir

6-40 Práctica.   Escribe las siguientes palabras en español.

1. *accept* = _____

2. *occupied* = _____

3. *preoccupation* = _____

4. *accuse* = _____

5. *succesion* = _____

6. *ecclesiastic* = _____

- Muchos cognados que se escriben con *c* en inglés no llevan esta letra en su equivalente español.

EJEMPLOS: *sanctuary*   santuario
            respect   respeto

6-41 Práctica.   Escribe las siguientes palabras en español.

1. *adjective* = _____

2. *object* = _____

3. *punctual* = _____

4. *respect* = _____

5. *subjunctive* = _____

6. *subject* = _____

• Los cognados que se escriben con *ch* en inglés se escriben con *c* o *q* en español.

> EJEMPLOS: *biochemistry*   bio**q**uímica
>   *character*   **c**arácter

6-42 Práctica.   Escribe las siguientes palabras en español.

1. *archaeology* = _____

2. *psychology* = _____

3. *technique* = _____

4. *architectonic* = _____

5. *machine* = _____

6. *monarchy* = _____

6-43 Repaso.   Completa las siguientes oraciones con la palabra apropiada de las actividades anteriores.

1. Es importante ser siempre _____ en las clases porque en los primeros

momentos el profesor explica las tareas.

2. La profesora no _____ las tareas después de las fechas de entrega.

3. En la clase de diseño los estudiantes han estudiado las contribuciones _____

de los griegos a la construcción de la Casa Blanca.

4. Por tener tanta tarea los estudiantes siempre están muy _____.

II. Cognados con *p*

Las palabras que se escriben con *pp* en inglés se escriben con sólo una *p* en español.

> EJEMPLOS: *opportunity*   o**p**ortunidad
>   *application*   a**p**licación

6-44 Práctica.   Escribe las siguientes palabras en español.

1. *appreciation* = _____

2. *to approve* = _____

3. *appearance* = _____

4. *approximation* = _____

III. Cognados con *m*, *nm* y *n*

Las palabras que se escriben con *mm* y *nn* en inglés se escriben con *m*, *nm* y *n* en español.

EJEMPLOS:

mm – m	mm – nm	nn – n
communicate	*immigration*	*innocent*
co**m**unicar	in**m**igración	i**n**ocente

6-45 Práctica. Las siguientes palabras están mal escritas. Escríbelas correctamente.

1. immediato = _____

2. grammática = _____

3. anniversario = _____

4. immortal = _____

5. commité = _____

6. annual = _____

IV. Los cognados con *f*

1. Las palabras que se escriben con *ph* en inglés se escriben con *f* en español.

EJEMPLOS:

philosophy	**f**iloso**f**ía
pharmacy	**f**armacia

6-46 Práctica. Completa los siguientes espacios con la palabra en español.

1. Ayer Marta habló con su mejor amiga por _____ (*telephone*).

2. No se puede traducir la _____ (*phrase*) al español.

3. La _____ (*geography*) de Latinoamérica es muy variada.

4. La última _____ (*phase*) del proyecto fue la más difícil de escribir.

V. Más cognados con *f*

2. Las palabras que se escriben con *ff* en inglés se escriben con sólo *f* en español.

EJEMPLOS:

suffer	su**f**rir
traffic	trá**f**ico

6-47 Práctica. Escribe las siguientes palabras en español.

1. *affirmative* = _____

2. *caffeine* = _____

3. *offense* = _____

4. *different* = _____

VI. Otros cognados

1. Las terminaciones *–tion* y *–sion* en inglés se escriben normalmente *–ción* o *–sión* en español.

EJEMPLOS: *reconciliation*   reconcilia**ción**
                        comprehension   compren**sión**

2. Las terminaciones *–ent* y *–ant* en inglés se escriben *–ente* o *–ante* en español.

EJEMPLOS: *dissident*   disid**ente**
                        restaurant   restaur**ante**

3. Las palabras que se escriben con *qua* o *que* en inglés se escriben normalmente con *ca* o *cue* en español.

EJEMPLOS: *questionable*   **cue**stionable
                        quantity   **ca**ntidad

4. Las palabras que se escriben con *the* en inglés normalmente se escriben con *te* en español.

EJEMPLOS: *theory*   **te**oría
                        thermal   **te**rmal

5. Las palabras que empiezan con *s* + **consonante** en inglés normalmente se escriben con *es* en español.

EJEMPLOS: *standard*   **es**tándar
                        special   **es**pecial

6-48 Resumen.   Un estudiante escribió el siguiente párrafo sobre los sacrificios de los aztecas pero ha escrito mal muchos cognados. Revisa el párrafo, corrigiendo los doce errores de ortografía.

       La religión azteca es muy differente de la religión católica por su práctica del sacrificio humano. Su theoría philosófica es que por el sacrificio communican su respecto a sus dioses y ellos dan su protection a los seres humanos. Muchas veces sus víctimas eran personas innocentes pero también tomaban prisioneros de otras tribus de la periphería. Los aztecas tenían muchos monumentos architectónicos impresionentes y distintivos, entre ellos se incluyen las pirámides donde tenían lugar estos sacrificios. La questión de los sacrificios humanos es difícil de entender sin acceptar las diferencias religiosas.

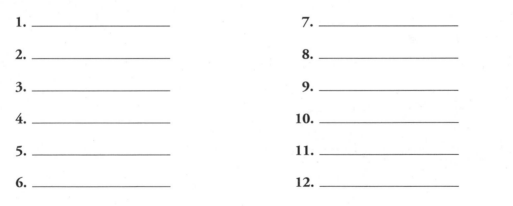

1. _____   7. _____

2. _____   8. _____

3. _____   9. _____

4. _____   10. _____

5. _____   11. _____

6. _____   12. _____

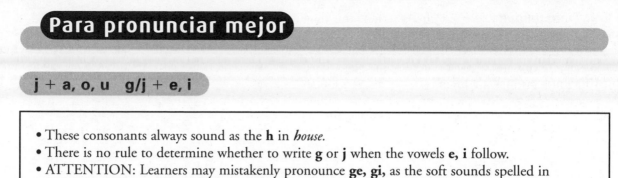

Para pronunciar mejor

j + a, o, u   g/j + e, i

- These consonants always sound as the **h** in *house*.
- There is no rule to determine whether to write **g** or **j** when the vowels **e, i** follow.
- ATTENTION: Learners may mistakenly pronounce **ge, gi,** as the soft sounds spelled in Spanish as **gue, gui,** or as in the English words *gentle, agitate.* Learners may also mistakenly sound out **j** as in the English word *joke.*

6-49 Listen to the recording and repeat each word after you hear it. Notice the pronunciation of **ge** vs **gue** and **gi** vs **gui.**

1. gente
2. Miguel
3. gitano
4. guita
5. género
6. liguero
7. ligero
8. agitar
9. gente
10. mujer
11. ajo
12. judía
13. relojes
14. Julia
15. oreja

6-50. Dictado. Listen to the recording and write the word you hear.

1. _____
2. _____
3. _____
4. _____
5. _____
6. _____
7. _____
8. _____

6-51 Trabalenguas. Repeat after you hear this tongue twister. Repeat it until you can recite the tongue twister without stopping.

Juanjo y Juana

les dijeron a los hijos de Josefina

que dejaran de jugar

en los jardines del Jeneralife.

7

Culturas hispanas del Caribe: Paisajes variados

TEMA 1   CUBA: LAS DOS CARAS DE LA MONEDA

Vocabulario del tema

7-1 Cuba ayer y hoy.   Completa el crucigrama con las palabras que faltan en las siguientes oraciones.

HORIZONTAL	VERTICAL
4. Con el comienzo de la _____ de Fidel Castro, muchos cubanos tuvieron que dejar la isla. **5.** Ahora se les permite a los cubanos _____ en hoteles antes destinados exclusivamente a los turistas. **6.** El _____ de los ciudadanos debe ser una prioridad de todo gobierno. **7.** Desde la década de los años sesenta, un gran número de cubanos se ha _____ en países como Estados Unidos. **8.** Fulgencio Batista fue _____ por Fidel Castro.	**1.** El _____ promedio de un cubano es de $20 al mes. **2.** El _____ de la gente muchas veces resulta de crisis económicas severas. **3.** Los _____ cubanos ahora pueden escoger qué cultivos plantar. **5.** El _____ económico de Cuba por parte de Estados Unidos ha durado medio siglo.

7-2 La vida cubana

A. Lee las descripciones siguientes sobre la vida política y económica en Cuba. Primero, indica si en tu opinión la idea expresada es un aspecto positivo (**P**) o negativo (**N**). Después, explica el significado de las palabras en negrita.

1. No hay muchas **casas disponibles**.

   casas disponibles = _____

2. Muchos **alimentos** son escasos.

   alimentos = _____

3. El gobierno de Raúl Castro ha eliminado la restricción mediante la cual los cubanos no

   podían **alojarse** en los hoteles para turistas.

   alojarse = _____

4. Cuba ha logrado **avances** notables en salud y todos tienen acceso a los servicios médicos.

   avances = _____

5. El bloqueo económico ha **debilitado** la economía y eso ha empobrecido a la gente.

   debilitar = _____

6. En Cuba no es **obligatorio** estudiar inglés.

   obligatorio = _____

B. Resume, en tu opinión, las ventajas de vivir en Cuba.

_____

_____

_____

_____

7-3. Conceptos políticos.

Lee la lista que aparece a continuación y trata de pensar en 3 ó 4 palabras que asocias con cada uno de dichos términos. Después, escribe, en la página siguiente, un párrafo que incluya tus palabras. Puedes usar un diccionario.

Ejemplo:
Dictadura: falta de libertad, Cuba, represión, libertad de prensa
He escrito Cuba porque en este país ha habido una dictadura desde 1959. Con este tipo de gobierno es común que haya represión y que no haya libertad de prensa. Esa falta de libertad para expresar opiniones afecta a los ciudadanos.

1. Democracia: _____

_____

_____

_____

_____

2. Bloqueo económico: _____

_____

_____

_____

_____

3. Prensa libre: _____

_____

_____

_____

_____

_____

4. Elecciones: _____

_____

_____

_____

7-4 ¿Recuerdas?

A. Completa las siguientes oraciones sobre la historia de Cuba con la palabra apropiada de la lista. Recuerda conjugar los verbos cuando sea necesario.

VOCABULARIO ÚTIL

aceptados	aislar	una alianza
un bloqueo	una invasión	la jefatura
dominación	instalar	independizarse
derrocado/a	suceder	una ideología

1. El gobierno de EE.UU. organizó _____ de la Bahía de Cochinos.

2. Cuba _____ de España.

3. Fidel Casrtro le pasó _____ del gobierno a su hermano Raúl.

4. Cuba formó _____ con la Unión Soviética.

5. El período de _____ de EE.UU. terminó con la declaración de la República

de Cuba.

6. Los dólares americanos dejaron de ser _____ . En su lugar se usan los pesos

cubanos convertibles.

7. El dictador Fulgencio Batista fue _____ por Fidel Castro.

8. La Unión Soviética _____ misiles nucleares en Cuba.

9. Batista, quien _____ al general Machado, tomó control del gobierno.

B. Usando las oraciones de la Parte A escribe el número de la oración encima del año correspondiente.

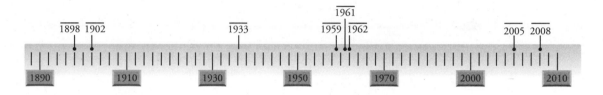

7-5 Verbos importantes. En este capítulo se repasan varios usos del subjuntivo. Escribe los verbos siguientes en la categoría apropiada.

ser dudoso	insistir en	molestar	ser verdad
sentir	ser evidente	aconsejar	ser obvio
creer	no creer	ser seguro	sugerir
preocuparse	ser triste	ser mejor	ser una lástima
estar claro	querer	ser cierto	parecer interesante
ser imposible	recomendar	tener miedo de	ser buena idea

DUDA	CONSEJO	OPINIONES / REACCIONES	CERTEZA

A escuchar

7-6 Una noticia cubana. Escucha esta noticia de un programa de radio de Cuba. Después, completa los pasos a continuación.

A. Completa las oraciones con la información del texto.

1. El viernes pasado se graduaron _____.

2. Una de las metas sociales de la Revolución cubana fue _____

_____.

3. El programa de formación de enfermeros empezó con el propósito de _____

_____.

4. Muchos de los graduados son _____ y participar en el programa les dará

_____.

B. ¿Es favorable el tono de la noticia hacia el régimen de Castro? ¿Cómo lo sabes? _____

_____

_____

_____

_____

GRAMÁTICA

Another Look at the Subjunctive in Noun Clauses

7-7 Cláusulas. Las oraciones de la página siguiente expresan las ideas políticas de varios cubanos exiliados en Miami. Para cada oración, identifica la cláusula principal y la cláusula subordinada según el modelo. Después identifica si la oración expresa duda, consejo, opinión, reacción o certeza.

> **MODELO:**
> Yo creo que al morir Castro se establecerá una democracia en Cuba.
> cláusula principal = **yo creo que**
> cláusula subordinada = **al morir Castro se establecerá una democracia en Cuba**
> ¿Qué expresa? = **certeza**

1. Mi esposo y yo queremos que la dictadura se acabe.

cláusula principal = _____

cláusula subordinada = _____

¿Qué expresa? _____

2. Es imposible que el gobierno de Cuba mejore la economía.

cláusula principal = _____

cláusula subordinada = _____

¿Qué expresa? _____

3. A los cubanos en Miami nos preocupa que el gobierno cubano no nos permita volver a la isla.

cláusula principal = _____

cláusula subordinada = _____

¿Qué expresa? _____

4. Es cierto que en los últimos años siguen viniendo a EE.UU. refugiados políticos.

cláusula principal = _____

cláusula subordinada = _____

¿Qué expresa? _____

7-8 Un extranjero en La Habana

A. Fernando acaba de llegar a La Habana como estudiante y le pregunta a la gente qué sitios debe visitar. Completa las siguientes oraciones con la forma apropiada del verbo.

1. "Yo te aconsejo que _____ (visitar)

   la parte vieja de la ciudad ya que su aspecto es

   claramente colonial".

2. "Yo siempre les recomiendo a los recién llegados que

   _____ (ir) a Santiago de Cuba y

   _____ (visitar) el Castillo del Morro y su

   Museo de Piratería".

3. "Nos parece importante que los extranjeros _____
   (ver) la verdadera vida cubana, por eso les

   recomendamos _____ (pasear)

   por los barrios de la ciudad y _____

   (evitar) las zonas turísticas".

4. "Yo le sugiero que _____ (caminar) por

   el bulevar del Malecón porque el paseo da a las playas y a los rascacielos".

Plaza de la Revolución

B. Un amigo tuyo está pensando visitar La Habana. ¿Recomiendas que vaya o no? ¿Por qué?

_____

_____

_____

_____

7-9 Perspectivas históricas.   ¿Cómo reaccionaron estas personas cuando Castro subió al poder? Completa las siguientes oraciones según el modelo.

> **MODELO:**
>
> la clase alta cubana / tener miedo de que…
> **La clase alta cubana tenía miedo de que el gobierno tomara sus posesiones.**

1. Al presidente John F. Kennedy / no gustar que…

_____

2. El gobierno de la Unión Soviética / estar complacido en que...

3. Los estadounidenses / preocuparse de que...

_____

4. La gente pobre de Cuba / sentir que...

_____

7-10 Hacia el futuro.   ¿Cómo crees tú que será el futuro de la isla? Expresa tu certeza o tus dudas con respecto a estas posibilidades usando expresiones como: **ser (im)posible que, ser (im)probable que, (no) creer que, (no) pensar que, ser dudoso que, (no) ser cierto que,** etc.

> **MODELO:**
>
> EE.UU. pondrá fin al bloqueo económico.
> **Es dudoso que EE.UU. ponga fin al bloqueo económico.**

1. Vendrán a Miami más refugiados políticos cubanos.

_____

2. Con Raúl Castro habrá cambios políticos radicales.

_____

3. El gobierno de Cuba organizará elecciones para elegir a un nuevo presidente.

_____

4. Los prisioneros políticos serán liberados.

_____

5. Con la muerte de Fidel Castro, Cuba volverá a la democracia.

_____

Nombre: _____   Fecha: _____   Clase: _____

7-11 Una reseña. Completa este artículo publicado al día siguiente del último concierto de Gloria Estefan en Miami. Completa los espacios con la forma correcta del verbo.

Gloria Estefan, hoy y siempre

Una vez más Gloria Estefan ha demostrado que su música nunca pasa de moda. Al iniciar el concierto Gloria le pidió a su público que la 1. _____ (acompañar) con las palmas y que 2. _____ (cantar) con ella. La respuesta del público no se hizo esperar. Al ritmo de la música que nos llevó treinta años atrás, Gloria cantó en inglés y en español y era evidente que la gente 3. _____ (estar) muy emocionada. A los que crecimos oyendo la música que hizo famosa a Gloria nos pareció fabuloso que ella y su orquesta 4. _____ (cantar) la canción "Conga" que la hizo popular cuando aún no tenía 20 años. Al terminar cada canción las personas insistían en que 5. _____ (continuar). Me pareció increíble que Gloria no 6. _____ (detenerse) durante la primera hora del concierto y que 7. _____ (bailar) con la misma energía que siempre ha tenido. Es evidente que su estado físico 8. _____ (ser) fenomenal.

En su carrera artística de más de treinta años, Gloria ha vendido más de 70 millones de discos y no hay duda de que la gente 9. _____ (continuar) apoyando su talento. En 1990, después de un grave accidente, todos teníamos miedo de que la carrera de la cubana 10. _____ (llegar) a su fin. Fue sorprendente que 11. _____ (regresar) a los escenarios y que 12. _____ (grabar) un nuevo disco al año siguiente. Con esa motivación que la caracteriza y con nuevos planes de escribir un libro y hacerse actriz, es posible que Gloria 13. _____ (alcanzar) los 100 años llenando estadios con miles de personas que, como en la noche de hoy, insisten en que Gloria 14. _____ (ser) lo mejor de Cuba.

7-12 Tu último concierto. Escribe una reseña breve del último concierto al que asististe. Incluye tus propias reacciones y opiniones además de las de tus amigos y del público en general.

_____
_____
_____
_____
_____
_____

Redacción

7-13 ¿Cuba libre?   Un grupo de países democráticos ha creado un comité para establecer un diálogo con el gobierno de Castro sobre el futuro de la isla.

VOCABULARIO ÚTIL

justificarse	violaciones	sanciones
debilitar	derrotar	generar
derramamiento de sangre	incremento	tensión

A. Eres un/a representante de un país democrático y tu tarea es preparar una lista de objetivos para el futuro de Cuba. Escribe un párrafo con por lo menos tres deseos y explica por qué son importantes.

_____

_____

_____

_____

B. Eres el/la representante cubano/a en el comité. Trabajas para el gobierno de Castro. Escribe un párrafo con una lista de tus propios objetivos para el futuro de Cuba, incluyendo por lo menos tres y explicando el porqué de los mismos.

_____

_____

_____

_____

_____

A escuchar

7-14 Tener una discusión acalorada.

Ramiro y Mónica son estudiantes universitarios de tercer año. Han sido amigos desde la secundaria y tienen un problema debido al trabajo de Mónica como publicista y a la candidatura de Ramiro al senado estudiantil. Escucha la conversación y completa las actividades que aparecen a continuación.

A. ¿Quién lo hizo? Lee las siguientes oraciones y escribe el nombre indicado.

1. _____ le hizo publicidad al adversario de la otra persona.

2. _____ le dice a la otra persona que es muy insegura.

3. _____ es la persona que se siente traicionada.

4. _____ se va a lanzar al senado estudiantil.

5. _____ se enojó cuando vio el logotipo de la empresa de la otra persona en la

publicidad de su adversario.

6. _____ creía que esta oportunidad era un excelente negocio.

7. _____ es la persona que se sintió traicionada hace 4 años.

8. _____ cree que la otra persona tiene doble moral y le falta madurar.

B. A reflexionar. Contesta las siguientes preguntas.

1. ¿Crees que Mónica hizo lo correcto al hacerle publicidad al adversario de su amigo? Explica.

_____

_____

_____

2. ¿Crees que la reacción de Ramiro es exagerada? Elabora.

_____

_____

_____

3. ¿Por qué se siente traicionado Ramiro? ¿Él está siendo justo o no? Explica.

_____

_____

_____

4. ¿Cómo se defiende Mónica de las acusaciones de Ramiro? Da dos razones.

_____

_____

_____

TEMA 2 REPÚBLICA DOMINICANA: RAÍCES DE SU MÚSICA

Vocabulario del tema

7-15 La historia de la isla. Completa el siguiente artículo con las palabras que aparecen a continuación. Asegúrate de conjugar los verbos cuando sea necesario.

enfermedades	Haití	ceder	reorganizar	lograr
univcrsidad	encontrarse	oprimir	taínos	disputa
abuso	fundar	establecerse	exterminar	occidental

La isla de Santo Domingo o La Española

La Española es el nombre con el que se conoce a la isla en la que
1. _____ Haití y La República Dominicana. En esta isla
vivían los indios 2. _____ cuando llegaron los conquistadores
españoles en 1492. Los taínos fueron 3. _____ y eventualmente
fueron casi 4. _____ por completo. Las 5. _____
y el 6. _____ aniquilaron gran parte de esta población indígena.

Bartolomé Colón 7. _____ la capital, Santo Domingo,
en 1496. Al ser la primera colonia española en el Nuevo Mundo, es en esta
isla donde 8. _____ las primeras instituciones culturales
y sociales como la primera Capitanía General, la primera Real Audiencia, la
primera iglesia, la primera catedral, el primer hospital y la primera
9. _____.

En 1697 España le 10. _____ a Francia la parte
11. _____ de la isla, hoy conocida como
12. _____. Por muchos años hubo una 13. _____
entre Francia y España. Finalmente, el general Juan Pablo Duarte, reconocido como
héroe nacional y Padre de la Patria, 14. _____ el terrritorio
dominicano y en 1844 la República Dominicana 15. _____
independizarse de Haití.

7-16 La ocupación estadounidense. Como ya sabes EE.UU. ha ocupado varios países latinoamericanos, entre ellos la República Dominicana, por diferentes razones políticas y económicas.

A. ¿En qué circunstancias debe intervenir EE.UU. en la organización de otros países? Indica en la página siguiente con números del 1 al 5, las circunstancias más importantes.

a. _____ Cuando la economía es inestable y es improbable que pueda recuperarse.

b. _____ Cuando hay una dictadura corrupta y sanguinaria.

c. _____ Cuando el país tiene un líder de izquierda.

d. _____ Cuando hay elecciones fraudulentas.

e. _____ Cuando hay una disputa entre dos facciones del gobierno que resulta en el asesinato del presidente.

B. Eres consejero/a del presidente de Estados Unidos y acabas de recibir un correo electrónico urgente con información importante sobre un país. Lee el correo y escribe un reportaje para el presidente con tus consejos. ¿Debe intervenir EE.UU. o no? ¿Por qué?

✉ **Importante** ▾ ▦ _ □ ✕

Para: _____, consejero/a del Presidente
De: Carlos, un miembro de la CIA
Ref: Importante

Te mando este correo porque aquí hay una crisis económica y política. Como ya se sabe en todo el país, surgió una disputa sobre las últimas elecciones. Se dice que no fueron legales y el rumor se ha extendido por todo el país. El presidente electo, que era de izquierda, fue asesinado anoche y un nuevo partido ha ocupado el gobierno. Su líder se ha proclamado dictador y ha establecido un gobierno de derecha. La gente está protestando y apoyando al gobierno del presidente muerto porque les había prometido reformas económicas que mejorarían el bienestar público. ¿Qué hacemos? Espero recibir instrucciones.

_____

_____

_____

_____

_____

_____

7-17 ¿Recuerdas? Identifica el año en que ocurrieron los siguientes eventos de la historia de la República Dominicana.

1. _____ EE.UU. empezó su segunda ocupación de la isla.   **a.** 1916 a 1924
    b. 1496

2. _____ Se proclamó la independencia de Haití.   **c.** 1960

3. _____ El presidente Joaquín Balaguer introdujo reformas democráticas.

d. 1822

e. 1930 a 1961

f. 1965

4. _____ EE.UU. aportó estabilidad económica durante esta ocupación de la República Dominicana.

5. _____ Dominó la isla el dictador Rafael Leónidas Trujillo.

6. _____ El hermano de Cristóbal Colón fundó Santo Domingo.

A escuchar

7-18 Inmigración dominicana. Escucha la presentación dada por la profesora Tavares y completa las siguientes actividades.

A. Completa el cuadro con la información que falta.

Datos demográficos de Estados Unidos

Año	Habitantes
	4 millones
2008	
2060	

B. Contesta las siguientes preguntas.

1. ¿Cuál es la tasa estimada de crecimiento anual de la población estadounidense en los próximos cincuenta años? _____

2. Según la profesora Tavares, ¿cuántas personas inmigrarán a Estados Unidos en los próximos cincuenta años? _____

3. ¿Qué porcentaje de la población estadounidense es hispana/latina en la actualidad?

_____

4. Para el año 2060, ¿se espera que el porcentaje de la población hispana se duplique, se triplique o se quintuplique? _____

C. Empareja los años de la columna de la izquierda con los números correspondientes.

Población dominicana en Estados Unidos

1. 1960	**a.** alrededor de 1,220,000
2. 1980	**b.** 11,883
3. 2000	**c.** 687,675
4. 2008	**d.** 168,147

D. Completa los datos que faltan sobre algunos inmigrantes dominicanos famosos.

1. Dos beisbolistas famosos son: _____ y _____.

2. _____ escribió las novelas *De cómo las muchachas García perdieron el acento* y *En el tiempo de las mariposas.*

3. El diseñador _____ también es dominicano.

4. Johnny Pacheco es considerado el padrino de _____.

GRAMÁTICA

The Subjunctive in Adjective Clauses

7-19 La gente habla.   ¿Qué quería la gente al terminar la dictadura de Trujillo? Lee las siguientes oraciones e identifica el antecedente y después explica si es un antecedente conocido o desconocido.

> **MODELO:**
>
> Buscábamos un líder que hiciera reformas democráticas.
>
> ¿Antecedente? = _____**un líder**_____
>
> ¿Conocido o no? = _____**desconocido**_____

1. Preferíamos un gobierno que no fuera vulnerable a la corrupción.

¿Antecedente? = _____

¿Conocido o no? = _____

2. Nos gustó la estabilidad económica que aportó EE.UU. durante la ocupación.

¿Antecedente? = _____

¿Conocido o no? = _____

3. El pueblo quería elecciones que no fueran fraudulentas.

¿Antecedente? = _____

¿Conocido o no? = _____

4. La gente apoyaba las reformas que ayudaban a crear trabajos.

¿Antecedente? = _____

¿Conocido o no? = _____

7-20 Promesas políticas para el futuro. El nuevo candidato presidencial de la República Dominicana está preparando un discurso para presentar su visión del futuro gobierno del país.

A. Conjuga los verbos entre paréntesis y luego marca con una ✔ las tres ideas más importantes que crees que debe incluir.

Yo quiero un gobierno que...

❑ (establecer) _____ programas para promover el turismo.

❑ (eliminar) _____ la corrupción a nivel nacional y local.

❑ (proteger) _____ los intereses del pueblo, especialmente los servicios médicos para los niños.

❑ (reorganizar) _____ el sistema electoral para evitar que haya fraude.

❑ (promover) _____ la cultura del país, por ejemplo, la importancia del merengue.

❑ (crear) _____ nuevos trabajos para bajar el nivel de desempleo.

B. Explica brevemente el porqué de tu selección.

_____

_____

_____

_____

7-21 La música popular. Varios estudiantes van a salir a un club el fin de semana que viene.

A. Antes de decidir a qué lugar irán hablan de sus preferencias. Escribe las oraciones con la información dada.

MODELO:

A mí / gustar / las discotecas / estar en el centro

A mí me gustan las discotecas que están en el centro.

1. A Marisa / gustarle las canciones / tocar Juan Luis Guerra

_____

2. Fernando y Luis / querer bailar en un club / tener música *rap* o *hip-hop*

_____

3. Aurelia / buscar una banda / ser local

_____

4. Marcos / necesitar ir a un sitio / abrir después de las 11:00 de la noche

_____

B. ¿Qué preferencias tienes tú? En tu descripción incluye el tipo de música, el tipo de club y el ambiente que prefieres usando verbos como **buscar, querer, preferir** o **necesitar.**

_____

_____

_____

_____

_____

_____

C. Te encuentras los siguientes anuncios en el campus de tu universidad. Usando la información y las preferencias de los estudiantes de la Parte A indica dónde deben ir. Recuerda usar el subjuntivo con verbos que expresan recomendaciones.

El Club de ritmos dominicanos
los invita a. . .
un concurso de merengue
Vengan vestidos para bailar e impresionar el viernes *20 de marzo* a las 10:00 de la noche.
El concurso empezará a las 10:30 y durará hasta encontrar a los mejores bailarines
de merengue. No es necesario venir con pareja. Entrada: $10.00

STUDIO 54

Presentamos este viernes una explosión de música con las mejores
bandas locales de HIP-HOP, RAP y ROCK & ROLL.
Las puertas se abrirán a las 12:00 y la fiesta de baile y música durará hasta
la madrugada. Vengan a conocer a los mejores músicos, cantantes y
bailarines de nuestra ciudad.

1. Marisa: _____

2. Fernando y Luis: _____

3. Aurelia: _____

4. Marcos: _____

5. Tú: _____

Redacción

7-22 Las canciones de protesta.   En tu libro de texto has leído la letra de la canción "El costo de la vida" de Juan Luis Guerra. ¿Conoces alguna canción que tenga un mensaje político o que sea de protesta? Elige una canción y describe qué critica y por qué.

_____

_____

_____

_____

A escuchar

7-23 Usar gestos para comunicarse.

A. Mira los dibujos siguientes y al escuchar la grabación empareja cada descripción con la ilustración correspondiente. Puede haber más de una respuesta.

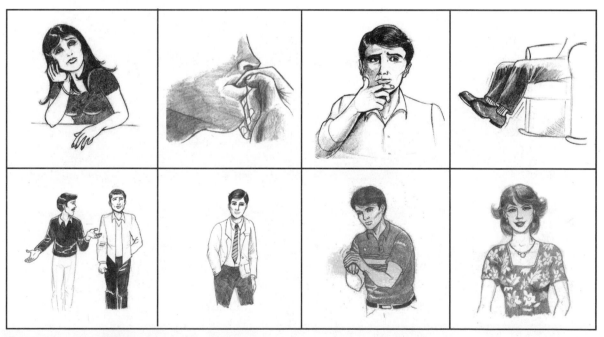

B. Contesta las siguientes preguntas.

1. ¿Cuál es uno de los aspectos más importantes en la comunicación?

_____

_____

2. ¿Cuál de los gestos/acciones mencionados pueden ser inaceptables en la cultura hispana?

_____

_____

3. ¿Quiénes requieren más distancia para sentirse cómodos al hablar, un par de estadounidenses o un par de hispanos? ¿Por qué?

_____

_____

4. ¿Qué puede indicar una persona que se frota las manos?

_____

_____

TEMA 3   PUERTO RICO: ENCONTRANDO SU IDENTIDAD

Vocabulario del tema

7-24 La historia puertorriqueña. Identifica la definición correcta de cada palabra.

1. _____ dificultar   **a.** formado por elementos de distinto origen

2. _____ el sueldo   **b.** complicar

3. _____ híbrido/a   **c.** el salario

4. _____ anulado/a   **d.** desautorizado/a

5. _____ rebelarse   **e.** desobedecer

6. _____ beneficiar   **f.** favorecer

7-25 Estado Libre Asociado. Lee las siguientes oraciones sobre los derechos que los puertorriqueños tienen gracias a su asociación política con Estados Unidos. Usando el contexto y lo que has aprendido, explica el significado de las palabras o expresiones en negrita. Luego, indica si cada oración es verdadera (**V**) o falsa (**F**). Finalmente corrige las oraciones falsas.

1. _____ Los puertorriqueños tienen derecho a recibir **asistencia social** a través del programa de cupones para alimentos.

asistencia social = _____

¿Corrección? _____

2. _____ Los puertorriqueños no pueden servir en el **ejército** de Estados Unidos.

ejército = _____

¿Corrección? _____

3. Los puertorriqueños que residen en la isla no tienen derecho a votar en las elecciones presidenciales pero sí eligen a sus **representantes** en el gobierno local.

representantes = _____

¿Corrección? _____

4. Como **ciudadanos** estadounidenses, los puertorriqueños tienen el derecho a ir y venir entre Estados Unidos y la isla.

ciudadanos = _____

¿Corrección? _____

5. Los puertorriqueños están obligados a pagar **impuestos** federales pero no pagan impuestos al gobierno de Puerto Rico.

impuestos = _____

¿Corrección? _____

6. Los puertorriqueños tienen **autonomía** para escribir su constitución.

autonomía = _____

¿Corrección? _____

7-26 Posibilidades futuras. Con las palabras a continuación, completa los siguientes párrafos que resumen las tres posturas respecto al futuro de la isla. Numera cada palabra por orden de aparición.

gobernarse _____   red _____   servir _____

mantener _____   anulación _____   votar _____

abandonar _____   autonomía _____

beneficios _____   ciudadanos _____

OPCIÓN 1 **Estadidad**	OPCIÓN 2 **Estado Libre Asociado**	OPCIÓN 3 **Independencia**
EE.UU. ya debe **1.** _____ su política colonialista y dar a la gente de Puerto Rico los mismos derechos de otros **2.** _____ de EE.UU. Queremos el derecho a **3.** _____ en las elecciones ya que muchos puertorriqueños optan por **4.** _____ en el ejército.	Según esta postura las ventajas del ELA son obvias, como la fuerte economía con su **5.** _____ de industrias, comercios y servicios. Además los habitantes tienen ciertos **6.** _____ importantes, como los servicios sociales. Entonces la mejor opción para el futuro es **7.** _____ el estatus tal como está.	Los puertorriqueños quieren la oportunidad de **8.** _____ a sí mismos sin la interferencia de EE.UU. Como estado o como Estado Libre Asociado nunca tendrán su **9.** _____ cultural ni social. La influencia de EE.UU. es equivalente a la **10.** _____ de su identidad que debe preservarse para el futuro.

7-27 ¿Recuerdas? Identifica la relevancia de la siguiente información histórica sobre los lugares, personajes o momentos incluidos en la lista.

1. Ponce de Léon

    a. estableció Puerto Rico como territorio español en 1493.

    b. se estableció en la isla en 1502.

    c. descubrió la isla en 1494.

2. Los piratas y bucaneros

   a. formaron parte de las expediciones inglesas y holandesas.

   b. se rebelaron contra los españoles.

   c. codiciaron la isla porque querían ocuparla.

3. San Felipe del Morro y San Cristóbal

   a. son fuertes construidos por los españoles.

   b. son dos santos que convirtieron a los indígenas al catolicismo.

   c. son los nombres de dos barcos de los piratas.

4. 1898

   a. El año en que se construyó el puerto de San Juan.

   b. El año en que España le cedió Puerto Rico a EE.UU.

   c. El año en que los holandeses atacaron la isla.

5. La Ley Jones

   a. convirtió a todos los puertorriqueños en ciudadanos estadounidenses.

   b. fue el nombre del tratado que firmaron EE.UU. y España después de la Guerra Hispano-Estadounidense.

   c. convirtió a todos los puertorriqueños en ciudadanos españoles.

6. con la Constitución de 1952,

   a. Puerto Rico se convirtió en territorio anexionado de EE.UU.

   b. se dio independencia a la isla.

   c. se estableció la isla oficialmente como Estado Libre Asociado.

A escuchar

7-28 Una conversación por teléfono. Escucha la conversación entre Juan y su novia Cristina y contesta las preguntas a continuación.

A. Primero identifica los lugares que se muestran. Después, indica cuándo hicieron Cristina y sus dos amigas las actividades siguientes.

1. ＿＿＿＿＿＿＿＿＿＿＿＿＿＿＿＿＿＿＿＿＿＿＿＿＿＿＿

2. _____

3. _____

4. _____

5. _____

6. _____

B. Cristina le menciona a Juan sus impresiones y reacciones sobre los sitios visitados. ¿Qué dice específicamente de cada lugar?

1. El Castillo del Morro: _____

_____

2. Los artistas: _____

_____

3. La gente: _____

_____

4. El parque El Yunque: _____

GRAMÁTICA

One More Look at the Indicative and Subjunctive Moods

7-29 Las cláusulas.   Lee las siguientes oraciones sobre Puerto Rico. Identifica primero si la cláusula es sustantiva o adjetival y segundo si habla del presente, el pasado o el futuro.

> A los españoles les molestó que los puertorriqueños se rebelaran en 1868.
>
> ¿Cláusula? = ___**sustantiva**___
>
> ¿Tiempo? = ___**pasado**___

1. Fue sorprendente que eligieran a Sila M. Calderón como gobernadora de Puerto Rico en 2000.

¿Cláusula? = _____

¿Tiempo? = _____

2. Muchos turistas quieren visitar el Castillo del Morro que rodea la ciudad de San Juan.

¿Cláusula? = _____

¿Tiempo? = _____

3. Creo que la renta per cápita de Puerto Rico es la más alta de Latinoamérica.

¿Cláusula? = _____

¿Tiempo? = _____

4. Muchos habitantes de la isla buscan un gobierno que tenga independencia total de EE.UU.

¿Cláusula? = _____

¿Tiempo? = _____

5. Es posible que en los próximos años más puertorriqueños se muden a Nueva York.

¿Cláusula? = _____

¿Tiempo? = _____

7-30 Una cultura híbrida

A. Lee el párrafo siguiente sobre las experiencias de María, una puertorriqueña que ha vivido varios años en EE.UU. Completa el párrafo con la forma apropiada del verbo en el indicativo, infinitivo, presente o imperfecto del subjuntivo.

Yo vine a EE.UU. hace dos años porque buscaba una universidad que **1.** _____

(ofrecer) un programa de pre medicina. Quiero **2.** _____ (graduarse) en

cinco años más y volver a Puerto Rico. Antes de salir de la isla mi madre me pidió que

3. _____ (mantenerse) fiel a mi cultura hispana, y también me dijo que le preocupaba

que yo **4.** _____ (olvidar) mi español. Creo que olvidar la lengua materna

5. _____ (ser) un problema para la gente puertorriqueña que tiene hijos nacidos en

Estados Unidos. Me parece triste que muchos inmigrantes no **6.** _____ (mantener)

el idioma que es una parte tan importante de nuestra cultura. A mí me gusta mucho

7. _____ (vivir) en Nueva York y si un día vivo en esa ciudad permanentemente

espero que mis hijos **8.** _____ (ser) totalmente bilingües y biculturales. Mi esposo

es puertorriqueño también y estoy segura de que él **9.** _____ (estar) de acuerdo

conmigo. Al terminar mis estudios buscaremos trabajos que nos **10.** _____ (permitir)

vivir bien y viajar frecuentemente a la isla para mantenernos fieles a nuestras tradiciones y nuestra cultura.

B. Escribe tres recomendaciones para María para ayudarla a mantenerse fiel a sus orígenes. Usa expresiones como: **ser importante que, recomendar que,** etc. más el subjuntivo.

1. _____

2. _____

3. _____

7-31 Un/a compañero/a de viaje. Has ganado un viaje gratis a Puerto Rico para dos personas. Todos tus amigos quieren acompañarte, pero sólo puedes elegir a uno/a. Antes de tomar tu decisión final decides preparar una lista de características importantes.

A. De las características siguientes indica las que son esenciales.

☐ ser aventurero/a   ☐ gustar emborracharse

☐ no fumar   ☐ ser guapo/a

☐ hablar español   ☐ gustar la playa

☐ saber cómo divertirse   ☐ gustar visitar museos

¿Otras? _____

_____

B. Escribe una breve descripción de lo que buscas en tu compañero/a de viaje, usando la lista de características de la Parte A. Usa verbos como **preferir, querer, necesitar, buscar,** etc. y el subjuntivo cuando sea apropiado.

MODELO:

> **Busco a un compañero de viaje que sea aventurero.**

_____

_____

_____

_____

7-32 Unas vacaciones desastrosas.   Unos estudiantes fueron a Puerto Rico de vacaciones. Desafortunadamente todo salió mal, incluso las fotos porque se les cayó la cámara al mar. Ayúdales a interpretar lo que está pasando en cada foto usando expresiones de certeza, duda, opinión o reacción más el subjuntivo cuando sea apropiado.

1. _____

   _____

2. _____

   _____

3. _____

_____

7-33 Un nuevo voto.   Como ya sabes, en 1998 los puertorriqueños votaron para decidir su estatus político futuro. Ahora el gobierno ha decidido repetir el voto. Trabajas para los partidarios de una de las opciones (elige una: Estado Libre Asociado, la estadidad o la independencia). Tu trabajo es escribir, en la página siguiente, un texto persuasivo para su página web para convencer a la gente de que tu opción es la mejor. Recuerda usar el subjuntivo cuando sea necesario.

VOCABULARIO ÚTIL		
los derechos	el desempleo	invertir
apoyar	la intervención	justificar
las libertades	los impuestos	gobernar
interactuar	beneficiar	dificultar

El futuro de Puerto Rico

http://

_____
_____
_____
_____
_____
_____
_____

Visita nuestro

CHAT

Comentarios/opiniones

A escuchar

7-34 Aclarar un malentendido y reaccionar

Sandra y Patricia han sido muy buenas amigas desde que eran niñas. Patricia estaba muy enojada con Sandra e hizo unos comentarios negativos sobre ella. Escucha la conversación y contesta las preguntas que aparecen a continuación.

A.

1. ¿Por qué discuten Sandra y Patricia? _____

_____

2. ¿Quién es Andrés? _____

_____

3. ¿Qué le molestó a Patricia? _____

_____

4. ¿Qué le molestó a Sandra? _____

_____

5. ¿Aclaran el malentendido? ¿Cómo? _____

_____

6. ¿Crees que Patricia va a pasar más tiempo con su amiga Sandra? _____

_____

7. ¿Qué le recomiendas a Sandra que haga? _____

_____

8. ¿Cambia la relación que tienes con tus amigos cuando estás saliendo con alguien?

Explica. _____

_____

B. Describe un malentendido que hayas tenido con alguien y explica cómo lo solucionaste.

_____

_____

_____

_____

_____

TEMA 4   VENEZUELA: DIVERSIDAD DE PAISAJES

Vocabulario del tema

7-35 Curiosidades

A. Encierra en un círculo los antónimos de las siguientes palabras.

1. ocupar = abandonar, habitar, asociar

2. enemigos = oponentes, proveedores, aliados

3. quitar = tomar, designar, proveer

4. defender = acusar, preservar, producir

5. ciudad = suburbio, aldea, mar

6. apoyar = favorecer, tener confianza, derrocar

B. Resuelve este crucigrama usando los antónimos identificados en la Parte A y leyendo las pistas que aparecen abajo.

HORIZONTAL	VERTICAL
1. personas, países, estados o ejércitos que se han unido a otros para alcanzar el mismo fin 4. destituir de un cargo político haciendo uso de la fuerza	1. dejar un lugar o a una persona 2. pueblo pequeño 3. suministrar lo necesario 5. sinónimo de delatar o denunciar

Nombre: _____   Fecha: _____   Clase: _____

C. Ahora, vas a hacer lo contrario. Vas a publicar un crucigrama para la gente de tu clase. Tienes las soluciones y necesitas escribir las definiciones para cada palabra. No puedes usar antónimos.

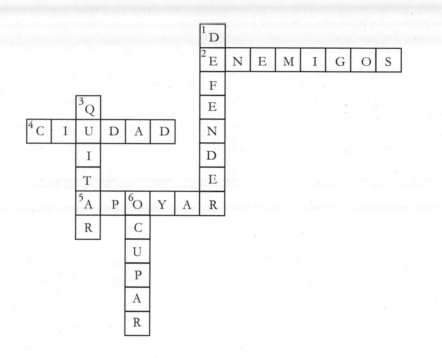

HORIZONTAL	VERTICAL
2. _____	1. _____
_____	_____
4. _____	3. _____
_____	_____
5. _____	6. _____
_____	_____

7-36 ¿Recuerdas?   Completa las siguientes oraciones con el personaje o grupo histórico apropiado. Después ordena las oraciones cronológicamente, usando números del 1 al 8.

españoles	Pérez Jiménez
algunas teorías	Juan Vicente Gómez
las tribus indígenas	Carlos Andrés Pérez
Huracán Chávez	exploradores

a. _____ Durante la época colonial muchos _____ fueron a Venezuela para buscar perlas.

b. _____ Durante el gobierno de _____ Hugo Chávez intentó dar un golpe de estado aunque no tuvo éxito.

c. _____ Según _____, se le dio al país el nombre *Venezuela* porque asociaron las aldeas de palafitos con la ciudad italiana de Venecia.

d. _____ El dictador _____ cambió la constitución para hacer legítima su permanencia en el poder.

e. _____ A los _____ no les interesaba mucho Venezuela y por eso su rey, Carlos V, les dio a los banqueros alemanes permiso para explotarla.

f. _____ Los seguidores del presidente actual le han dado el nombre de _____ por su carácter apasionado.

g. _____ Desde que terminó el mandato de _____ Venezuela ha tenido un sistema democrático.

h. _____ _____ que habitaban el territorio de Venezuela se dedicaban a la agricultura y la pesca.

Redacción

7-37 Un parque en peligro. El gobierno estadounidense está pensando en vender la tierra de uno de los parques nacionales (elige uno) a una compañía privada para construir edificios. Escribe una breve carta a tu representante federal pidiendo la protección del parque o defendiendo su venta. Puedes usar información que has aprendido sobre Venezuela para apoyar tus argumentos.

Estimado/a señor/a:

_____

_____

_____

_____

_____

_____

_____

_____

_____

A escuchar

7-38 Una excursión a Venezuela. Has decidido participar en una de las excursiones a Canaima. Escucha la información y después contesta las preguntas a continuación.

A. Orientación.

1. ¿Quién es el narrador?

   a. un guía turístico

   b. un empleado de un hotel

   c. un estudiante estadounidense

2. ¿Dónde da su presentación?

    a. en una clase para niños

    b. en el parque de Canaima, Venezuela

    c. en un autobús en México

3. ¿A quién/es dirige sus comentarios?

    a. a los participantes de la excursión a Canaima

    b. a los productores de petróleo

    c. a un grupo de científicos

4. ¿Cuál es el propósito de su presentación?

    a. enseñar a los niños sobre el medio ambiente

    b. pedir dinero para proteger el parque

    c. orientar a los participantes de la excursión

B. Ideas principales. Marca con una ✔ la información incluida en la presentación.

    1. ☐ información personal

    2. ☐ información sobre los otros viajeros

    3. ☐ una historia breve de los indígenas

    4. ☐ información sobre los colonizadores

    5. ☐ una historia breve de la dictadura de Juan Vicente Gómez

    6. ☐ un resumen de la política y la economía

    7. ☐ detalles sobre el parque

    8. ☐ recomendaciones para los visitantes

C. Detalles importantes. ¿Son las siguientes oraciones verdaderas (**V**) o falsas (**F**)? Si son falsas, corrígelas.

1. _____ La persona que habla es un estudiante de etnobiología.

    ¿Corrección? _____

2. _____ Para los colonizadores españoles fue difícil viajar por el país para ocuparlo.

    ¿Corrección? _____

3. _____ Hoy en día no hay grupos indígenas en el país.

    ¿Corrección? _____

4. _____ El país tiene enormes recursos naturales como el petróleo.

    ¿Corrección? _____

5. _____ El parque no tiene mucha variedad de animales ni de plantas.

    ¿Corrección? _____

6. _____ El Salto Ángel no es muy alto en comparación con las cataratas del Niágara.

    ¿Corrección? _____

D. Aplicación. Al final de su presentación la persona que habla da varias recomendaciones.

   1. Escribe dos de sus consejos: _____

    _____

    _____

   2. Basándote en lo que sabes del parque, escribe dos recomendaciones más:

    _____

    _____

    _____

E. Atención a los verbos. Completa las siguientes oraciones con el verbo apropiado de la lista en su forma correcta.

ser	tener	graduarme	destruir	dedicarme

   1. Espero _____ dentro de dos años y _____ a la conservación

    de los recursos naturales de mi país.

   2. Creo que _____ nuestra responsabilidad proteger el medio ambiente.

   3. Es posible que _____ la oportunidad de apreciar estas especies.

   4. Pedimos que la gente no _____ más bosques.

Más allá de las palabras

Redacción

7-39 La copa mundial de fútbol.   FIFA, la asociación que organiza la copa mundial, busca al país anfitrión de la próxima copa mundial. Aquí está parte del anuncio que la asociación ha publicado con la lista de cualidades que busca:

Buscamos un país que…

❏ tenga un gobierno estable.

❏ ofrezca otros sitios de interés o actividades interesantes para los turistas, como museos o parques.

❏ tenga una economía estable y fuerte. Es importante que el país tenga suficientes recursos económicos para la construcción de parques y hoteles, por ejemplo.

❏ se beneficie de la atención mundial que acompaña a la responsabilidad de ser país organizador. Ese país obviamente recibirá beneficios económicos de nuestra agencia y por la presencia de tantos turistas.

Trabajas para un comité de Cuba, la República Dominicana, Puerto Rico o Venezuela (elige uno) y tu responsabilidad es escribir una carta a la agencia para convencerla de que tu país es el mejor candidato. Incorpora en tu carta, en la página siguiente, información política, económica, turística, etc. para responder al anuncio. Recuerda usar el subjuntivo cuando sea apropiado.

Estimada Asociación:

_____

_____

_____

_____

_____

_____

_____

_____

_____

_____

_____

_____

_____

_____

_____

El escritor tiene la palabra

En esta sección tendrás la oportunidad de aprender más sobre la poesía y aplicar este conocimiento al poema "No sé por qué piensas tú" de tu libro de texto.

7-40 La estructura de un poema.   Lee las definiciones siguientes que te ayudarán a entender la estructura de un poema. Después, contesta las preguntas sobre el poema de Nicolás Guillén.

Los versos: Son las líneas de un poema.

La estrofa: Es una agrupación de versos que normalmente se separa visualmente.

La rima: Es la repetición de sonidos similares que normalmente ocurre al final de cada verso. Por ejemplo, las palabras *melón* y *pantalón* repiten el sonido –**lón**.

El metro: El metro es similar a la rima de las letras de una canción. Se refiere a la repetición del énfasis sobre ciertas sílabas en un verso.

El verso libre: Es un poema que no tiene rima, sus versos tienen extensiones irregulares y tiene un metro irregular.

1. ¿Cuántas estrofas hay en el poema que has leído en tu libro?

2. ¿Cuántos versos tiene cada estrofa? _____

3. ¿Es posible identificar una estructura en el número de versos de cada estrofa?

_____

4. ¿Tiene el poema rima o se caracteriza por el verso libre? _____

7-41 La poesía lírica. Este tipo de poesía transmite los sentimientos del autor. El poeta intenta afectar emocionalmente al lector mediante la rima, el ritmo, las repeticiones o las imágenes. Por eso no sólo es necesario leer el poema, sino también oírlo. Antes de contestar las preguntas a continuación, lee en voz alta el poema "No sé por qué piensas tú".

1. ¿Qué emociones te provoca el poema? Marca todos los adjetivos apropiados:

❒ enojo ❒ confusión

❒ felicidad ❒ tristeza

❒ tranquilidad ❒ descontento

❒ preocupación ❒ humor

2. Uno de los elementos importantes de repetición en el poema es el uso de *yo* y *tú*.

a. Primero enciérralos en un círculo cada vez que aparecen en el poema.

b. ¿A quién se refiere *tú*? _____ ¿A quién se refiere *yo*? _____

c. Pensando en los temas centrales del poema y en las emociones que provoca, ¿por qué usa el

poeta esta repetición? _____

_____

_____

7-42 Mi diario literario. Escribe tu reacción personal al poema. Teniendo en cuenta lo que ya sabes de la poesía explica las emociones que te ha provocado y qué técnicas usa el poeta para transmitirlas.

_____

_____

_____

_____

_____

_____

_____

_____

_____

_____

7-43 Mi propio poema. Es este capítulo has leído sobre un poeta que incorpora en su obra una protesta. Ahora vas a escribir un poema, en la página siguiente, en el que criticas un problema social o político estadounidense. Usarás el formato de un *cinquain,* palabra francesa que significa poema de cinco versos. Para hacerlo, sigue las instrucciones dadas.

Título

Primera línea: Identifica con un sustantivo el problema social o político.

    EJEMPLO: pobreza

Segunda línea: Describe el efecto emocional que tiene el problema con dos adjetivos.

    EJEMPLO: infeliz, inquieto

Tercera línea: Con tres palabras describe una acción futura para resolver el problema. Es necesario que una de las palabras sea un verbo.

    EJEMPLO: crear más trabajos

Cuarta línea: En cuatro palabras describe algo que impide la solución.

    EJEMPLO: la economía está débil

Quinta línea: En una palabra, un sustantivo o un adjetivo, describe la emoción provocada por la solución.

    EJEMPLO: esperanza

Tu poema:

_____ _____

_____

_____

_____

_____

_____

Para escribir mejor

El adjetivo

El **adjetivo** en español modifica al sustantivo para calificarlo o determinarlo. Hay concordancia en género y número entre el adjetivo y el sustantivo.

> EJEMPLOS:　　un país **aislado**
> 　　　　　　las canciones **melodiosas**

La posición del adjetivo

A. Los adjetivos que siguen el sustantivo se llaman **adjetivos calificativos** o **descriptivos.** Indican una calidad particular del sustantivo que lo diferencia de otros miembros del grupo de sustantivos.

> EJEMPLO:　　la familia **cubana** (vs. la familia venezolana)

1. Normalmente se incluyen en este grupo los adjetivos que se refieren a nacionalidades, grupos sociales o políticos, profesiones, religiones, formas, posiciones y colores.

> EJEMPLOS:　　la Casa **Blanca**
> 　　　　　　el dictador **marxista**
> 　　　　　　el padre **católico**

2. También los adjetivos compuestos o modificados por adverbios siguen al sustantivo.

> EJEMPLO:　　una economía **muy mala**
> 　　　　　　una historia **llena de disputas**

B. Los adjetivos que preceden al sustantivo se llaman **adjetivos determinativos** o **restrictivos**.

1. Normalmente se incluyen en este grupo los numerales, los demostrativos, los posesivos, los indefinidos y los adjetivos que expresan respeto.

EJEMPLOS: **dos** canciones
estos países
sus admiradores
algunos hoteles
el **distinguido** presidente

C. Hay adjetivos que pueden seguir o preceder al sustantivo pero su significado cambia según su posición.

EJEMPLOS: el **pobre** niño (*the unfortunate child*)
el niño **pobre** (*the poor child*)
la **vieja** amiga (*the long-standing friend*)
la amiga **vieja** (*the old / elderly friend*)
una **gran** ciudad (*a great / splendid city*)
una ciudad **grande** (*a big city*)

Apócope de algunos adjetivos

A. Los adjetivos **bueno, malo, primero, tercero, alguno, ninguno** y **uno** pierden la –o cuando preceden a un sustantivo masculino singular.

EJEMPLOS: un **buen** presidente   (vs. una **buena** presidenta)
el **tercer** período   (vs. la **tercera** época)
un ciudadano   (vs. **una** ciudadana)

B. Uno pierde la –o delante de un sustantivo masculino.

EJEMPLOS: **veintiún** intentos   (vs. veintiuna tentativas)
sesenta y un dominicanos (vs. sesenta y una dominicanas)

C. Se usa **cien** en vez de **ciento** delante de cualquier sustantivo.

EJEMPLOS: **cien** catedrales
cien hospitales

También se usa **cien** delante de **mil** y **millones** pero no delante de otros números.

EJEMPLOS: **cien** mil habitantes   (vs. ciento cuatro indios)

D. Con nombres masculinos se usa **San** en vez de **Santo** con la excepción de los nombres que comienzan con **To-** y **Do-**.

EJEMPLOS: **San** Isidro
Santo Tomás
Santo Domingo

E. Cualquiera pierde la –**a** delante de cualquier sustantivo.

EJEMPLO: **cualquier** rancho

7-44 Práctica.   Escribe la forma correcta del adjetivo según el sustantivo dado.

1. (Santo)   _____ Domingo

                         _____ Cristóbal

                         _____ Pablo

2. (cualquiera)   _____ teoría

                         _____ derecho

                         _____ habitante

3. (bueno)   _____ gobierno

                         _____ institución

4. (alguno)   _____ playa

                         _____ monumento

                         _____ comercios

7-45 Práctica.   Escribe con palabras los números siguientes.

1. 100 soldados = _____

2. 155 fortalezas = _____

3. 51 guerras = _____

4. 100,000 residentes = _____

La concordancia con sustantivos que empiezan con *a* o *ha*

En general los artículos y los adjetivos concuerdan en número y género con el sustantivo al que modifican. Una excepción importante a esta regla son las palabras femeninas singulares que empiezan con **a** o **ha** y que tienen el acento tónico u ortográfico en la primera sílaba. Con estas palabras se usa el artículo masculino para evitar la repetición del sonido **a** pero se usa el adjetivo femenino. En el plural no hay repetición, por eso se usa el artículo femenino plural.

EJEMPLOS: **el** arma   **un** arma   **las** armas   **unas** armas
             el hacha   **un** hacha   **las** hachas   **unas** hachas
             el águila   **un** águila   **las** águilas   **unas** águilas
             majestuosa   majestuosa   majestuosas   majestuosas

7-46 Práctica.   Completa las oraciones siguientes con la forma apropiada del artículo o el adjetivo.

1. _____ (los, las) alas del ave _____ (gigantesco, gigantesca) se rompieron en el accidente.

2. _____ (el, la) aula de la clase de ciencias políticas es _____ (pequeño, pequeña).

3. Según la tradición del Día de los Muertos _____ (los, las) almas de los familiares muertos vuelven el 31 de octubre.

4. _____ (el, la) hacha _____ (viejo, vieja) es de la época de los romanos.

Para pronunciar mejor

s z + a,o,u   c + e,i

- These three consonants represent exactly the same **s** sound as in *professor*.
- Students may mistakenly pronounce the **s** sound of *president* or *zip* in words that are similar in both languages and words written with the letter **z.**

7-47   Listen to the recording and repeat the following English / Spanish pairs.

1. *pose* pose
2. *reason* razón
3. *residence* residencia
4. *president* presidente
5. *present* presente
6. *reservation* reservación
7. *physical* físico
8. *vocalize* vocalizar
9. *visit* visita
10. *music* música

7-48   Listen to the recording and repeat.

1. zapato
2. cazar
3. cocina
4. casa
5. caza
6. lápiz

7. lápices

8. necesitar

9. Venezuela

10. zorro

7-49 Listen to the recording and repeat.

1. Esa cocina necesita un cocinero.

2. El zapato de Celina está en Venezuela.

3. La naturaleza tiene animales de una sola cabeza.

7-50 Trabalenguas. Repeat after you hear this tonge twister. Repeat it until you can recite the tongue twister without stopping.

Incondicionalmente se acondicionó

a las condiciones que le condicionaban,

y bajo esta condición,

consideró la ocasión,

de descondicionarse incondicionalmente

de las condiciones que le condicionaban.

CAPÍTULO

8 Centroamérica: Mirada al futuro sin olvidar el pasado

TEMA

TEMA 1 GUATEMALA: LO MAYA EN GUATEMALA

Vocabulario del tema

8-1 La geografía de Guatemala. En este tema vas a conocer varios lugares importantes de la Guatemala antigua y contemporánea. Usando las expresiones a continuación contesta las preguntas.

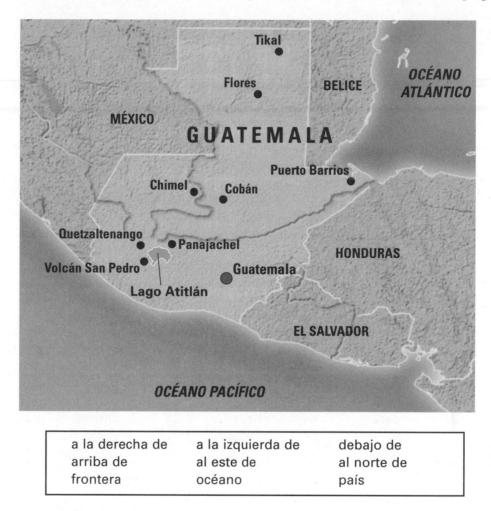

a la derecha de	a la izquierda de	debajo de
arriba de	al este de	al norte de
frontera	océano	país

1. ¿Dónde está Guatemala?

_____

_____

_____

_____

2. ¿Dónde está la ciudad de Guatemala en relación a Tikal?

_____

_____

_____

_____

3. ¿Dónde está el pueblo de Panajachel en relación al lago Atitlán?

_____

_____

_____

_____

4. ¿Dónde está Chimel en relación al volcán San Pedro?

_____

_____

_____

_____

8-2 La civilización maya.   Eres un/a estudiante de arqueología que estudia la cultura maya. Completa este resumen de su civilización con la palabra apropiada de la lista. Cuidado con la concordancia de los adjetivos y la conjugación de los verbos.

majestuoso/a	medir	superar
extenderse	corteza	cifras
montañoso/a	cálculos	conflictos
numérico/a	exactitud	población
inscripciones	colapso	signo

La civilización maya **1.** _____ a través de México, Belice y Honduras, cubriendo

una variedad de áreas geográficas, como las zonas **2.** _____ y costeras. Durante

su período clásico (300–900 d. C.) su mayor centro urbano fue Tikal, una ciudad con templos y

palacios **3.** _____. En sus monumentos los mayas dejaron muchas

4. _____, o mensajes jeroglíficos como figuras humanas y animales. También

usaron la **5.** _____ de los árboles como papel para escribir sus mensajes. Esos

mensajes eran de tipo religioso y también representaban sus **6.** _____

matemáticos. Los mayas desarrollaron un sistema **7.** _____ muy complejo

basado en puntos y barras que usaban no sólo para calcular sino también para

8. _____ el tiempo. Su calendario superaba en 9. _____ al calendario europeo en aquellos tiempos. La cultura maya desapareció alrededor del año 900 pero los arqueólogos no han podido explicar el motivo del 10. _____ de su civilización.

8-3 Un descubrimiento misterioso. Después de terminar tu clase de arqueología estás participando en un programa de estudio en Tikal, Guatemala. En uno de los templos descubres una figura humana nueva. Usando tu imaginación y el vocabulario describe, en la página siguiente, quién es la persona de la figura, cómo es y qué lleva puesto. Usa el vocabulario de la lista, en la página siguiente, para ayudarte a preparar tu descripción.

Las partes del cuerpo	Adjetivos	Adornos	Materiales
la piel	plano/a	el puente nasal	la pirita
la cabeza	alargado/a	el sombrero	el jade
la frente	redondo/a	el atuendo	las conchas
los ojos	bizco	el tatuaje	la madera
el cráneo	oscuro/a	las perforaciones	la piel de jaguar
la estatura	bajo/a; mediano/a; alto/a	las joyas	las plumas
la nariz		la pintura	
los dientes	elegante	el tocado	
los labios		las sandalias	

_____

_____

_____

_____

_____

_____

_____

_____

_____

_____

8-4 La inestabilidad política. Desde su independencia en 1821 hasta finales del siglo XX la política de Guatemala ha estado caracterizada por la inestabilidad. Tú eres un líder guatemalteco y tu responsabilidad es lograr la estabilidad social y política. Prepara un reportaje sobre qué harás, siguiendo los pasos a continuación.

A. Primero, decide qué problemas tienen más prioridad. En la lista a continuación indica con números del 1 al 6 el orden de importancia de los problemas (1 = más importantes; 6 = menos importantes).

a. _____ reducir la corrupción

b. _____ establecer la paz entre diferentes facciones políticas para evitar golpes de estado

c. _____ proteger y defender los derechos humanos de los indígenas

d. _____ poner fin a la guerra civil entre las guerrillas y el gobierno

e. _____ mantener las buenas relaciones económicas con EE.UU.

B. Ahora, explica en un párrafo cómo superarás los dos problemas más importantes de la Parte A.

_____

_____

_____

_____

_____

_____

8-5 ¿Recuerdas? Lee las descripciones siguientes sobre personajes importantes de la historia guatemalteca contemporánea. Primero, escribe una definición de la palabra y/o expresión en negrita. Después, identifica con qué o quién asocias cada descripción, a Ramiro de León Carpio (**RLC**) o a Rigoberta Menchú (**RM**) o un evento importante (**EI**). Si no sabes alguna respuesta, puedes buscar información en Internet.

1. _____ Fue **detenida** por la policía por su lucha en defensa de los indígenas.

detenida = _____

2. _____ Guatemala consiguió la **independencia** de España en 1821.

independencia = _____

3. _____ Trabajó como **empleada doméstica** y en el campo.

empleada doméstica = _____

4. _____ En la década de 1980, hubo mucha **inestabilidad** política.

inestabilidad = _____

5. _____ Contribuyó a la **reducción** de la corrupción.

reducción = _____

6. _____ La **relación** con EE.UU. siempre ha sido estrecha.

relación = _____

A escuchar

8-6 Una oferta. Escucha este anuncio de radio. Después responde a las preguntas.

1. ¿A quién está dirigido el anuncio? Marca todas las respuestas posibles.

a. ❏ a los hombres que buscan una transformación física

b. ❏ a las mujeres que tienen que asistir a un evento especial

c. ❏ a las mujeres que quieren impresionar a un amigo

2. ¿Cuál es la oferta especial?

a. ❏ un día de belleza

b. ❏ una boda gratis

c. ❏ los tatuajes

3. ¿Qué servicios menciona el anuncio?

a. ❏ masajes

b. ❏ aplicaciones cosméticas

c. ❏ perforaciones de las orejas

d. ❏ consultas con expertos en moda

e. ❏ selección de ropa y joyas

f. ❏ peluquería

g. ❏ uñas postizas

4. Tu mejor amigo/a quiere cambiar su apariencia física completamente. ¿Le recomiendas el salón *Elena* o no? ¿Por qué?

_____

_____

_____

_____

_____

Gramática

The Future Tense to Talk about What Will Happen and to Express Possible or Probable Situations in the Present

8-7 Un día muy ocupado. Dada su dedicación a la defensa de los derechos de los indígenas Rigoberta Menchú es una mujer muy activa y ocupada. Tú eres su secretario/a y debes preparar su horario para mañana conjugando los verbos en el futuro. Puedes alternar el uso del futuro con la forma **ir** + **a** + infinitivo.

lunes 2	
• 9:00	La familia _____ (desayunar) junta en casa (Ciudad de Guatemala).
• 10:00	El representante político _____ (dejar) el informe sobre la situación indígena.
• 11:00	Tú _____ (salir) en carro hacia Chimel.
• 17:00	Tu hermano _____ (reunirse) contigo en la antigua casa de tus padres.
• 19:00	Tú _____ (dar) el discurso sobre los resultados del informe.
• 20:00	El pueblo _____ (celebrar) una recepción en tu honor.
• 22:00	Tú _____ (volver) a casa después de la recepción.

8-8 El posible futuro de los indígenas.

El gobierno de Guatemala ha preparado un reportaje sobre cómo puede mejorar la situación indígena en el futuro. Une las condiciones de la primera columna con sus resultados apropiados de la segunda para saber de este futuro probable.

Condiciones	Resultados
• los indígenas (vender) sus telas en mercados extranjeros • la sociedad (poner) fin al racismo contra los indígenas • el Instituto Guatemalteco de Turismo (promover) el turismo por las aldeas, como San Pedro La Laguna • el presidente actual (mantener) un gobierno firme • la cultura moderna (respetar) la cultura maya	• los mayas (ganar) más dinero para mejorar su calidad de vida • los indígenas (practicar) sus tradiciones sin miedo • el mundo (conocer) más sobre la cultura maya • los indígenas (no sufrir) discriminación • las guerrillas (no causar) más inestabilidad

MODELO:

Si el gobierno devuelve la tierra a los indígenas, las familias cultivarán su propia comida, como el maíz.

1. _____

   _____

2. _____

   _____

3. _____

   _____

4. _____

   _____

5. _____

   _____

8-9 La promoción turística.

El Instituto Guatemalteco de Turismo está preparando un folleto para promover el turismo en la parte suroeste de Guatemala. Completa las siguientes oraciones con la forma apropiada del verbo.

1. Si ustedes _____ (visitar) los pequeños pueblos cerca del lago Atitlán

   _____ (ver) los trajes tradicionales de los habitantes mayas.

2. _____ (Poder) salir del pueblo de Panajachel a pie si usted

_____ (preferir) un viaje más aventurero.

3. El volcán San Pedro y sus alrededores le _____ (ofrecer) unos paisajes

asombrosos, hay mucho que hacer si le _____ (interesar) la naturaleza.

4. Si ustedes _____ (querer) comprar telas, ropa u objetos decorativos

tradicionales, _____ (parar) en la aldea San Pedro La Laguna.

8-10 ¡Nos ha tocado la lotería!   Juan, Olivia y Roberto son tres estudiantes universitarios que
necesitan dinero. Ayer decidieron comprar un billete de lotería, prometiendo compartir las ganancias
entre los tres. Hoy les han tocado nada menos que 100 millones de quetzales, 13 millones de dólares
aproximadamente.

A. En la sección siguiente los amigos hablan de lo que van a hacer con el dinero. Completa su

conversación conjugando el futuro de los verbos entre paréntesis.

Juan: ¡Qué suerte! Con mi dinero **1.** _____ (hacer) un viaje alrededor del

mundo. Después **2.** _____ (empezar) mi propio negocio.

Roberto: Si dejo mis estudios ahora mis padres me **3.** _____ (matar). Creo que con

mi dinero les **4.** _____ (ayudar) a pagar la matrícula. Después de

graduarme, si todavía tengo dinero, **5.** _____ (comprar) un coche

deportivo rojo como siempre he querido.

Olivia: Chicos, tranquilos, este fin de semana nosotros **6.** _____ (celebrar) la

ocasión con una gran fiesta para todos nuestros amigos y después **7.** _____
(planear) nuestros respectivos futuros.

Roberto: Estoy de acuerdo.

Juan: Bueno, todavía podemos organizar un viaje para las vacaciones de primavera. Siempre he

querido ir a Guatemala.

Olivia: Me gusta la idea. Nosotros **8.** _____ (ir) al lago Atitlán,

9. _____ (ver) las ruinas mayas en Tikal y al final

10. _____ (pasar) unos días en la playa.

Juan: Perfecto.

B. Imagina que eres Olivia, Juan o Roberto. ¿Qué harás una el dinero? Menciona tres cosas específicas y explica por qué.

_____

_____

_____

_____

_____

_____

_____

_____

_____

_____

8-11 ¿Dónde estarán?   Finalmente Juan, Olivia y Roberto hicieron un viaje a Guatemala. Al volver a su universidad buscan a sus amigos para contarles sus aventuras pero no encuentran a nadie. Completa las oraciones para indicar sus conjeturas usando el futuro de probabilidad.

> **MODELO:**
>
> Carolina: en la casa de sus padres
> **Carolina estará en la casa de sus padres.**
> Carolina: estudiar en la casa de sus padres
> **Carolina estará estudiando en la casa de sus padres.**

1. los compañeros de la clase de español: escribir una composición en la biblioteca

_____

2. la hermana de Olivia: llegar al aeropuerto de su viaje a México

_____

3. Iván: en una playa de Hawai con su familia

_____

4. Marta y Gustavo: de compras en el centro comercial

_____

Redacción

8-12 El ideal de belleza. Una revista hispana está preparando una edición especial titulada: *El ideal de belleza a través del tiempo.* Usando la información de tu libro de texto prepara un artículo en el que comparas el ideal de belleza en la cultura maya y en la cultura estadounidense. Considera los puntos siguientes:

- la apariencia física y sus modificaciones cosméticas
- los adornos corporales
- la ropa
- las diferencias socioeconómicas
- la moda

VOCABULARIO ÚTIL		
el tatuaje	remodelar	el perfil
el puente nasal	las uñas postizas	las joyas
las perforaciones	la pintura	la estética

_____

_____

_____

_____

_____

_____

A escuchar

8-13 Los detalles del desfile de modas. Escucha la siguiente conversación entre dos organizadoras de una agencia de moda que están preparando los detalles de un desfile. Después contesta las preguntas que se hacen a continuación.

A. ¿Qué temas se mencionan en la conversación? Marca todas las respuestas posibles.

1. ☐ el número de modelos que van a participar

2. ☐ el dinero que van a recibir los modelos por participar en el desfile

3. ☐ los días exactos en los que va a hacerse el desfile

4. ☐ las colecciones que se van a presentar

5. ☐ los modelos estrella

6. ☐ los asuntos de dinero

B. Los detalles

    1. ¿De qué depende que haya 16 ó 24 modelos?

    _____

    _____

    2. ¿Cómo se describen los vestidos?

    _____

    _____

    3. ¿Qué esperan ver las personas que asisten al desfile?

    _____

    _____

    4. ¿A qué se refiere Martha cuando habla del último grito de la moda?

    _____

    _____

    5. ¿Crees que el desfile va a ser exitoso? Elabora.

    _____

    _____

TEMA 2 · EL SALVADOR, HONDURAS, NICARAGUA: UN FUTURO PROMETEDOR

Vocabulario del tema

8-14 Conceptos políticos. Tu compañero/a de clase no entiende bien los siguientes conceptos políticos. Usando las palabras dadas escribe una definición de los conceptos.

1. **el partido político:** los conservadores, los liberales, las elecciones libres

    _____

    _____

2. **las dictaduras militares:** el ejército, la represión, la fuerza policial

    _____

    _____

3. **el acuerdo de paz:** la guerra civil, las reformas, los rebeldes

    _____

    _____

4. **una asamblea legislativa:** las leyes, una república, el sufragio

    _____

    _____

8-15 Fechas importantes. Honduras, El Salvador y Nicaragua han tenido muchos cambios desde su independencia en 1821. Esta lista de importantes eventos históricos viene de un periódico centroamericano. Usando el contexto y tu intuición identifica la definición de la palabra en negrita.

1. 1980 a 1989: Honduras fue **refugio** de los *contras,* un grupo de rebeldes de Nicaragua.

    a. un lugar protegido

    b. un lugar peligroso

    c. un lugar corrupto

2. 1979: La guerra civil en Nicaragua **culminó** con la toma del poder por parte de las guerrillas marxistas.

    a. empezó

    b. recurrió

    c. terminó

3. 1980 a 1989: El apoyo nicaragüense a los rebeldes izquierdistas en El Salvador **provocó** la intervención de EE.UU.

   a. suspendió

   b. incitó

   c. desalentó

4. 1992: Al terminar la guerra civil en El Salvador se **revisó** el código penal.

   a. modificó

   b. destruyó

   c. desarmó

8-16 ¿Qué harías tú? Muchos líderes, como el salvadoreño Óscar Romero y el nicaragüense Sandino, han muerto defendiendo sus creencias políticas.

A. ¿Qué harías tú para defender tus propias creencias políticas? Primero escribe una definición de la palabra y/o expresión en negrita. Después marca con una ✓ lo que harías tú.

1. ☐ Pedir a los soldados del ejército que **desobedezcan** las órdenes de matar a campesinos inocentes.

   desobedecer = _____

2. ☐ Desarmar a tus **seguidores** sabiendo que tus enemigos todavía tienen armas.

   seguidores = _____

3. ☐ Asistir a una reunión para negociar la paz aunque sospeches un **engaño.**

   engaño = _____

4. ☐ Resistir con armas la **represión** del gobierno.

   represión = _____

5. ☐ Criticar a otros países por su **ayuda militar** a un gobierno corrupto y totalitario.

   ayuda militar = _____

6. ☐ Participar en una **guerra civil** con el propósito de formar un nuevo país y establecer reformas militares, judiciales y agrarias.

   guerra civil = _____

B. Vives bajo un gobierno autocrático. Hay un grupo de rebeldes que se ha organizado para establecer un gobierno democrático. Uno de los rebeldes te pide que colabores en sus actividades contra el gobierno. Sabes que es un trabajo peligroso, ¿lo harías o no? ¿Por qué?

_____

_____

_____

_____

Nombre:_____ Fecha:_____ Clase:_____

8-17 ¿Recuerdas? ¿Con qué país asocias los lugares, personajes y descripciones siguientes?

ARENA	su nombre viene de la palabra "hondo"
Lempira	las guerrillas marxistas sandinistas
los contras	su guerra civil duró doce años
El Partido Liberal	se revisó el código penal
Óscar Romero	se estableció un gobierno civil en 1982
Augusto César Sandino	elecciones libres desde 1990

EL SALVADOR	NICARAGUA	HONDURAS

8-18 Nicaragua, lugar inolvidable.

A. Ascucha el siguiente boletín informativo sobre Nicaragua. Después responde a las preguntas que se hacen a continuación.

1. Aparte de volcanes, ¿qué más pueden encontrar las personas que visitan Nicaragua? _____
_____

2. ¿De dónde vienen los turistas? ¿ Por qué visitan Nicaragua? _____
_____

3. ¿Por qué es famosa la isla de Ometepe? _____
_____

4. ¿Qué se dice de la flora y de la fauna? _____
_____

5. ¿Por qué se conoce a Granada como "La Gran Sultana"? _____
_____

B. Entrando en detalle. Escucha la grabación nuevamente y completa las siguientes oraciones.

1. Al visitar Granada el turista puede _____,
_____ y _____.

Copyright © John Wiley & Sons, Inc.

Tema 2   El Salvador, Honduras, Nicaragua: Un futuro prometedor   **269**

2. Granada está a _____ kilómetros de Managua.

3. La arquitectura de Granada es de tipo _____.

4. Las playas del Pacífico son famosas por _____,

_____ y _____

_____.

5. Si fueras a Nicaragua, ¿cuál de los lugares mencionados visitarías y por qué?

_____

_____

_____

Gramática

The Conditional to Express Probability, Future within a Past Perspective, and Politeness

8-19 Desastres naturales.   Mira estos títulos de periódicos centroamericanos que aparecieron publicados antes de llegar el huracán Mitch a Honduras y Nicaragua y después de los terremotos *(earthquakes)* ocurridos en El Salvador. Indica, haciendo uso del condicional, lo que pronosticaron las siguientes personas según la información de los titulares.

La Nación

Honduras   26 de octubre 1998

El huracán Mitch será la tempestad más fuerte vista en esta zona en los últimos cincuenta años. Los turistas empezarán su evacuación de la costa inmediatamente.

Diario Colatino

El Salvador   14 de febrero de 2001

La economía salvadoreña se verá muy afectada como consecuencia de los terremotos.

El Diario

Honduras   5 de noviembre 1998

El gobierno hondureño necesitará pedir

dinero para la reconstrucción del país.

El País

Nicaragua   29 de octubre 1998

Mucha gente de zonas rurales se quedará

y preparará sus casas para la tempestad.

MODELO:

El gobierno hondureño reportó que _____
los turistas empezarían su evacuación de la costa inmediatamente.

1. Los meteorólogos hondureños dijeron que _____

_____

2. El gobierno salvadoreño afirmó que _____

_____

3. Los economistas de Honduras dijeron que _____

_____

4. Los reporteros nicaragüenses reportaron que _____

_____

8-20 Amigos perdidos. Tus dos amigos, Juan y Carlos, fueron de vacaciones a las Islas de la Bahía de Honduras. Te dijeron que iban a volver ayer pero todavía no han vuelto. Tú llamas a sus familiares y amigos para pedirles información. Completa las oraciones explicando las razones posibles por las que no han vuelto.

Utila, Islas de la Bahía. (Honduras)

> **MODELO:**
>
> los padres de Juan: ellos perder la avioneta para salir de Utila
> **Perderían la avioneta para salir de Utila.**

1. la novia de Juan: Juan decidir visitar también las islas de Roatán y Guanaja

_____

2. los padres de Carlos: Carlos querer pasar más tiempo haciendo submarinismo

_____

3. sus compañeros de cuarto: ellos alargar las vacaciones

_____

4. el hermano de Juan: ellos estar explorando la costa de Honduras

_____

8-21 Una solicitud. Marta es estudiante de ecología. Quiere hacer una pasantía en un parque de Nicaragua que promueve el ecoturismo y tiene que llenar una solicitud. Completa su solicitud con las formas verbales apropiadas.

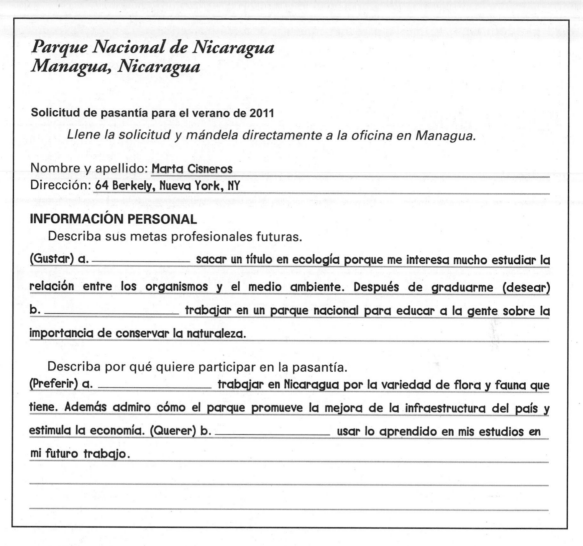

Parque Nacional de Nicaragua
Managua, Nicaragua

Solicitud de pasantía para el verano de 2011
Llene la solicitud y mándela directamente a la oficina en Managua.

Nombre y apellido: <u>Marta Cisneros</u>
Dirección: <u>64 Berkely, Nueva York, NY</u>

INFORMACIÓN PERSONAL
   Describa sus metas profesionales futuras.
(Gustar) a. _____ sacar un título en ecología porque me interesa mucho estudiar la relación entre los organismos y el medio ambiente. Después de graduarme (desear) b. _____ trabajar en un parque nacional para educar a la gente sobre la importancia de conservar la naturaleza.

   Describa por qué quiere participar en la pasantía.
(Preferir) a. _____ trabajar en Nicaragua por la variedad de flora y fauna que tiene. Además admiro cómo el parque promueve la mejora de la infraestructura del país y estimula la economía. (Querer) b. _____ usar lo aprendido en mis estudios en mi futuro trabajo.

_____

_____

8-22 Tu trabajo ideal. Describe cómo sería tu trabajo ideal. Explica tus deseos siguiendo el modelo y usando tu imaginación.

MODELO:

Yo querría trabajar sólo dos horas cada día.

_____

_____

_____

Redacción

8-23 El ecoturismo. Trabajas para un parque nacional centroamericano. Tu jefe te ha pedido preparar un folleto informativo sobre ecoturismo para los turistas. En el folleto, incluye información sobre qué es el ecoturismo, por qué es importante y qué pueden hacer los turistas que visitan el parque para contribuir a su protección.

VOCABULARIO ÚTIL

beneficioso/a	dañino/a	el medio ambiente
la fauna	la flora	la belleza natural
el paisaje	disfrutar	el consumo
el equilibrio ecológico	proteger	conservar

_____

_____

_____

_____

_____

_____

_____

_____

_____

_____

_____

_____

_____

A escuchar

8-24 De viaje por Honduras. David y Lina están planeando pasar sus vacaciones en Honduras. Escucha la conversación y después contesta las preguntas que se hacen a continuación.

A. ¿Qué lugares mencionan Lina y David? Marca todas las respuestas correctas.

❏ Parque Nacional La Tigra   ❏ San Pablo

❏ Cerro Palenque   ❏ San Pedro Sula

❏ Islas de la Bahía   ❏ la capital de Honduras

❏ la Catedral Primada   ❏ Parque La Leona

B. Contesta las preguntas según lo que escuchaste.

1. ¿Cuántos días se van a quedar en Tegucigalpa?

_____

_____

2. ¿Por qué no se quedan más tiempo en la capital?

_____

_____

3. ¿Por qué sería bueno ir al Cerro Mombacho?

_____

_____

4. ¿Cómo piensan llegar Lina y David a Copán?

_____

_____

5. ¿Dónde terminarían las vacaciones?

_____

_____

TEMA 3   COSTA RICA: LA "SUIZA" DE CENTROAMÉRICA

Vocabulario del tema

8-25 ¿Cuánto sabes de Costa Rica? Indica si crees que las siguientes descripciones son verdaderas (**V**) o falsas (**F**). Después, explica el significado de las palabras y expresiones en negrita.

1. _____ Hoy en día sólo el 1% de la población de Costa Rica es de origen indígena porque la mayoría de ellos desaparecieron a causa de los **malos tratos** y enfermedades.

    malos tratos = _____

2. _____ Costa Rica no tiene **ejército**.

    ejército = _____

3. _____ El **índice de alfabetización** de Costa Rica es del 95%.

    índice de alfabetización = _____

4. _____ Costa Rica tiene una **deuda externa** de 7,422 millones de dólares, el 16% de su PIB aproximadamente.

    deuda externa = _____

5. _____ Varios presidentes "ticos", o costarricenses, han ayudado a promover la paz en otros países centroamericanos durante sus **mandatos**.

    mandato = _____

6. _____ Las **plantaciones** de café son importantes en la economía de Costa Rica.

    plantaciones = _____

8-26 Los ticos. Unos amigos tuyos acaban de volver de un viaje a Costa Rica. Aquí tienes algunas palabras que usaron para describir a los costarricenses.

A. Identifica la definición correcta de cada palabra.

1. _____ genuino/a   **a.** complaciente

2. _____ una sonrisa   **b.** auténtico

3. _____ la facilidad   **c.** una expresión de alegría

4. _____ considerado/a   **d.** lo opuesto de introvertido

5. _____ extrovertido/a   **e.** algo que no requiere mucho esfuerzo

B. Según esta lista de vocabulario, ¿la impresión que tus amigos tuvieron de los costarricenses fue positiva o negativa?

_____

8-27 ¿Recuerdas?

A. Completa las siguientes oraciones sobre la historia de Costa Rica con la palabra apropiada de la lista. Recuerda conjugar los verbos cuando sea necesario.

VOCABULARIO ÚTIL			
independizarse	declararse	abolir,	esfuerzos
riquezas	estabilizarse	propietario	provincias

1. El gobierno costarricense _____ el ejército para proteger al país de los gobiernos militares.

2. Cuando Colón y sus hombres llegaron a la costa pensaron que había muchas

_____ en estas tierras y por eso le dieron el nombre de Costa Rica.

3. Todos los países centroamericanos, incluida Costa Rica, _____ de España al mismo tiempo.

4. Pepe Figueres Ferrer, un _____ de plantaciones de café, ganó las elecciones y estableció un gobierno liberal y reformista.

5. La lucha constante entre liberales y conservadores _____ y se sentaron las bases de la democracia.

6. Después de su independencia Costa Rica formó parte de las _____ Unidas de Centroamérica.

7. Óscar Arias Sánchez recibió el Premio Nóbel de la Paz por sus _____ por promover la paz.

8. Costa Rica se convirtió en un país independiente cuando _____ la primera República.

B. Usando las oraciones de la Parte A escribe otras que describan los eventos ocurridos en las fechas de la línea cronológica.

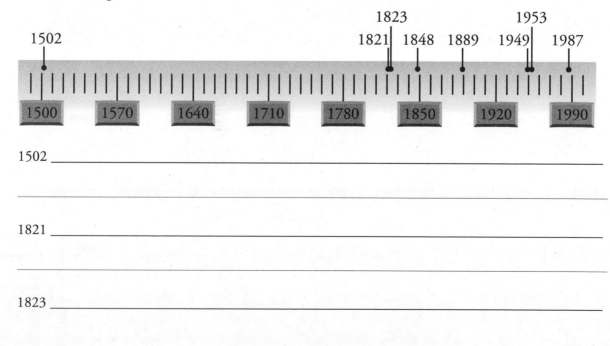

1502 _____

_____

1821 _____

_____

1823 _____

1848 _____

_____

1889 _____

_____

1949 _____

_____

1953 _____

_____

1987 _____

_____

A escuchar

8-28 Pura vida. Josh pasó un semestre estudiando en un programa de intercambio en Costa Rica. La oficina de programas internacionales le pide que hable con los nuevos solicitantes que participarán en el mismo programa el semestre próximo. Escucha el diálogo y contesta las preguntas a continuación.

A. Indica si las oraciones son verdaderas (**V**) o falsas (**F**). Si son falsas, corrígelas.

1. _____ Josh recomienda que los estudiantes vivan en la residencia porque tendrán ayuda de sus amigos.

   ¿Corrección? _____

2. _____ Según Josh los "ticos" son muy amables y pacientes.

   ¿Corrección? _____

3. _____ Todas las clases universitarias son muy grandes pero fáciles.

   ¿Corrección? _____

4. _____ El español hablado en Costa Rica es igual al español hablado en otros países hispanos.

   ¿Corrección? _____

B. ¿Crees que a Josh le gustó su experiencia en Costa Rica o no? ¿Por qué? Menciona dos comentarios específicos que apoyen tu impresión.

_____

_____

_____

Gramática

Conditional Clauses with Si (if): Indicative vs. Subjunctive

8-29 Identificación.   Lee lo que ha escrito Gloria, una estudiante costarricense. Determina si las oraciones expresan una situación probable o improbable. Después, identifica los dos verbos de las cláusulas condicionales y su forma.

1. Si viajara a EE.UU., me gustaría visitar Nueva York.

¿Probable o improbable? _____

verbo 1 = _____

verbo 2 = _____

2. Cuando era niña si teníamos dinero, íbamos a Monteverde de vacaciones.

¿Probable o improbable? _____

verbo 1 = _____

verbo 2 = _____

3. Si me gradúo el próximo año, viajaré a Guatemala.

¿Probable o improbable? _____

verbo 1 = _____

verbo 2 = _____

4. Si tengo tiempo, hoy voy a San José para visitar a mi abuela.

¿Probable o improbable? _____

verbo 1 = _____

verbo 2 = _____

8-30 Consecuencias políticas. Es el año 2006 y Óscar Arias Sánchez es candidato a la presidencia de Costa Rica. Mañana dará un discurso para explicar a su gente sus preocupaciones. Completa las siguientes oraciones para ayudarlo a preparar sus ideas.

1. Si todos los países centroamericanos firman un acuerdo

_____

2. Si Costa Rica promueve la educación

_____

3. Si el gobierno resuelve el problema de la deuda externa

_____

4. Si Costa Rica establece más reservas ecológicas

_____

8-31 Consecuencias personales. Varios estudiantes se reúnen para tomar un café y hablar de sus problemas académicos y personales. Consideran varias hipótesis pero saben que todas son improbables. Completa las oraciones según el modelo.

> **MODELO:**
> si / (yo) no tener tantos exámenes / (yo) ir a Costa Rica
> **Si no tuviera tantos exámenes iría a Costa Rica.**

1. si / (nosotros) ser ricos / (nosotros) no tener que trabajar tantas horas

_____

2. si / (yo) conocer a la persona de mis sueños / (nosotros) casarnos

_____

3. si / (mis padres) darme un coche / (yo) mudarme a un apartamento

_____

4. si / (el profesor de matemáticas) no darnos tanta tarea / (nosotros) descansar más

_____

5. si / (yo) vivir en el Caribe / (yo) pasar todos los días en la playa

_____

6. ¿Y tú? Si pudieras cambiar cualquier aspecto de tu vida ahora, ¿qué cambiarías? ¿Por qué? ¿Cuáles serían las consecuencias?

_____

_____

_____

_____

8-32 Un repaso. Las siguientes oraciones tratan de las experiencias de varios estudiantes con sus estudios de español. Complétalas con la forma apropiada del verbo.

1. Cuando era niño, si mi abuelo venía a casa todos _____ (hablar) español en vez de inglés.

2. Mi mejor amiga y yo _____ (estudiar) en un país hispano el próximo semestre si tuviéramos dinero.

3. Si practico mi español todos los días, _____ (hablar) en el futuro como un nativo.

4. Mi profesor de español habla como si _____ (ser) de España pero es de EE.UU.

5. Si yo (tomar) _____ más clases de español, me comunicaría fácilmente con mis amigos hispanos.

6. Yo _____ (estudiar) español más horas cada día, si dejo mi clase de ciencias políticas.

Redacción

8-33 Eco-Odyssey. Estás pensando hacer un viaje a Costa Rica. Después de leer el texto de Steve y Amy en tu libro de texto, decides mandarles un mensaje, con tus propios comentarios. Escribe un mensaje, en la página siguiente, presentándote y contestando estas preguntas:

- ¿Te interesó la descripción? ¿Por qué?
- Si decides ir a Costa Rica, ¿qué información específica del texto será más útil?
- ¿Qué otra información te interesaría saber?

VOCABULARIO ÚTIL

explorar	la estancia	la esencia
expresar	los locales	gringo
la facilidad	apuntarse	la hospitalidad
el carácter	desconocido/a	echar una mano
dar la bienvenida	orgulloso/a	la amabilidad

```
┌─────────────────────────────────────────────────────────────────────────┐
│ ✉ Su descripción                                          ▾ ▣ _ □ ✕      │
├─────────────────────────────────────────────────────────────────────────┤
│      Para: ecoodyssey@yahoo.com                                          │
│      De: _____                                           │
│      Ref: Su descripción                                                 │
├─────────────────────────────────────────────────────────────────────────┤
│  _____  ▲     │
│  _____  │
│  _____  │
│  _____  │
│  _____  │
│  _____  │
│  _____  │
│  _____  │
│  _____  │
│  _____  ▼ │
└─────────────────────────────────────────────────────────────────────────┘
```

A escuchar

8-34 Entrevista de trabajo.   Escucha la siguiente entrevista y después contesta las preguntas.

A. Indica si las oraciones son verdaderas (**V**) o falsas (**F**). Si son falsas, corrige los errores con el mayor detalle posible.

1. _____ Al señor Martínez no le gusta el trabajo que tiene. _____

_____

2. _____ El señor Martínez menciona sólo un lugar donde ha trabajado antes. _____

_____

3. _____ El señor Martínez dice que tiene mucha experiencia nacional e internacional. _____

_____

4. _____ Si lo contrataran, el señor Martínez tendría que trabajar en tres países. _____

_____

5. _____ La decisión se va a tomar en un par de semanas. _____

_____

B. Contesta las siguientes preguntas.

1. ¿Cuál es el puesto para el que se está entrevistando el señor Ramírez? _____

_____

2. ¿Cuál es el cargo (*job*) de la persona que lo entrevista? _____

_____

3. ¿Con qué palabras se describe el señor Martínez? _____

_____

4. ¿Le hacen una oferta interesante? Elabora. _____

_____

5. ¿Cuántas entrevistas le faltan al señor Martínez para terminar el proceso? ¿Con quién son? _____

_____

TEMA 4 PANAMÁ: SU NUEVA IDENTIDAD

Vocabulario del tema

8-35 Curiosidades. Completa las palabras siguientes relacionadas con el Canal de Panamá. Usa las pistas.

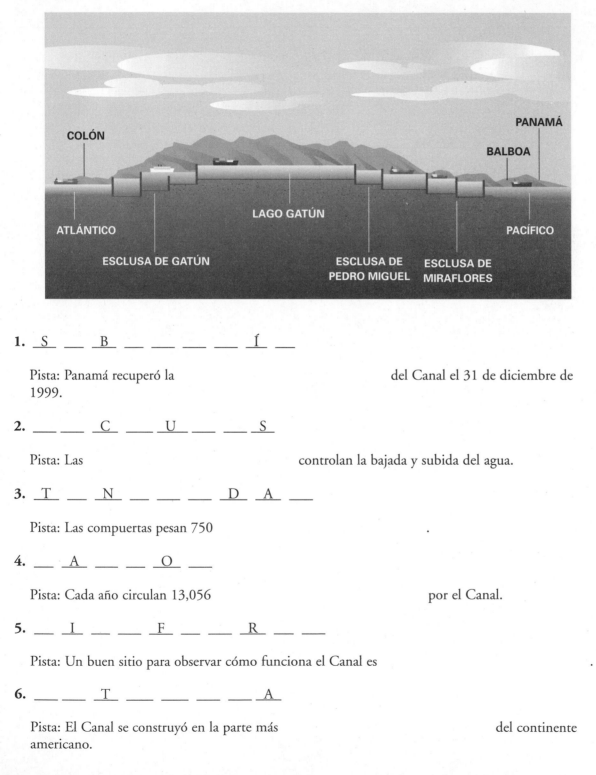

1. <u>S</u> __ <u>B</u> __ __ __ __ <u>Í</u> __

Pista: Panamá recuperó la _____ del Canal el 31 de diciembre de 1999.

2. __ __ <u>C</u> __ <u>U</u> __ __ <u>S</u>

Pista: Las _____ controlan la bajada y subida del agua.

3. <u>T</u> __ <u>N</u> __ __ __ <u>D</u> <u>A</u> __

Pista: Las compuertas pesan 750 _____.

4. __ <u>A</u> __ __ <u>O</u> __

Pista: Cada año circulan 13,056 _____ por el Canal.

5. __ <u>I</u> __ __ <u>F</u> __ <u>R</u> __ __

Pista: Un buen sitio para observar cómo funciona el Canal es _____.

6. __ __ <u>T</u> __ __ __ __ <u>A</u> __

Pista: El Canal se construyó en la parte más _____ del continente americano.

8-36 ¿Recuerdas? Identifica la importancia de los siguientes grupos, personas y países en la historia de Panamá.

1. _____ Los indios kuna, los guayamí y los chocó

    a. construyeron el Camino Real, una carretera pavimentada con piedras.

2. _____ Los españoles

    b. presidió el traspaso del control del Canal a Panamá.

3. _____ Estados Unidos

    c. habitaban el territorio panameño antes de la llegada de los conquistadores.

4. _____ Los franceses

    d. era presidente de Panamá cuando el ejército estadounidense lo capturó.

5. _____ El General Manuel Noriega

    e. comenzaron la construcción de un canal pero fracasaron.

6. _____ La presidenta Mireya Moscoso

    f. firmó un tratado que le confirió el derecho a intervenir en la política panameña.

8-37 Un/a agente turístico/a. Tienes varios clientes que quieren ir de vacaciones a Panamá. Según sus descripciones indica qué sitios deben visitar.

SITIOS: las esclusas de Gatún, Colón, Isla Grande, Isla de San Blas, el Valle de Antón, Portobelo

1. "A mi familia y a mí nos interesa visitar una ciudad portuaria. Los niños quieren ir a las playas y mi esposa quiere ir de compras en bazares orientales. Yo estoy interesado en la historia, por eso será ideal visitar fortalezas coloniales o museos." _____

2. "A mi novia y a mí nos encantan el buceo y la natación. Nos gusta además visitar pueblos tradicionales y conocer mejor el arte indígena. No queremos gastar mucho dinero en hoteles, por eso nos quedaremos en hostales más económicos." _____

3. "Soy ingeniero y me interesa el Canal de Panamá. Quiero verlo en funcionamiento."
_____

4. "Mi amiga y yo no queremos viajar lejos de la ciudad de Panamá. Quizás será mejor visitar algunos pueblos cercanos con temperaturas más frescas, recorrer los mercados, comprar tallas de madera y ver alguna que otra atracción arqueológica." _____

Redacción

8-38 El futuro del Canal. En el año 1976 el gobierno panameño decidió iniciar un diálogo con EE.UU. sobre el futuro del Canal. Como representante del gobierno panameño prepara un reportaje explicando cuáles serían las consecuencias para ambos países si EE.UU. devolviera el control del Canal a Panamá.

VOCABULARIO ÚTIL		
conectar	devolver	la soberanía
el traspaso	el riesgo	diversificar
los vínculos	atraer	la administración

_____

_____

_____

_____

A escuchar

8-39 Un reportaje sobre Panamá. Estás haciendo turismo en Panamá el 14 de diciembre de 1999 y escuchas el siguiente reportaje en la radio. Después de escuchar la información contesta las preguntas a continuación.

A. Orientación. ¿Qué evento especial describe el reportaje?

_____

B. Las ideas principales. Marca con una ✔ los temas tratados.
- ❐ una descripción de una fiesta patriótica nacional
- ❐ información histórica del Canal
- ❐ información sobre las dificultades de construir el Canal
- ❐ una descripción de las relaciones entre EE.UU. y Panamá
- ❐ información sobre la administración del Canal
- ❐ información sobre cómo funciona el Canal
- ❐ una consideración de futuras dificultades relacionadas con la modernización del Canal

C. Detalles importantes
   1. Marca los eventos históricos importantes que se mencionan.
- ❐ la conquista de Panamá por los españoles
- ❐ el intento fracasado de los franceses de construir un canal
- ❐ la inauguración del canal el 15 de agosto de 1914
- ❐ la captura del General Manuel Noriega
- ❐ la firma del Tratado Torrijos-Carter en 1977
- ❐ la elección de Mireya Moscoso como presidenta
- ❐ el 31 de diciembre de 1999, el día en que se realizó la transferencia oficial del Canal

2. ¿Quiénes asistieron a la ceremonia en las esclusas de Miraflores?

_____

_____

3. Según el texto, ¿cómo ha sido la relación entre EE.UU. y Panamá?

_____

_____

4. ¿Qué responsabilidades recibe Panamá con la transferencia?

_____

5. ¿Qué cambios habrá en el futuro para el Canal? ¿Por qué?

_____

_____

_____

D. Aplicación. ¿Cuáles serán las consecuencias económicas y políticas si Panamá no responde a las demandas futuras con respecto al uso del Canal? En tu respuesta incluye información del reportaje y/o tus propias ideas.

_____

_____

_____

_____

E. Atención a los verbos. Completa las siguientes oraciones de acuerdo al texto con el vocabulario del recuadro en su forma correcta.

modernizar	ampliar	realizar	haber	poder	celebrar	probar

1. La transferencia completa se _____ el día 31 de diciembre y se

_____ con una fiesta nacional.

2. Nosotros _____ que somos competentes para administrar uno de nuestros bienes más valiosos.

3. Si no _____ el Canal _____ grandes problemas en el futuro.

4. Si los ingenieros no _____ la capacidad del Canal los gigantescos

barcos modernos no _____ transitarlo.

Más allá de las palabras

Redacción

8-40 El futuro de Centroamérica.   Estamos en el año 2010 y tú eres un/a consejero/a del presidente costarricense Óscar Arias Sánchez. El 7 de agosto varios representantes de todos los países centroamericanos se reunirán para firmar un acuerdo de paz. Recibes la siguiente nota del Presidente. ¿Cómo respondes a su llamado?

Fecha: 1 de agosto

De: La oficina del Presidente

A: Los consejeros políticos

Asunto: EL ACUERDO

República de Costa Rica
Oficina del Presidente

El 7 de agosto representará un paso decisivo hacia la paz y la estabilidad en Centroamérica. Esperamos establecer las bases para el desarrollo democrático y la cooperación política y económica entre todos nuestros países. En preparación, les pido un análisis de la situación actual de Guatemala, El Salvador, Nicaragua y Honduras, y las posibilidades futuras. Específicamente, solicito una respuesta a las preguntas siguientes:

• Considerando la situación actual, ¿cuáles serán las ventajas económicas y políticas de firmar el acuerdo?

• ¿Qué pasará si no se establece o no se mantiene la democracia?

• ¿Cómo se puede encontrar y mantener el equilibrio entre la tradición y la modernidad?

_____

_____

_____

_____

_____

_____

_____

_____

El escritor tiene la palabra

En esta sección tendrás la oportunidad de aprender más sobre el cuento como género y aplicar tus conocimientos al cuento *El eclipse* de tu libro de texto.

8-41 El cuento.   A continuación se definen algunos términos importantes para hablar de los cuentos. Después de leer las definiciones contesta las preguntas.

Los personajes: Son los individuos que aparecen en un cuento, una novela o una obra de teatro.

El/La protagonista: Es el personaje principal de un cuento.

Personajes secundarios: Son los personajes que sirven de apoyo.

El narrador/La narradora: Es la persona que narra los eventos. El/La narrador/a puede ser:

- un personaje del cuento
- puede ser omnisciente, es decir, un/a narrador/a que sabe todo sobre los personajes o que conoce el futuro

El punto de vista: Es la perspectiva del/ de la narrador/a. El punto de vista puede ser:

- Primera persona 'yo' (si es un personaje)
- Tercera persona 'él' o 'ella' (si es un personaje, un observador o un narrador omnisciente)

El marco escénico: Se refiere al tiempo y el lugar donde transcurre la acción. Básicamente responde a las preguntas "dónde" y "cuándo".

El/La lector/lectora: La persona que lee una obra literaria.

La trama: La serie de sucesos y conflictos que tienen lugar.

El tema: La idea central.

Nombre: _____   **Fecha:** _____   **Clase:** _____

1. PERSONAJES: ¿Quién es el/la protagonista del cuento? ¿Quiénes son los personajes secundarios?

¿Cómo es la relación entre ellos? _____

_____

_____

2. NARRADOR/A:

   a. Lee la primera oración del cuento. ¿Está narrado en primera o en tercera persona?

   _____

   b. ¿Quién es el narrador?
   ❑ un personaje del cuento
   ❑ un narrador omnisciente
   ❑ un observador no omnisciente

3. EL MARCO ESCÉNICO:

   a. ¿Dónde tienen lugar los eventos? _____

   b. ¿Cuándo ocurren los eventos? _____

   c. ¿Cuánto tiempo transcurre desde el comienzo hasta el final del cuento?

   _____

   _____

4. LA TRAMA: En tu opinión, ¿cuáles son los tres eventos más importantes del cuento?

   a. _____

   b. _____

   c. _____

5. LOS TEMAS: Marca los temas que crees que son relevantes en este cuento.
   ❑ Los conocimientos de astronomía de los mayas.
   ❑ La importancia de la religión maya.
   ❑ La esperanza y el miedo.
   ❑ La importancia de Carlos V.
   ❑ La resignación del protagonista.
   ❑ Los sacrificios humanos como ritual.

8-42 Mi diario literario. Escribe tu reacción personal al cuento. Considera las siguientes preguntas:

- Dificultades: ¿Hay partes del cuento que no entendiste muy bien? Explica cuáles son y por qué crees que te han causado problemas.
- Reacción personal: ¿Te gusta el cuento? ¿Por qué? ¿Qué aspectos cambiarías? ¿Por qué?

_____

_____

_____

Para escribir mejor

El gerundio

El **gerundio** es la forma del verbo con la terminación *–ing* en inglés. Para formarlo se agrega **–ando** a la raíz de los verbos terminados en **–ar,** o **–iendo** a la raíz de los verbos terminados en **–er** o **–ir.**

> EJEMPLOS: apuntar = apunt**ando**
> florecer = florec**iendo**
> cubrir = cubr**iendo**

Cuidado:

1. Con los verbos que terminan en **–er** o **–ir** cuya raíz termina en vocal se agrega **–yendo.** El gerundio del verbo **ir** es **yendo.**

> EJEMPLO: leer = le**yendo**
> constituir = constitu**yendo**

2. Los verbos que terminan en **–ir** y que tienen un cambio en la raíz en la tercera persona singular y plural del pretérito, mantienen este mismo cambio en el gerundio.

> EJEMPLOS: vestirse – se vistió – v**i**stiendo
> conseguir – consiguió – cons**i**guiendo

8-43 Práctica. Escribe el gerundio de los siguientes verbos:

1. dedicarse = _____

2. detener = _____

3. construir = _____

4. traducir = _____

Los usos del gerundio

1. El gerundio se usa para formar los tiempos progresivos con el verbo **estar.**

> EJEMPLOS: Rigoberta Menchú **está luchando** por los derechos humanos.
> *Rigoberta Menchú is fighting for human rights.*
>
> Menchú **estaba trabajando** como empleada doméstica.
> *Menchú was working as a domestic employee.*

2. El gerundio se usa con verbos como **andar, ir, seguir, salir, venir, continuar** y **terminar** para expresar la duración o repetición de una acción.

    EJEMPLOS: Los españoles terminaron **conquistando** a los indios mayas.
                 The Spaniards ended up conquering the Mayan indians.

                 Los mayas siguen **manteniendo** sus costumbres después de la conquista.
                 The Mayas continue to maintain their customs after the Conquista.

3. El gerundio se usa para expresar el cómo, por qué o cuándo de una acción. Para expresar la misma idea en inglés normalmente se usa *since, when, by, while* o *because*.

    EJEMPLOS: **Siendo** una indígena maya Menchú entiende muy bien su represión.
                 Since she is a Mayan indian Menchú understands very well their repression.

                 Andando por los pueblos de Guatemala, vimos a los indígenas con trajes tradicionales.
                 While walking through the small towns of Guatemala we saw indigenous people with their traditional clothing.

                 Trabajando mucho, el gobierno guatemalteco puede mantener la paz.
                 By working hard the Guatemalan government can maintain peace.

8-44 Práctica.   Completa las siguientes oraciones sobre Guatemala con el gerundio del verbo entre paréntesis.

1. _____ (negociar) entre ellos, los miembros de las guerrillas y el gobierno guatemalteco dieron fin a 36 años de guerra civil.

2. Guatemala estuvo _____ (luchar) con Belice sobre sus fronteras.

3. Las relaciones entre EE.UU. y Guatemala siguen _____ (ser) estrechas.

4. _____ (Reducir) la corrupción el ex presidente León Carpio pudo resolver problemas entre diferentes facciones políticas.

Usos inapropiados del gerundio

El uso del gerundio en español es más limitado que en inglés.

1. Se usa el infinitivo en vez del gerundio después de una preposición.

    EJEMPLOS: Al **llegar** a la costa de Costa Rica Colón observó sus riquezas.
                   Upon arriving on the coast of Costa Rica Columbus noted its riches.

                   Por tratar mal a los indígenas muchos de ellos desaparecieron.
                   By treating the indigenous people badly many of them disappeared.

2. Se usa el infinitivo en vez del gerundio cuando funciona como el sujeto de una oración. Frecuentemente se traduce al español como un sustantivo.

    EJEMPLOS: **La lucha** entre liberales y conservadores causó inestabilidad.
                   The fighting between liberals and conservatives caused instability.

3. Se usa un adjetivo o frase adverbial en vez de un gerundio.

EJEMPLOS: un viaje **emocionante** *an exciting trip*
 un dictador **que da miedo** *a frightening dictator*

8-45 Resumen. Completa el párrafo siguiente sobre un viaje a Costa Rica con la forma correcta en español del verbo entre paréntesis.

Al **1.** _____ (*arriving*) a Costa Rica fuimos primero al hotel.

2. _____ (*since it was*) un viaje muy largo descansamos un poquito

en el hotel antes de **3.** _____ (*leaving*) para reunirnos con nuestros

amigos. Al día siguiente fuimos de excursión a Monteverde. Inicialmente fue una situación

frustrante porque nos perdimos, pero finalmente con la ayuda de otros llegamos a nuestro destino.

4. _____ (*walking*) por la selva tropical nos dio la oportunidad de ver

muchos animales, como monos. Continuamos **5.** _____ (*traveling*)

por la tarde hasta que llegamos al hotel donde nos quedamos.

Para pronunciar mejor

r y rr

- There are two **r** sounds.

- The **r** in *loro* sounds as **dd** or **tt** in English *ladder, letter.* This sound never appears at the beginning of a word, rather it occurs between vowels or in word final position. This sound is always spelled **r**.

- The **r** in *rico, zorro* is rolled several times. This sound is spelled **r** when it appears in initial position or after a consonant, and it is spelled **rr** between vowels. There is no English equivalent.

8-46 Contrastes. Listen to the recording and circle the word you hear.

1. coro / corro

2. coral / corral

3. pero / perro

4. moral / morral

5. ahora / ahorra

6. caro / carro

7. cero / cerro

8. moro / morro

9. para / parra

10. pera / perra

8-47 Listen to the recording and repeat. Pay attention to linking across word boundaries!

1. Ramiro se rinde.

2. Busco un carro caro.

3. Mi perro come una pera.

4. El ruso tiene rosales moros.

5. El perro mira el corral.

6. Ver, oír y callar.

8-48 Trabalenguas. Repeat after you hear this tongue twister. Repeat it until you can recite the tongue twister without stopping.

Erre con erre, guitarra,
erre con erre barril,
¡mira qué rápido corren
los carros marrones
del ferrocarril!

Países andinos: Sudor del Sol y lágrimas de la Luna

TEMA

TEMA 1   COLOMBIA: ORIGEN DE LA LEYENDA DE EL DORADO

Vocabulario del tema

9-1 La cultura de los chibchas

A. ¿Conoces la cultura chibcha? Identifica la definición correcta de las palabras en negrita para conocer mejor su organización política y económica.

1. Los chibchas se organizaban en una **federación** de varios estados.

  a. una agrupación política

  b. una red de comunicaciones

  c. un ritual político

2. Diferentes **caciques** gobernaban los estados.

  a. pueblos

  b. jefes

  c. conquistadores

3. Los chibchas **comerciaban** con los pueblos de la costa atlántica para obtener algodón y oro.

  a. cultivaban la tierra

  b. financiaban

  c. negociaban la venta de productos

4. Cuando un jefe **heredaba** el poder se celebraba con un ritual.

  a. asumir el poder después de la muerte de un jefe

  b. reinar durante un período específico de tiempo

  c. construir nuevos templos

5. Durante el ritual el nuevo jefe cubría su cuerpo con **polvo** de oro.

  a. un tipo de jabón que se usaba para bañarse

  b. un elemento sólido reducido a partículas muy pequeñas

  c. un tipo de tabaco

6. El último jefe chibcha fue Saquezazipa, **ejecutado** por el español Jiménez de Quesada.

  a. nombrado

  b. reemplazado

  c. asesinado

B. ¿Por qué crees que el estudio de las culturas azteca, inca y maya es más común que el estudio de otras culturas amerindias como la chibcha? ¿Es la sociedad chibcha menos sofisticada o importante desde el punto de vista histórico? Justifica tu respuesta usando información de la Parte A cuando sea posible.

_____

_____

_____

9-2 El oro. Imagina que eres un/a cronista de la época de la conquista. Acabas de presenciar una conversación muy interesante entre un indígena y un español sobre el oro. Decides describirla en uno de tus testimonios.

A. Completa las siguientes oraciones con el vocabulario apropiado de la lista.

| practicar | acaparar | riquezas | comercial | bruto | devoción | simbólico | rango |

Indígena: No tenemos más, se lo prometo. Ya les dimos todos nuestros objetos de oro. Ahora, ¿cómo

expresamos nuestra **1.** _____ que es tan importante para nuestra religión?

¿Cómo identificamos el **2.** _____ social de la gente que no podrá llevar collares y pendientes?

Español: No me interesan sus costumbres religiosas ni sociales, me interesa el dinero, lo material.

Quiero que nos dé todo el oro **3.** _____ que tenga, ¿ya no tienen más?

Indígena: Es que en su estado natural no tiene ningún valor material. Su valor es

4. _____ sólo cuando nuestros artistas lo usan para crear objetos. No

entiende su obsesión por 5. _____ el oro, ¿es que se lo comen?

Español: Para mí el oro tiene un valor 6. _____, no lo quiero para crear
objetos artísticos o religiosos. Pero basta de preguntas. He oído hablar de una ciudad

con 7. _____ inimaginables. Estoy seguro de que está por esta zona
y quiero que me diga dónde.

Indígena: Al 8. _____ nuestros rituales es tradicional que el jefe se cubra con
polvo de oro y después se bañe en el lago Guatavita. Es posible que sus ideas tan raras
sobre tesoros increíbles vengan de esta tradición.

B. Según esta conversación explica en tus propias palabras la diferencia entre el significado del oro para
los indígenas y para los españoles.

_____

_____

_____

_____

_____

9-3 Colombia, camino a la paz

A. Trabajas en el Ministerio de Relaciones Exteriores de Colombia. Acabas de recibir un borrador de la
oficina del presidente en la que se presentan los objetivos para la siguiente década. Lee cada una
de las oraciones y sustituye los sustantivos en negrita por verbos.

1. La **reducción** de la producción y distribución de drogas por los narcotraficantes.

   reducción = _____

2. La **disminución** del poder económico de las guerrillas.

   disminución = _____

3. La **generación** de empleos para dar más opciones a los campesinos pobres.

   generación = _____

4. La **modernización** de las fuerzas armadas y la policía.

   modernización = _____

5. El **establecimiento** del control sobre la corrupción en las instituciones del gobierno.

   establecimiento = _____

6. El **desarrollo** del cultivo de productos alternativos en las plantaciones de coca.

   desarrollo = _____

7. La **garantía** del respeto a los derechos humanos.

garantía = _____

8. La **implementación** de servicios sociales para las personas desplazadas.

implementación = _____

B. Ahora imagina que eres miembro del gobierno del presidente de Estados Unidos. Acabas de recibir una copia de los objetivos establecidos por Colombia para la próxima década. Según sus objetivos, decides proponer un plan para controlar la demanda de drogas en EE.UU. Escribe tres de estos objetivos.

1. _____

2. _____

3. _____

9-4 ¿Recuerdas?   Acabas de conocer a Tom, un estudiante de español de otra universidad, en una sala de charla por Internet. Él también está estudiando la historia de Colombia, pero tiene algunas dudas. Te pide ayuda con unas preguntas.

Tom: Hola, me llamo Tom. Me han dicho que tú también estás estudiando la historia de Colombia. ¿Me puedes ayudar con algunas dudas que tengo? Por ejemplo, no sé nada de la organización política de los chibchas. ¿Cómo era?

Tú: (1) _____

_____

Tom: Gracias. ¿Cuándo se independizó Colombia? ¿Cómo se llamaba Colombia en aquel entonces?

Tú: (2) _____

_____

Tom: Ya sé que hoy en día el tema del narcotráfico y las guerrillas en Colombia es muy importante. ¿Cuál es la relación entre ellos?

Tú: (3) _____

_____

Tom: Gracias. Una cosa más, ¿qué ha pasado últimamente con las FARC? ¿Han ganado terreno o se han debilitado?

Tú: (4) _____

_____

Tom: No te molesto más. Gracias por ayudarme.

Tú: (5) _____

_____

Entonces, el otro, si el el el ...

A escuchar

9-5 Un examen sobre los muiscas. Escucha la conversación entre tres amigos que se reúnen para estudiar. Después, ayuda a Marina a contestar su examen.

Departamento de Antropología

    Nombre: Marina González   Prueba # 3

A. Contesta las siguientes preguntas: (30 puntos)

  1. Menciona algunas características físicas de los muiscas. _____

_____

_____

_____

  2. El _____ y el _____ eran los dos gobernantes principales.

  3. Describe el sistema de gobierno. _____

_____

_____

_____

  4. Nombra dos dioses que los muiscas veneraban. _____

_____

B. Empareja los datos de la izquierda con su correspondiente en la columna derecha. (20 puntos)

1. Bachué	**a.** pájaro
2. Xué	**b.** gente de paz
3. Chía	**c.** pueblo que tiene una escuela muisca
4. Zaque	**d.** uno de los dos caciques más
5. Cota	importantes
6. tatacoa	**e.** número aproximado de la población
7. toche	muisca cuando llegaron los españoles
8. muiscas	**f.** serpiente
9. 650,000	**g.** dios Sol
10. ídolos	**h.** la Luna
	i. madre de los chibchas
	j. figuras hechas de oro y esmeraldas

GRAMÁTICA

Adverbial Clauses with the Present Tense

9-6 Conjunciones adverbiales

A. Clasifica las siguientes conjunciones según su uso.

hasta que	ya que	a fin de que	para que
en cuanto	cuando	porque	antes de que
después de que	en caso de que	tan pronto como	aunque
puesto que	a menos que	con tal (de) que	donde
sin que			

SUBJUNTIVO	INDICATIVO	SUBJUNTIVO O INDICATIVO

B. Clasifica las siguientes conjunciones según su significado.

1. Otra expresión sinónima de <u>puesto que</u> = _____

2. Otra expresión sinónima de <u>a fin de que</u> = _____

3. Otra expresión antónima de <u>antes de que</u> = _____

4. Otra expresión sinónima de <u>tan pronto como</u> = _____

9-7 Entrando al mercado estadounidense. Eres el representante artístico de Julián Suárez, un nuevo cantante colombiano. Julián ha tenido mucho éxito en Colombia y ahora se prepara para una gira que tendrá en Estados Unidos en seis meses. Completa las siguientes oraciones usando el subjuntivo o el indicativo según sea necesario.

1. Julián, es importante que aprendas inglés para que _____ (poder) dar entrevistas en radio y televisión.

2. Tu primer disco se vendió muy bien. Creo que debes pensar en grabar un disco de rock en

español ya que ese ritmo _____ (ser) muy popular entre los jóvenes.

3. Con el auge de Internet, vamos a lanzar tu página tan pronto como _____ (tener) fotos recientes.

4. Creo que es bueno que pongamos algunas de tus canciones en la página de Internet en cuanto

_____ (terminar) tu segundo disco.

5. Tenemos que pensar en un buen nombre para la página electrónica. ¿Qué te parece si usamos www.juliansuarez.com? La gente encontrará esta página fácilmente puesto que

_____ (tener) tu nombre.

9-8 Un viaje a Cartagena. Un grupo de estudiantes habla de sus preparativos para un viaje a Cartagena, Colombia el mes próximo. Completa las oraciones según el modelo.

> **MODELO:**
>
> Yo/buscar información en Internet/para que/nosotros poder planear mejor el viaje
> **Yo buscaré información en Internet para que nosotros podamos planear mejor el viaje.**

1. Brit y Katherine/hacer las reservaciones/porque/si esperar no encontrar buenos hoteles.

_____

_____

2. Antes de que/nosotros salir/Charlotte y yo/ir de compras

_____

_____

3. Nina/llamar a David/para que/recogernos en el aeropuerto

_____

_____

4. Los cinco/llevar equipo de buceo/puesto que/haber/una escuela de submarinismo

_____

_____

5. En cuanto/nosotros llegar a las Islas del Rosario/ poder ir al Oceanario a bucear

_____

_____

6. Yo/no salir de Cartagena/sin que/David/llevarme a Bocagrande

_____

_____

7. Tan pronto como/subirnos al avión/nosotros/hablar sólo en español

_____

_____

9-9 La vida universitaria.   A continuación tienes una selección de frases de un folleto informativo titulado "Cómo sobrevivir tu primera semana en el campus".

A. Completa las frases con las conjunciones apropiadas.

después de que	puesto que	hasta que
tan pronto como	a menos que	con tal de que

1. _____ lleguen a la residencia es importante que conozcan a su compañero/a de cuarto y a sus vecinos.

2. Lleven mucho dinero _____ los libros cuestan mucho.

3. _____ sus padres no les den suficiente dinero es mejor no buscar un trabajo inmediatamente ya que van a estar muy ocupados las primeras semanas del semestre.

4. Normalmente los profesores no dan mucha tarea

_____ saben quiénes están registrados en sus clases.

B. Escribe cuatro consejos más usando algunas de las conjunciones siguientes: **después de que, cuando, en caso de que, porque, aunque**.

1. _____

_____

2. _____

_____

3. _____

_____

4. _____

_____

Redacción

9-10 Una exhibición especial. España ha decidido dar permiso para que la colección del Tesoro Quimbaya circule por varios museos de ciudades estadounidenses. Tu trabajo es escribir un folleto que describa la colección para el público de habla hispana. Debes incluir la información siguiente:

- ¿De dónde es la colección originalmente?
- ¿De qué están hechos los objetos de la colección? ¿Qué valor social y religioso tenían los objetos?
- ¿Por qué es la colección importante hoy en día?

VOCABULARIO ÚTIL

el oro	el rango social	la devoción
un ritual	las riquezas	El Dorado
recuperar	intercambiar	heredar

_____

_____

_____

_____

_____

A escuchar

9-11 Hablar sobre dinero y negocios.

Eduardo va a una tienda de artesanías colombianas. Escucha la conversación que tiene con el vendedor y contesta las siguientes preguntas:

A.

1. ¿Por qué Eduardo quiere comprarle un regalo a su esposa?_____

_____

2. ¿Qué decide comprarle? _____

_____

3. ¿Quién hace las joyas? _____

_____

4. ¿Cuál es el precio original del artículo? _____

_____

5. Después de regatear, ¿cuánto paga Eduardo? _____

_____

6. ¿Cómo debe pagar Eduardo para que el vendedor le dé el máximo descuento? _____

_____

B. Lee los siguientes enunciados y decide si son verdaderos (**V**), falsos (**F**) o si no se da la información (**NI**). Si son falsos, corrígelos.

1. _____ El vendedor sólo vende collares, brazaletes y anillos.

2. _____ El precio original del collar que le gusta a Eduardo es 35,000 pesos.

3. _____ La esposa de Eduardo cumple 40 años.

4. _____ Eduardo regateó hasta que consiguió un buen precio.

5. _____ Eduardo tiene un billete de 100,000 pesos.

6. _____ Eduardo paga con su tarjeta de crédito.

7. _____ Eduardo paga 25,000 pesos por el collar.

TEMA 2   ECUADOR: UNA NUEVA VOZ PARA LOS AMERINDIOS

Vocabulario del tema

9-12 La historia indígena de Ecuador.   Una de las organizaciones indígenas ecuatorianas ha preparado el siguiente resumen de la presencia indígena en Ecuador. Completa el párrafo con la palabra apropiada del recuadro. Recuerda conjugar los verbos correctamente según el contexto.

carretera	atravesar	fuerzas
prohibir	dominar	emperador
traicionar	obelisco	seguidores

Los incas **1.** _____ completamente la ciudad de Quito desde su invasión

en la mitad del siglo XV hasta finales del mismo siglo. Por la importancia que daban a las

comunicaciones, construyeron una **2.** _____ que unía Cuzco y Quito.

Cuando el gran **3.** _____ Huayna Cápac murió, el territorio inca fue

dividido entre sus dos hijos, Atahualpa y Huáscar. Desafortunadamente los dos hermanos

tenían diferencias, las cuales provocaron una guerra civil entre los **4.** _____
de uno y otro. Atahualpa ganó la guerra, pero su hermano, Huáscar, lo

5. _____ y finalmente Atahualpa fue ejecutado por el conquistador Francisco

Pizarro. En la época contemporánea, después de **6.** _____ el uso del quechua,

el gobierno reconoció la necesidad de mejorar la educación entre los indígnas y permitió que

fuera bilingüe.

9-13 Candidatos presidenciales.   En las nuevas elecciones en Ecuador los candidatos han propuesto varios proyectos políticos. Tú trabajas para una organización indígena y tienes que elegir el candidato que mejor represente los intereses políticos y económicos de los grupos indígenas.

A. Lee las descripciones siguientes y explica el significado de las palabras y/o expresiones en negrita.

CANDIDATO 1:
"Yo voy a **ejecutar** los cambios necesarios para **estimular** la economía. En el pasado nuestro país experimentó un *boom* del cacao y el plátano, pero con el descubrimiento del petróleo podemos solucionar muchos de nuestros problemas. Los indígenas que viven en estos territorios tendrán que mudarse a otros lugares."

ejecutar = _____

estimular = _____

CANDIDATO 2:

"Yo soy miembro de la Federación Ecuatoriana de Indios (FEI) y apoyó su trabajo de **alfabetización** bilingüe. Como presidente quiero visitar las comunidades indígenas y **establecer** programas que promuevan los intereses de este segmento de la población."

alfabetización = _____

establecer = _____

CANDIDATO 3:

"La política ecuatoriana ha sido **tumultuosa** en los últimos años. Mi proyecto para el futuro de este país es que haya estabilidad política y económica. Bajo mi administración se beneficiarán todos los grupos étnicos. Para llevar a cabo este proyecto pienso pedir un **préstamo** al Banco Mundial e invertir el dinero en el desarrollo de ciudades modernas en las regiones más remotas."

tumultuosa = _____

préstamo = _____

B. Ahora, elige al candidato que quieres apoyar y explica por qué. Menciona dos razones específicas.

_____

_____

_____

_____

9-14 La música.   Una de las contribuciones indígenas más importantes a la cultura ecuatoriana ha sido la música. Identifica la definición correcta de las siguientes palabras asociadas con la música.

1. _____ tocar

2. _____ guitarra

3. _____ flauta

4. _____ grabar

5. _____ costumbre

6. _____ tambor

a. registrar sonidos para reproducirlos

b. una tradición

c. un instrumento de percusión

d. hacer sonar un instrumento

e. un instrumento de cuerda

f. un instrumento de viento

9-15 ¿Recuerdas? Lee las pistas que aparecen abajo y completa el crucigrama con las palabras necesarias.

HORIZONTAL

3. Dolores Cacuango fundó cuatro escuelas en las que se enseñaba en español y en _____.

4. Último emperador inca. Era hermano de Huáscar y murió a manos de Pizarro.

5. Líder inca que se alió con las fuerzas de Francisco Pizarro.

7. Capital del imperio inca

8. La Gran _____ comprendía los territorios de Venezuela, Ecuador, Colombia y Panamá.

VERTICAL

1. El _____ fue la moneda nacional de Ecuador hasta el año 2000.

2. Estas islas también son conocidas como "Archipiélago de Colón".

6. Capital de Ecuador; fue invadida por los incas a mediados del siglo XV.

A escuchar

9-16 Estudios en el extranjero

A. Completa las siguientes frases con la respuesta apropiada de acuerdo con lo que escuches. Puede haber más de una respuesta.

    1. El señor Acosta es de:
        a. Quito
        b. Guayaquil
        c. Cuenca
        d. la capital de Ecuador

2. El señor Acosta le ofrece a la profesora Palacio programas durante:
   a. el otoño
   b. la primavera
   c. junio
   d. de julio a agosto

3. Los estudiantes internacionales que asisten al programa pueden:
   a. dominar perfectamente el español
   b. hacer un programa completo en tres semanas
   c. vivir con una familia ecuatoriana
   d. tomar clases intensivas de español

4. Se recomienda que antes de participar en el programa, los estudiantes de Estados Unidos tomen clases de español por:
   a. dos semestres
   b. dos años
   c. cuatro semestres
   d. tres años

5. El señor Acosta dice que el programa, ofrece clases sobre:
   a. los incas
   b. literatura colonial
   c. literatura de los Andes
   d. teatro y arte

B. Contesta las siguientes preguntas:

1. ¿Por qué se recomienda que los estudiantes tomen cuatro clases? _____

_____

2. ¿Qué se le recomienda a una persona que participa en el programa y no tiene un buen nivel de

español? _____

_____

3. Además de Quito, ¿qué otros lugares pueden visitar los estudiantes? Menciona tres.

_____

_____

GRAMÁTICA

Adverbial Clauses with Past Tenses

9-17 La economía ecuatoriana. Completa las siguientes oraciones sobre la economía ecuatoriana de los últimos años. Después indica el orden cronológico de los eventos con números del 1 al 4.

para que	aunque	antes de que	puesto que

_____ a. _____ el siglo XX terminara, Ecuador experimentó una gran crisis económica.

_____ **b.** La economía ecuatoriana ha crecido en el siglo XXI _____ la exportación de petróleo representa un aumento significativo de los ingresos.

_____ **c.** Ecuador optó por la dolarización _____ se esperaba que esta medida promoviera la inversión extranjera y frenara un poco la inflación.

_____ **d.** El dólar reemplazó al sucre _____ esta moneda se usó por más de un siglo.

9-18 La pionera Dolores Cacuango. El gobierno ecuatoriano ha formado un nuevo comité con el propósito de premiar a las personas más importantes del movimiento indígena. Ana, como persona indígena del Ecuador, ha decidido nominar a Dolores Cacuango para que sea reconocida. Completa su carta con el indicativo o el subjuntivo según sea necesario.

Comité Ejecutivo de Organizaciones Indígenas

654 Bulevar de las Acacias

Quito, Ecuador

Estimados señores:

Les escribo esta carta para nominar a la señora Dolores Cacuango para recibir el premio Orgullo Indígena Ecuatoriano como homenaje póstumo. Esta maravillosa mujer dedicó su vida a luchar por los derechos de la población indígena de nuestro país y tristemente murió sin que se

1. _____ (reconocer) su trabajo en la educación bilingüe. Ya que muchos niños indígenas sólo 2. _____ (hablar) quechua, estaban en absoluta desventaja en las escuelas al recibir instrucción exclusivamente en español. Dolores Cacuango fundó 4 escuelas bilingües en 1945 a fin de que estos estudiantes 3. _____ (aprender) a leer y a escribir en quechua y en español. Aunque el gobierno y los terratenientes 4. _____ (presionar) para cerrar las escuelas, éstas siguieron funcionado hasta que el gobierno finalmente las 5. _____ (cerrar) en 1963. Cuando Dolores 6. _____ (morir) en 1971 su sueño de reestablecer la educación bilingüe no parecía tener futuro. Debemos recordar que antes de que esta mujer 7. _____ (luchar) por nuestros derechos y los de nuestros niños, la vida de los miembros de nuestra comunidad era mucho más precaria.

¡Premiemos a Dolores Cacuango para que nuestros hijos y nuestros nietos nunca 8. _____ (olvidar) a la mujer que rescató nuestra herencia y nuestra dignidad!

Muy respetuosamente,

Ana Caiza

9-19 Un viaje memorable.   Jessica, Mark, Hillary y Andrew son estudiantes universitarios que hicieron un viaje a Quito, Ecuador el verano pasado. Tienen que preparar una presentación sobre su viaje para su clase de español. Para ayudarlos, escribe una oración que describa cada par de fotos. Usa las expresiones de tiempo y el subjuntivo o el indicativo.

1. Después de que _____

_____

_____

2. Antes de que _____

_____

_____

3. En cuanto _____

_____

_____

4. Cuando _____

_____

_____

9-20 Recuerdos del pasado.   Unos estudiantes recuerdan cómo era su vida en la escuela secundaria con todas las condiciones y restricciones que sus padres les imponían. Completa sus oraciones con la forma apropiada del verbo en el subjuntivo o el indicativo, según el contexto.

1. Jessica: Mis padres me decían que cuando _____ (ser) mayor podría ir de vacaciones sola con mis amigos.

2. Mark: Mi madre siempre me prohibía salir con mis amigos por las tardes a menos que

_____ (completar) mi tarea.

3. Hillary: Mi padre no me permitía asistir a fiestas en las que se servía alcohol porque no

_____ (tener) suficiente edad para beber.

4. Andrew: Mis padres prometieron comprarme un coche en cuanto _____

(mejorar) mis notas en la escuela.

5. ¿Qué te decían tus padres? Escribe dos oraciones usando las conjunciones dadas.

a menos que: _____

_____

tan pronto como: _____

_____

9-21 Resumen.   Ahora Mark compara las restricciones de su vida en la escuela secundaria con la libertad e independencia que tiene ahora como estudiante universitario.

A. Completa el párrafo con las formas apropiadas de los verbos en presente, pasado o subjuntivo según el contexto.

Aunque mi madre me **1.** _____ (prohibir) salir con mis amigos por las tardes

antes de que **2.** _____ (terminar) la tarea, ahora tan pronto como mis amigos me

3. _____ (llamar) para salir lo hago sin pensar en la tarea. Bueno, lo hago a

menos que **4.** _____ (tener) un examen al día siguiente porque las notas todavía

5. _____ (ser) importantes para que mis amigos y yo **6.** _____
(poder) graduarnos en tres años. Es que ahora es mi responsabilidad compaginar los estudios con la diversión social, sin las restricciones impuestas por mi madre.

B. Ahora tú, usando tus respuestas del ejercicio **5** de la actividad 9-20, compara tu vida en la escuela secundaria con tu vida presente utilizando algunas de las conjunciones siguientes: **ya que, con tal (de) que, para que, antes de que, después de que, cuando, hasta que,** etc.

_____

_____

_____

_____

9-22 La fiesta de Inti Raymi.   Trabajas con el Ministerio de Turismo de Ecuador y estás a cargo de escribir un artículo, en la página siguiente, sobre la fiesta de Inti Raymi, también conocida como la Fiesta del Sol. El artículo se va a publicar en la revista *Qué honor ser de Ecuador.* Investiga en Internet antes de escribir el artículo. Puedes leer y buscar videos también. Asegúrate de incluir la siguiente información:

1. ¿Cuándo se celebra la fiesta de Inti Raymi?

2. ¿En qué consiste la celebración?

3. ¿Qué tipo de música acompaña la celebración?

4. ¿Qué instrumentos se usan?

5. ¿Por qué es buena idea asistir a la celebración?

VOCABULARIO ÚTIL

solsticio	pueblo andino	festival
instrumentos	Cuzco	año nuevo
dios	música andina	el Inca
representación teatral	origen	sagrado

_____

_____

_____

_____

_____

_____

_____

_____

_____

_____

_____

_____

_____

_____

_____

_____

A escuchar

9-23 Romper el hielo. Ricardo decide hablar con la mujer que está en frente de él en el supermercado.

A. Escucha la conversación y contesta las siguientes preguntas:

1. ¿Cómo está el clima? _____

_____

2. ¿Cómo rompe el hielo Ricardo? _____

_____

3. ¿Qué dicen Susana y Ricardo del cajero? _____

4. ¿Cuánto tiempo pasan Susana y Ricardo haciendo fila? _____

_____

5. ¿Por qué le ofrece ayuda Ricardo a Susana? _____

_____

B. Imagínate que eres Ricardo o Susana. Ricardo acaba de poner las cosas en el carro de Susana. Continúa la conversación entre estos dos nuevos amigos.

RICARDO: _____

SUSANA: _____

RICARDO: _____

SUSANA: _____

RICARDO: _____

SUSANA: _____

TEMA 3   PERÚ: MIRANDO AL SOL

Vocabulario del tema

9-24 Un viaje al pasado. Los científicos acaban de inventar una máquina del tiempo para volver al pasado y estudiar civilizaciones antiguas. A ti te toca visitar la civilización inca. Describe las escenas que ves usando el vocabulario dado cuando sea posible.

VOCABULARIO ÚTIL

La sofisticación arquitectónica	Cuzco
los espléndidos palacios	el templo del Sol
las piedras	la precisión
los edificios	el emperador y su corte
residir	la construcción

_____

_____

_____

_____

_____

VOCABULARIO ÚTIL

los dirigentes	el imperio poderoso	conquistar	territorios
imponer	la expansión	controlar	la red de
			comunicaciones

_____

_____

_____

VOCABULARIO ÚTIL

los alimentos	la dieta	yuca	frijoles
tomates	el ganado	el cultivo	llamas
los trabajos	la siembra	la cosecha	
agrícolas			

_____

_____

_____

9-25 Asociaciones.   Encierra en un círculo la palabra que no está relacionada con las otras. Después explica por qué.

1. los picos, el nivel del mar, la frontera, el artesano

_____

2. la clase privilegiada, los descendientes, la corte, la aristocracia

_____

3. el atuendo, el compromiso, el matrimonio, el apareamiento

_____

4. la burocracia, los administradores, los lugareños, el emperador

_____

9-26 Costumbres incas.   Lee las descripciones de algunas costumbres sociales incas completándolas con las palabras apropiadas de la lista.

apego	dios	dominar
ganado	identificar	placa
construir	repartir	casa paterna

1. La religión: Según las creencias religiosas incas el emperador era el único representante del

_____ Sol en la tierra.

2. La tierra: Los incas tenían mucho _____ a la tierra porque la consideraban su

Pachamama o madre del universo.

3. El atuendo: Los incas podían _____ el origen de un campesino por la forma y

los colores de su ropa.

4. Las casas: Después de un matrimonio los parientes solían _____ una nueva

casa en la cual no había muebles, se comía en el suelo y la cama era un lecho de piel de llama.

9-27 ¿Recuerdas?   ¿Son las siguientes oraciones sobre la civilización inca verdaderas (**V**) o falsas (**F**)? Si son falsas, corrígelas.

1. _____ La civilización inca se extendía desde la frontera sur de Colombia, a Ecuador, Perú, Bolivia, al noroeste de Argentina y la mitad norte de Chile.

¿Corrección? _____

2. _____ Las construcciones incas no han sobrevivido hasta el presente debido a su construcción de calidad inferior.

¿Corrección? _____

3. _____ Al conquistar nuevos pueblos los incas permitían que sus habitantes siguieran usando su lengua y su religión.

¿Corrección? _____

4. _____ Una magnífica red de comunicaciones permitía a los incas controlar sus vastos territorios.

¿Corrección? _____

5. _____ A pesar de la influencia de los europeos todavía hay evidencia de la presencia de las civilizaciones amerindias.

¿Corrección? _____

A escuchar

9-28 Una narración amorosa. Escucha la narración siguiente en la que Heidi cuenta cómo conoció a su esposo. Después, contesta las preguntas a continuación.

1. Conecta las oraciones siguientes según la narración.

Cuando llovía yo no esperaba a mi padre sino que…

Mientras jugábamos en el agua…

Después de graduarme de la escuela secundaria…

Antes de que nos conociéramos…

En cuanto asistí la universidad de Cuzco…

Ya que teníamos infinidad de cosas en común…

… el amor nació entre nosotros.

… mi futuro esposo, Roberto, me estaba mirando.

… caminaba con mis amigas hasta una iglesia.

… Roberto me veía subir y bajar del avión en el aeropuerto.

… yo asistí a la universidad en Lima y Roberto asistió a la universidad en Cuzco.

… Roberto y yo nos conocimos y nos hicimos buenos amigos.

2. ¿Cuándo y por qué decidieron casarse Roberto y Heidi?

_____

_____

3. ¿Dónde tuvo lugar la boda? ¿Por qué fue un lugar importante para ellos?

_____

_____

Gramática

Passive Voice

9-29 Machu Picchu. El descubrimiento de Machu Picchu, ciudad ubicada junto a Cuzco, en 1911 intrigó a muchas personas que no estaban seguras de las razones por las que se construyó este lugar tan enigmático. ¡Algunos piensan que Machu Picchu es obra de seres de otros planetas! Termina las oraciones de la página siguiente, usando la voz pasiva con **ser** y añadiendo tus propias ideas o explicaciones. ¡Usa la imaginación!

Machu Picchu / construir / extraterrestres para....
Machu Picchu fue construido por los extraterrestres para espiar a los humanos.

1. Los templos / usar / los emperadores para…

_____

_____

2. El secreto de Machu Picchu / mantener / los incas porque…

_____

_____

3. El acceso a los caminos a Machu Picchu / prohibir / los administradores porque…

_____

_____

4. La ciudad de Machu Picchu / dominar / las clases privilegiadas porque…

_____

_____

9-30 ¿Qué pasó?   Forma oraciones usando la voz pasiva con **ser** y palabras de las tres columnas para repasar algunos acontecimientos históricos de Colombia, Ecuador y Perú.

Atahualpa	formar	los incas
El dios Sol	traicionar	Francisco Pizarro
La República de la Gran Colombia	conquistar	el emperador inca
	invadir	Huáscar
El mito de El Dorado	representar	los conquistadores
Quito	crear	Simón Bolívar
Los incas		

Los incas fueron conquistados por Francisco Pizarro.

1. _____

2. _____

3. _____

4. _____

5. _____

9-31 Noticias peruanas. Lees un periódico para informarte mejor sobre los acontecimientos más recientes en Perú. Cambia los titulares siguientes a oraciones pasivas con **se**, siguiendo el modelo.

> **MODELO:**
> Cincuenta artistas presentaron anoche la obra de teatro de Marina Coma.
> La obra de Marina Coma se presentó anoche.

1. Los arqueólogos encontraron rastros de dos pueblos incas en la Cordillera de los Andes.

   _____

2. Los habitantes de varios pueblos perdieron las cosechas a causa de una lluvia torrencial.

   _____

3. La alcaldesa de Lima le hizo cambios a la propuesta educativa.

   _____

4. Varios grupos indígenas celebraron un ritual antiguo ayer en Cuzco.

   _____

9-32 Noticias locales. Trabajas para el periódico de tu universidad. Prepara cuatro titulares para el periódico de mañana usando la voz pasiva **ser**. ¡Sé creativo/a!

> **MODELO:**
> **La mascota del equipo de fútbol americano fue rescatada ayer por la tarde.**

1. _____

   _____

2. _____

   _____

3. _____

   _____

4. _____

   _____

Redacción

9-33 El matrimonio. Los valores sociales y costumbres incas con respecto al matrimonio incluían lo siguiente:

❶ Los campesinos siempre se casaban con gente perteneciente al mismo grupo social.

❷ El matrimonio de la gente del pueblo era monógamo pero el matrimonio de las clases privilegiadas y el del emperador era polígamo.

❸ Era importante legalizar el compromiso con un representante del emperador inca.

❹ En los pueblos muchas veces antes de casarse las parejas se sometían al matrimonio de ensayo para asegurarse de que el hombre y la mujer se llevaran bien.

❺ Los deberes de las mujeres casadas incluían preparar la comida, confeccionar los trajes y ayudar en los trabajos agrícolas.

❻ La separación de una pareja era difícil, excepto en casos de adulterio femenino o esterilidad.

Escribe una comparación entre tus valores con respecto al matrimonio y los valores de los incas, considerando las siguientes preguntas:

- ¿Quieres vivir con tu pareja antes de casarte? ¿Por qué?

- ¿Es importante para tu familia que te cases con alguien de tu misma clase social? ¿Es importante que te cases con alguien de tu pueblo o de tu misma cultura?

- ¿Será tu matrimonio tradicional o moderno? ¿Por qué?

- ¿Bajo qué circunstancias te separarías de tu pareja?

VOCABULARIO ÚTIL

el compromiso	la jerarquía social	el emparejamiento
la unión	llevarse bien	casarse
la separación	confirmar	apreciar

_____

_____

_____

_____

_____

A escuchar

9-34 Comunicarse formal e informalmente. El doctor Restrepo habla con Claudia, la secretaria del doctor Jiménez, y luego Claudia habla con su amiga Juliana.

A. Escucha las conversaciones y contesta las preguntas que aparecen a continuación.

1. ¿Qué necesita el Dr. Restrepo?

_____

_____

2. ¿Qué hace la secretaria para ayudar al doctor?

_____

_____

3. ¿Qué necesita Juliana?

_____

_____

4. ¿Por qué Claudia no puede ayudar a Juliana?

_____

_____

5. ¿Cómo va a llegar el mensaje de Juliana a la oficina de Claudia?

_____

_____

B. Decide si las siguientes oraciones son verdaderas (**V**) o falsas (**F**). Si son falsas, corrígelas.

1. Claudia trabaja con el departamento de psiquiatría.

   ¿Corrección? _____

2. El doctor Jiménez está de vacaciones.

   ¿Corrección? _____

3. El doctor Restrepo necesita el informe de la reunión del departamento de pediatría.

   ¿Corrección? _____

4. El doctor Restrepo pasa por la oficina de Claudia a buscar el informe.

   ¿Corrección? _____

5. Juliana pasa por la oficina de Claudia para saludarla.

   ¿Corrección? _____

TEMA 4 · BOLIVIA: DESDE LAS ALTURAS DE AMÉRICA

Vocabulario del tema

9-35 Curiosidades.   Termina las siguientes oraciones con la palabra apropiada para completar el crucigrama.

HORIZONTALES

1. Un pueblo guerrero, como los aimaras, es un pueblo _____

2. Las personas que trabajaban en las minas de Potosí eran _____.

3. Una ciudad, como Antofagasta, que está en la costa es un _____

4. Bolivia es un país que tiene muchas _____ de gas natural.

VERTICALES

1. El sector minero protestó, negándose a trabajar, por las reformas económicas de Estenssoro

   porque estaban en _____.

2. Según algunos científicos el lago Titicaca es el _____ de un volcán inactivo.

3. Según varias leyendas en el fondo de este lago hay muchas riquezas o _____.

4. Otra palabra para decir *piedra* es _____.

Copyright © John Wiley & Sons, Inc.

9-36 El lago Titicaca. Para saber más sobre el lago identifica la descripción correcta de las siguientes atracciones.

Lago Titicaca

1. _____ el lago Titicaca

2. _____ la Isla del Sol

3. _____ la fiesta de la Virgen de la Candelaria

4. _____ la Isla de la Luna

5. _____ la Isla Suriqui

6. _____ los chamanes kallahuayas

a. Aquí el visitante encontrará varios lugares de interés arqueológico y una roca sagrada en forma de puma.

b. Aquí se pueden ver las ruinas del templo tiahuanaco de las Vírgenes del Sol.

c. Aquí el visitante puede observar cómo se hace una balsa de totora.

d. Es el lago más alto del mundo y tiene 196 km de largo y 56 km de ancho.

e. Tiene lugar en Copacabana el 5 de agosto.

f. Creen que las enfermedades son el resultado de un desequilibrio de energías en el cuerpo.

9-37 ¿Recuerdas?

A. Completa las siguientes oraciones sobre la historia de Bolivia con la palabra apropiada de la lista. Recuerda conjugar los verbos cuando sea necesario.

fortificadas	elegir	salida	medidas
llevarse a cabo	agotarse	reinos	exportador

1. Al declararse independiente Bolivia _____ como primer presidente a Simón Bolívar.

2. Bajo el gobierno de Evo Morales, primer presidente indígena, _____ la nacionalización de los hidrocarburos.

3. Con su decadencia y caída el Imperio Tiahuanaco se dividió en ocho _____ aimaras.

4. La ciudad de Potosí se convirtió en el mayor _____ de plata del mundo.

5. Durante su primer período como presidente, Estenssoro tomó _____ importantes al nacionalizar las minas.

6. La decadencia de Potosí comenzó cuando la plata empezó a _____

7. Los incas invadieron y conquistaron las ciudades _____ de las comunidades aimaras.

8. Bolivia perdió su _____ al Pacífico después de una guerra con Chile.

B. Usando la lista a continuación indica cuándo ocurrieron los eventos de la Parte A.

1. 1200 _____

2. la segunda mitad del siglo XV _____

3. la primera década de 1600_____

4. finales del siglo XVIII _____

5. 1825_____

6. 1952-1956_____

7. el siglo XIX _____

8. 2006_____

A escuchar

9-38 El lago Titicaca: Mito y realidad. Escucha el siguiente texto sobre el lago Titicaca y después contesta las preguntas a continuación.

A. Identificación. Marca con una ✔ los nombres de los personajes mencionados en el texto.

❑ el Dios Creador

❑ la gente de la Ciudad Eterna

❑ los pumas

❑ el Padre Sol

❑ los hermanos Manco Capac y Mama Ocllo

B. Las ideas principales. Los mitos sobre el lago Titicaca intentan explicar la creación de dos cosas. ¿Cuáles son?

_____

_____

C. Detalles importantes. Pon los siguientes eventos en orden del 1 al 8, según el texto.

_____ El Padre Sol empezó a llorar.

_____ El Dios Creador creó el mundo y la Ciudad Eterna.

_____ Los pumas mataron a la gente por su desobediencia.

_____ El Padre Sol creó a los primeros incas, Manco Capac y Mama Ocllo.

_____ El Dios Creador dejó una orden para la gente.

_____ El Dios Creador se enfadó.

_____ El Dios Creador se fue a vivir a la Montaña Sagrada.

_____ El dios malo convenció a la gente para que subiera a la Montaña Sagrada.

D. Aplicación.

1. ¿Por qué castigó el Dios Creador a la gente de la Ciudad Eterna?

_____

_____

_____

2. ¿Cómo nació el lago Titicaca?

_____

_____

_____

3. ¿Cómo nació el imperio inca?

_____

_____

4. ¿Por qué dice el texto que hoy en día los científicos siguen descubriendo los misterios del lago Titicaca?

_____

_____

_____

5. ¿Te gustaría visitar el lago Titicaca? ¿Por qué?

_____

_____

_____

E. Atención a la estructura. Vas a escuchar algunas oraciones del texto. Primero, identifica la conjunción usada en cada oración y escríbela en el espacio que se proporciona. Después, escribe el verbo que se usa después de la conjunción.

1. conjunción = _____

 verbo = _____

2. conjunción = _____

 verbo = _____

3. conjunción = _____

 verbo = _____

4. conjunción = _____

 verbo = _____

Redacción

9-39 Un viaje al lago Titicaca. Trabajas para el Ministro de Turismo de Bolivia. Te han pedido crear una nueva página de Internet para promover el turismo espiritual al lago Titicaca. Escribe el texto introductorio.

VOCABULARIO ÚTIL

el mito	la roca sagrada	la patrona
las ruinas	los chamanes	el aura sagrada
el desequilibrio	las energías en el cuerpo	los rituales

Vengan al lago Titicaca para renovar su espíritu

Más allá de las palabras

Redacción

9-40 Un testimonio. ¿Recuerdas la máquina del tiempo? Ahora, tienes la oportunidad de volver al pasado y presenciar uno de los siguientes acontecimientos:

➤ El ritual chibcha en el que el jefe cubría su cuerpo con polvo de oro y se bañaba en el lago Guatavita.

➤ Una batalla de la guerra civil entre los seguidores de Huáscar y Atahualpa.

➤ Un día en la vida de la ciudad de Machu Picchu durante la época de los incas.

➤ El matrimonio de dos indígenas incas campesinos.

➤ La llegada de un representante de la administración inca a un pueblo para repartir hombres y mujeres.

➤ La creación de uno de los dibujos Nazca.

➤ La conquista inca de los aimaras.

➤ La creación del lago Titicaca.

Escribe un testimonio de uno de estos acontecimientos usando la perspectiva de uno de los participantes. Usa la información de tu libro de texto y tu imaginación. Para consultar las características del testimonio como texto puedes leer la sección de la página siguiente.

_____

_____

_____

_____

_____

_____

_____

_____

_____

_____

_____

Copyright © John Wiley & Sons, Inc.

El escritor tiene la palabra

En esta sección tendrás la oportunidad de aprender más sobre el testimonio y aplicar tus conocimientos al fragmento "Origen de los incas, reyes del Perú", de *Comentarios reales,* de tu libro de texto.

9-41 Características de un testimonio.   Lee las siguientes descripciones y contesta las preguntas.

• El marco escénico de los testimonios es el pasado.

1. Específicamente, ¿cuándo ocurrieron los eventos en el fragmento?

_____

• El propósito de un testimonio es relatar un evento o momento importante de la historia desde la perspectiva de uno de los participantes u observadores. El narrador presenta los hechos como una historia real.

2. ¿De qué evento o momento histórico trata este fragmento?

_____

_____

3. ¿Cuándo escribió el Inca Garcilaso su testimonio? ¿Más o menos cuánto tiempo pasó entre los eventos narrados y el testimonio escrito?

_____

_____

4. ¿Fue el Inca Garcilaso un observador o participante de los eventos? ¿Cómo se enteró de los eventos narrados?

_____

_____

• Al leer un testimonio es importante recordar la perspectiva de su escritor porque afecta su selección, interpretación y presentación de los hechos.

5. El fragmento trata de los indígenas incas. ¿Era el autor de este testimonio un indígena inca?

_____

6. En esta unidad has aprendido que para los indígenas amerindios, el apego a la tierra es una característica religiosa y cultural importante. ¿Se observa este amor a la *Pachamama* (la madre del universo) en este fragmento? Explícalo.

_____

_____

_____

7. Si el Inca Garcilaso hubiera sido un conquistador español, ¿en qué cambiaría su selección, interpretación o presentación de los hechos? En tu respuesta elabora una idea específica.

_____

_____

_____

_____

9-42 Mi diario literario.   Escribe tu reacción personal al fragmento. Considera las preguntas siguientes:

- Un pequeño resumen: En tu opinión, ¿cuáles son los eventos más importantes?

- Dificultades: ¿Hay partes del testimonio que no entendiste muy bien? Explica cuáles son y por qué crees que te han resultado problemáticas.

- Reacción personal: ¿Te gusta el testimonio? ¿Por qué? ¿Qué aspectos cambiarías? ¿Por qué?

_____

_____

_____

_____

_____

_____

_____

_____

_____

_____

Para escribir mejor

El verbo haber

El verbo **haber** tiene dos usos principales: como verbo auxiliar con el participio pasado para formar los tiempos perfectos y como verbo impersonal para expresar existencia.

  I. Haber como verbo auxiliar

   A. Los tiempos perfectos del indicativo

   1. El presente perfecto: he, has, ha, hemos, habéis, han

   Este semestre **hemos estudiado** el mito de El Dorado.

   *This semester **we have studied** the myth of El Dorado.*

   2. El pluscuamperfecto o pasado perfecto: había, habías, había, habíamos, habíais, habían

   Antes de empezar este curso **habíamos estudiado** la cultura chibcha.

   *Before this course **we had studied** the Chibcha culture.*

   3. El futuro perfecto: habré, habrás, habrá, habremos, habréis, habrán

   Ya **habremos estudiado** la cultura inca antes de terminar el semestre.

   *We **will have studied** the Incan culture before the semester ends.*

   4. Condicional perfecto: habría, habrías, habría, habríamos, habríais, habrían

   Habríamos estudiado la cultura inca el semestre pasado pero no tuvimos tiempo.

   *We **would have studied** the Incan culture last semester but we didn't have time.*

   B. Los tiempos perfectos del subjuntivo

   1. El presente perfecto: haya, hayas, haya, hayamos, hayáis, hayan

   Es bueno que los indígenas colombianos de hoy **hayan mantenido** el uso de sus lenguas nativas.

   *It is good that the indigenous Colombians of today **have maintained** the use of their native languages.*

   2. El pasado perfecto: hubiera, hubieras, hubiera, hubiéramos, hubierais, hubieran

   Si los jefes chibchas no **hubieran cubierto** sus cuerpos con polvo de oro no se habría creado el mito de El Dorado.

   *If the Chibcha chiefs **had not covered** their bodies in gold the myth of El Dorado would never have been created.*

¿Recuerdas? Para formar **el participio pasado** se agrega **–ado** a la raíz de los verbos terminados en **–ar** o **–ido** a la raíz de los verbos terminados en **–er** o **–ir.**

  EJEMPLOS DE PARTICIPIOS REGULARES:

      habitar = habit**ado**
      prometer = promet**ido**
      asumir = asum**ido**

EJEMPLOS DE PARTICIPIOS IRREGULARES:

abrir = ab**ierto**	cubrir = cub**ierto**
decir = d**icho**	disolver = dis**uelto**
escribir = escr**ito**	hacer = h**echo**
morir = m**uerto**	poner = p**uesto**
resolver = res**uelto**	romper = **roto**
ver = v**isto**	volver = v**uelto**

9-43 Práctica.   Escribe el participio pasado de los siguientes verbos.

1. diseñar = _____

2. predecir = _____

3. disminuir = _____

4. disponer = _____

5. generar = _____

6. satisfacer = _____

9-44 Práctica.   Completa las siguientes oraciones sobre el Plan Colombia con la forma apropiada de **haber,** según las indicaciones.

1. Durante los últimos 20 años Colombia _____ (presente perfecto de indicativo) tenido como objetivo la reducción de la producción de drogas.

2. Antes de 1999 las guerrillas _____ (pasado perfecto de indicativo) tenido demasiado poder. Hoy la situación es diferente.

3. Para EE.UU. es importante que el gobierno colombiano _____ (presente perfecto de subjuntivo) trabajado para reducir la producción de drogas.

4. Para el año 2020 Colombia _____ (futuro perfecto de indicativo) desarrollado el cultivo de productos alternativos.

II. Más sobre el verbo *haber*   **Haber** como verbo impersonal para expresar existencia

Como verbo impersonal siempre se usa **haber** en la tercera persona singular.

A. Tiempos del indicativo

1. Presente (*there is / are*)

Hay muchos descendientes de los incas viviendo hoy en Perú.

There are many descendents of the Incas living in Peru today.

2. Pretérito (*there was / were*)

Hubo una población de entre cinco y doce millones de personas en el imperio inca en 1532.

There was a population of 5 to 12 million people in the Incan empire in 1532.

3. Imperfecto (*there used to be*)

Había una magnífica red de comunicaciones que conectaba al imperio inca.

There used to be a magnificent communication network that connected the Incan empire.

4. Futuro (*there will be*)

Habrá más escuelas bilingües para enseñar a los niños quechua y español.

There will be more bilingual schools to teach the children Quechua and Spanish.

5. Condicional (*there would be*)

Habría más templos incas hoy, pero muchos fueron destruidos por los españoles.

There would be more Incan temples today but many of them were destroyed by the Spaniards.

6. Presente perfecto (*there has / have been*)

Recientemente **ha habido** problemas con los turistas que visitan Machu Picchu porque quieren llevarse un recuerdo.

Lately there have been problems with the tourists that visit Machu Picchu because they want to take a souvenir.

7. Pluscuamperfecto / Pasado perfecto (*there had been*)

Antes de 1911 no **había habido** muchos estudios sobre las "llactas".

Before 1911 there had not been many studies of the 'llactas'.

8. Futuro perfecto (*there will have been*)

Para el año 2050 ya **habrá habido** suficiente tiempo para descubrir el resto de los tesoros incas.

By the year 2050 there will have been enough time to discover the rest of the Incan treasures.

9. Condicional perfecto (*there would have been*)

Habría habido más información sobre la cultura inca si los miembros de esta cultura hubieran conocido la escritura.

There would have been more information about the Incan culture if they had had a writing system.

B. Tiempos del subjuntivo

1. Presente (*there may be, there might be*)

Es posible que **haya** más ciudades como Machu Picchu que los arqueólogos no han descubierto.

It is possible that there may be more cities like Machu Picchu that archeologists have not discovered.

2. Imperfecto (*there was/were, there might be*)

Si **hubiera** más evidencia los científicos demostrarían que Machu Picchu tiene un poder espiritual especial.

If there were more evidence the scientists would prove that Machu Picchu has a unique spiritual power.

9-45 Práctica. Lee las oraciones sobre un viaje a Perú y elige la forma apropiada de **haber** en singular o plural, según el caso.

1. Cuando llegamos al hotel en Lima (habían / había) problemas porque los dependientes nos dijeron que no (había / habían) recibido nuestra reservación.

2. El guía nos dijo que (había / habían) habido una excursión al museo nacional pero los administradores lo (había / habían) cerrado para hacer renovaciones.

3. Es posible que los otros turistas del grupo (haya / hayan) visto algo tan impresionante como Machu Picchu antes pero para mí es imposible que (haya / hayan) otros sitios comparables.

4. Si (hubiera / hubieran) más horas en el día visitaría más lugares de interés histórico.

9-46 Práctica. Completa el párrafo siguiente sobre las misteriosas líneas de Nazca eligiendo la forma correcta de haber.

1.(Hay / Han) enormes dibujos trazados en la arena del desierto en la costa sur de Perú. Nadie sabe exactamente quiénes los hicieron pero muchos **2.**(ha / han) propuesto sus propias teorías. Una de ellas es que **3.**(habían / había) un grupo de extraterrestres que vino a la Tierra y los dibujó. Pero si ellos **4.**(hubiera / hubieran) venido, ¿por qué no **5.**(habría / habrían) más indicaciones de su presencia? Otros dicen que antes de los incas **6.**(hubo / hay) otros grupos de indígenas con suficiente sofisticación cultural para poder construirlos. **7.**(Habría / Habrían) habido más conocimiento de estas civilizaciones si el desierto no **8.**(hubiera / habían) destruido sus artefactos culturales. Es posible que en el futuro **9.**(haya / hayan) respuestas al gran misterio de las líneas de Nazca.

Para pronunciar mejor

y, ll, ñ

- The letters **y** and **ll** represent exactly the same sound in most Spanish speaking areas. Speakers may go back and forth between a pronunciation similar to **y** as in *yellow* or similar to **j** as in *joke*.
- The pronunciation of **ñ** is similar to the pronunciation of **n** in English words such as *onion* and *canyon*.

9-47 Listen to the pronunciation of these English / Spanish pairs and repeat.

1. *villa* villa
2. *vanilla* vainilla
3. *Amarillo* amarillo
4. *llama* llama
5. *llano* llano

9-48 Listen to the recording and repeat.

1. yema
2. llama
3. llamar
4. lleno

5. rollo

6. sello

7. coyote

8. yo

9-49 Trabalenguas. Repeat after you hear this tongue twister. Repeat it until you can recite the tongue twister without stopping. Pay attention to linking across word boundaries.

El ciclo está enladrillado.

¿Quién lo desenladrillará?

El desenladrillador que lo desenladrillare

buen desenladrillador será.

9-50 Listen to the recording and repeat.

1. sueño

2. cariño

3. niña

4. soñar

5. pequeño

9-51 Trabalenguas. Repeat after you hear this tongue twister. Repeat it until you can recite the tongue twister without stopping. Pay attention to linking across word boundaries.

El señor Peña buscaba

un regalo navideño

para el pequeño Antoñito,

y Antoñito le ayudó

diciéndole que era un niño soñador

que soñaba con piñatas.

9-52 Dictado. Listen to the recording and write down the words you hear.

1. _____

2. _____

3. _____

4. _____

5. _____

6. _____

7. _____

8. _____

TEMA 1   CHILE: CONSOLIDACIÓN DE UNA DEMOCRACIA JOVEN

Vocabulario del tema

10-1 Asociaciones

A. ¿Qué palabras o expresiones de la siguiente lista asocias con una dictadura? ¿Y con una democracia? Es posible asociar algunas palabras con los dos conceptos.

un golpe militar   la libertad de expresión   el ejército

las ejecuciones   las desapariciones   la inflación

el progreso económico   la inversión extranjera   las elecciones

los derechos humanos   derrocar

UNA DICTADURA	UNA DEMOCRACIA

B. Usando el vocabulario de la Parte A y otras palabras que conozcas, describe qué es una dictadura y qué es una democracia.

una dictadura =

_____

_____

una democracia =

_____

_____

_____

10-2 El golpe militar en Chile.   Susana no ha entendido muy bien la información sobre la historia chilena y visita a su profesor durante las horas de oficina.

A. Completa su conversación con la palabra apropiada de la siguiente lista. Haz los cambios necesarios. ¡Cuidado con la conjugación de los verbos!

descontrolar	reclutar	exportar
derrocar	causar	alienar
liberar	deteriorar	escasear
abolir	favorecer	nacionalizar

Susana: No entiendo por qué Augusto Pinochet **1.** _____ el gobierno del presidente Salvador Allende en 1973.

Profesor: Bueno, la respuesta es compleja, pero en realidad la situación económica

2. _____ el golpe y su éxito. El presidente Allende

3. _____ varios sectores de la industria y las minas de cobre. Por las graves consecuencias económicas que resultaron de esto, su gobierno

4. _____ descontento con la clase media.

Susana: Perdone, profesor, es que nunca he estudiado este tema. ¿Es la minería muy importante para la economía chilena?

Profesor: Sí, Chile **5.** _____ cobre y nitrato, que también se conoce como salitre.

Susana: Y, ¿cómo terminó el gobierno de Allende?

Profesor: En sus últimos años la situación se **6.** _____. Por la falta de

inversión extranjera empezaron a **7.** _____ productos y la inflación

se **8.** _____. El gobierno de Pinochet cometió innumerables atrocidades

y violó los derechos humanos, pero desde el punto de vista económico sentó las bases del progreso económico del Chile de hoy.

Susana: Gracias profesor, ahora entiendo mejor.

B. Ahora, tú eres el/la profesor/a. Contesta la última pregunta de Susana usando lo que ya sabes de Chile y la información de tu libro de texto. ¿Cómo fue el gobierno de Pinochet?

_____

_____

_____

_____

10-3 La reconciliación.   Patricio Aylwin fue elegido presidente después de diecisiete años de la dictadura de Pinochet. Su meta política principal fue reestablecer una democracia sólida.

A. Indica con números del 1 al 5, cuáles serían las tareas más difíciles para lograr su meta. Después explica el significado de las palabras en negrita.

a. _____ Reconciliar a los **partidarios** y a los detractores de Pinochet.

partidarios = _____

b. _____ **Fomentar** valores éticos en la vida política.

fomentar = _____

c. _____ **Fundar** para desarrollar estrategias.

fundar = _____

d. _____ Eliminar la **pobreza**.

pobreza = _____

e. _____ Promover el regreso de los **exiliados** chilenos y facilitar su reincorporación a la vida política y económica del país.

exiliados = _____

B. Si fueras Patricio Aylwin, ¿cómo realizarías esas tareas? Describe como mínimo tres cosas específicas que harías para realizar la tarea identificada en la Parte A como la más difícil.

1.

_____

_____

2.

_____

_____

3.

_____

_____

10-4 ¿Recuerdas? Identifica la importancia de cada figura o grupo histórico en la historia de Chile.

1. _____ los mapuches

2. _____ Bernardo O'Higgins y José de San Martín

3. _____ Augusto Pinochet

4. _____ Salvador Allende

5. _____ Michelle Bachelet

6. _____ Patricio Aylwin

a. En 1997 el Consejo de Europa lo galardonó por su contribución a la defensa de los derechos humanos.

b. Reclutaron y entrenaron al ejército que liberó a Chile.

c. Lucharon por defender su territorio contra los españoles.

d. Murió en el palacio presidencial La Moneda durante un golpe militar.

e. Abolió la libertad de expresión.

f. En 1974 su padre falleció torturado bajo el régimen de Pinochet.

A escuchar

10-5 Una exiliada en EE.UU. Sara es una estudiante universitaria. Como parte de un proyecto que está realizando para su clase de español entrevista a María Elena, una exiliada chilena que vive en EE.UU. Escucha su entrevista y contesta las preguntas a continuación.

1. ¿Cuál es el proyecto de Sara? _____

_____

_____

_____

2. De la información que recibe de María Elena, ¿qué cosas puede usar Sara para realizar su proyecto?

❏ las tácticas represivas de los militares

❏ las actividades políticas del hermano de María Elena

❏ la huida de María Elena de Chile

❏ la muerte de su hermano

❏ su trabajo y familia en EE.UU.

❏ ¿otra información relevante? _____

_____

3. ¿Por qué salió María Elena de Chile? _____

_____

_____

4. ¿Quiere regresar María Elena a Chile? ¿Por qué? Menciona dos razones diferentes.

_____

_____

_____

GRAMÁTICA

Present Perfect; Past Perfect

10-6 ¿Qué ha pasado en Chile? Eres un/a reportero/a y asistes a una rueda de prensa. Varios representantes del gobierno chileno hablan sobre los eventos importantes recientes.

A. Completa las oraciones siguientes con la forma apropiada del verbo en el presente perfecto del indicativo para saber lo que dijeron los representantes.

1. El director nacional de turismo: "Este año más turistas _____

(viajar) a la Isla de Pascua para ver las estatuas moai."

2. Un consejero económico: "Este mes la inversión extranjera _____ (aumentar)

gracias a los acuerdos con otros países."

3. La Presidenta: "Yo _____ (hacer) varios viajes a Argentina para hablar de

acuerdos bilaterales."

4. Una representante de la Cooperación para la Democracia y la Justicia: "Este año nosotros

_____ (implementar) nuevas estrategias para eliminar la pobreza."

5. El vicepresidente: "Desde la dictadura de Pinochet el gobierno _____

(identificar) y _____ (juzgar) a miles de militares por haber violado los

derechos humanos."

B. Ahora prepara un artículo en el que resumes los comentarios de los representantes, siguiendo el modelo. ¡Cuidado con los sujetos!

MODELO:

> **El director nacional de turismo dijo que este año más turistas habían viajado a la Isla de Pascua para ver las estatuas moai.**

1. _____

_____

2. _____

_____

3. _____

_____

4. _____

_____

10-7 La cronología histórica.   Eres un/a historiador/a que está preparando un resumen de la historia chilena. Lee las siguientes frases sobre eventos históricos importantes y escribe una oración que indique cuál de las dos acciones ocurrió primero.

> **MODELO:**
>
> Pinochet derrocar el gobierno de Allende / la economía chilena deteriorarse
> **La economía chilena ya se había deteriorado cuando Pinochet derrocó el gobierno de Allende.**

1. Chile independizarse de España / Bernardo O'Higgins y José de San Martín reclutar y entrenar a un ejército

_____

_____

2. el poeta español Alonso de Ercilla escribir el poema "La Araucana" / los mapuches decapitar al conquistador Pedro de Valdivia

_____

_____

3. los líderes reestablecer la democracia en Chile / Pinochet retirarse de la política

_____

_____

10-8 Un viaje a Chile.   Tú y tus amigos volvieron ayer de un viaje a Chile. Otros amigos que no viajaron con ustedes quieren saber qué cosas no habían visto ni hecho en sus viajes anteriores. Completa las siguientes oraciones, según el modelo.

> **MODELO:**
>
> Becky / volar en avión
> **Becky no había volado en avión antes de este viaje.**

1. Yo / oír hablar de la Isla de Pascua

_____

2. Mi amiga y yo / probar el vino chileno

_____

3. Becky y Adam / ver una mina de cobre

_____

4. Nosotros / hacer una excursión a los Andes

_____

10-9 Nostalgia

A. Lauren es una estudiante universitaria de primer año y su vida ha cambiado mucho. Siente nostalgia por su vida en la escuela secundaria. Usando las descripciones de su vida pasada y presente, explica en qué había sido diferente su vida antes de asistir a la universidad. Menciona cuatro cambios específicos.

ANTES...	AHORA...
• tener muchos amigos	• correr en el parque sola
• pasar mucho tiempo con su familia	• comer mucho
• ver a su novio todos los fines de semana	• hablar con sus padres por teléfono
• asistir a muchas fiestas	• estudiar mucho en la biblioteca durante los fines de semana
• jugar con su perro en el parque	• sólo ver a su novio durante las vacaciones
• no tener mucha tarea	• hacer tarea todos los días
• hacer ejercicios todos los días	• no conocer a muchas personas

MODELO:

Antes de asistir a la universidad, Lauren había tenido muchos amigos pero ahora no conoce a muchas personas.

_____

_____

_____

_____

_____

B. ¿Y tú? ¿Hubo un momento importante en tu vida que la cambió? ¿Sientes nostalgia por tu vida pasada? Explica el momento específico y luego describe cómo había sido tu vida antes y cómo ha sido después.

_____

_____

_____

_____

_____

_____

10-10 Mis logros. ¿Qué habías hecho en diferentes etapas de tu vida? Mira el ejemplo y completa el cuadro con tu información.

Edad	Evento
6 años	Yo ya había aprendido a leer.
15 años	Yo todavía no había recibido mi licencia.
19 años	Yo ya había empezado la universidad.

Tu turno

Edad	Logro
1. _____	
2. _____	
3. _____	
4. _____	
5. _____	

Redacción

10-11 Recuerdos familiares. Eres un/a chileno/a que se exilió en Canadá durante la dictadura de Pinochet. Al volver a Chile con tu familia escribes una carta a tus descendientes, explicándoles por qué fuiste a vivir a Canadá, por qué volviste a Chile y cómo esa experiencia cambió tu vida y la de tu familia.

VOCABULARIO ÚTIL

regresar	adaptarse	recuerdos
equivocarse	abandonar	los exiliados
la dictadura	las víctimas	experimentar

Querida familia:

_____

_____

_____

_____

_____

Con cariño,

_____

(tu firma)

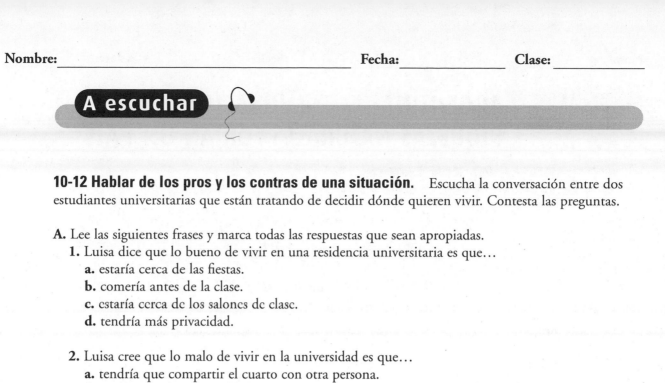

10-12 Hablar de los pros y los contras de una situación. Escucha la conversación entre dos estudiantes universitarias que están tratando de decidir dónde quieren vivir. Contesta las preguntas.

A. Lee las siguientes frases y marca todas las respuestas que sean apropiadas.

1. Luisa dice que lo bueno de vivir en una residencia universitaria es que…
    a. estaría cerca de las fiestas.
    b. comería antes de la clase.
    c. estaría cerca de los salones de clase.
    d. tendría más privacidad.

2. Luisa cree que lo malo de vivir en la universidad es que…
    a. tendría que compartir el cuarto con otra persona.
    b. ha vivido allí por tres años.
    c. no tiene privacidad.

3. Pilar menciona que lo bueno de vivir fuera de la universidad es que…
    a. ella y Luisa podrían hacer fiestas.
    b. podrían vivir en una casa o un apartamento.
    c. tendrían que seguir muchas reglas.
    d. podrían cocinar.

4. Pilar menciona que lo malo de vivir fuera de la universidad es que…
    a. el alquiler sería más alto.
    b. tendrían que pagar por los servicios como el agua y la luz.
    c. tendrían que conducir a la universidad.
    d. estarían más lejos de la universidad.

B. Contesta las siguientes preguntas:

1. ¿Qué deciden hacer Pilar y Luisa? ¿Por qué? Menciona dos razones. _____

_____

2. ¿Cuántos años han vivido en las residencias universitarias? _____

_____

3. ¿Vives dentro o fuera de la universidad? ¿Por qué? _____

_____

4. ¿Puedes mencionar dos ventajas y dos desventajas de vivir donde vives? _____

_____

| TEMA 2 | **ARGENTINA: LA INMIGRACIÓN Y LAS RIQUEZAS NATURALES FORJAN UN PAÍS** |

Vocabulario del tema

10-13 El peronismo. Usando el contexto y tu intuición, identifica la definición de las palabras y/o expresiones en negrita.

1. En la política argentina del siglo XX **destaca** la figura de Juan Perón, que fue presidente en 1946, 1952 y 1974.

   a. sobresale   **b.** es de poca importancia   **c.** potencia

2. Perón tenía el apoyo de muchos **sectores,** como los trabajadores de la industria y del campo.

   a. exportadores   **b.** seguidores   **c.** partes o secciones

3. Su esposa, Evita, también le **proporcionó** un importante punto de apoyo.

   a. quitó   **b.** estabilizó   **c.** dio

4. El peronismo es un movimiento político que pretendía encontrar un **punto intermedio** entre el capitalismo y el comunismo.

   a. una combinación   **b.** una separación   **c.** una competición

10-14 La Guerra Sucia. Durante la guerra sucia argentina, el gobierno militar usó la represión para controlar a la gente, especialmente a aquellos que estaban en contra del gobierno.
A. Para entender las varias perspectivas históricas, indica quién o quiénes dirían las siguientes cosas sobre esta época.

   ❶ un miembro del gobierno militar durante la Guerra Sucia

   ❷ una persona en contra del gobierno

   ❸ una Madre de Plaza de Mayo (un grupo que forzó al gobierno a investigar las violaciones de los derechos humanos)

a. _____ Después de haber perdido tantos hijos y familiares por la represión del gobierno, por lo menos nos juntábamos y así sentíamos que nos teníamos las unas a las otras.

b. _____ Yo no siento que haya hecho nada malo. Los secuestros ocurrieron por el bien de nuestro país para mantener la estabilidad y evitar el comunismo.

c. _____ Yo simplemente intenté ayudar a los pobres porque el gobierno no los estaba ayudando. Por eso, me secuestraron y me torturaron.

B. ¿Con cuál perspectiva te identificas más? ¿Por qué?

_____

_____

_____

10-15 La economía argentina contemporánea. Empareja el concepto general con su ejemplo.

1. _____ la ganadería   **a.** la inflación

2. _____ las exportaciones   **b.** la carne de vaca

3. _____ una unión económica   **c.** el petróleo y gas natural

4. _____ la deuda internacional   **d.** los préstamos bancarios

       e. Mercosur

       f. el tango

10-16 ¿Recuerdas? Lee las siguientes descripciones sobre eventos importantes en la historia argentina contemporánea.

A. Completa las oraciones con la palabra apropiada del recuadro. Recuerda conjugar los verbos cuando sea necesario. Indica el orden cronológico de los eventos, usando números del 1 al 6.

trabajadores	potenciar	prioritarios	estables
dimisión	desaparición	carismática	liderazgo
investigar	estabilizarse	secuestros	

a. _____ La Guerra Sucia fue uno de los períodos más sangrientos de la historia, por los _____, las torturas y los asesinatos.

b. _____ Bajo el _____ de José de San Martín, Argentina proclamó su independencia.

c. _____ La situación económica del país _____ finalmente en 2005.

d. _____ El grupo de las Madres de Plaza de Mayo forzó al gobierno a _____ las violaciones de los derechos humanos.

e. _____ Con la ayuda de su _____ esposa, Perón empezó el movimiento político llamado *peronismo*.

f. _____ La deuda internacional, el desempleo y la inflación son temas _____ para el gobierno argentino.

A escuchar

10-17 El fútbol, deporte de fama mundial

A. Escucha la grabación y empareja estos futbolistas con su país de origen.

JUGADORES	PAÍSES
1. Carlos "El Pibe" Valderrama **2.** Diego Armando Maradona **3.** Mia Hamm **4.** David Beckham **5.** Ronaldiño **6.** Hugo Sánchez	**a.** México **b.** Inglaterra **c.** Brasil **d.** Colombia **e.** Estados Unidos **f.** Argentina

B. Contesta las siguientes preguntas.

1. ¿Cuántos países han ganado la Copa Mundial de Fútbol? Menciona tres. _____

_____

2. ¿En qué año se celebró la primera Copa Mundial Femenina de Fútbol? ¿Qué país fue la sede y quién se la ganó?

_____

_____

_____

3. ¿Quién marcó el gol del siglo? _____

4. ¿Qué país ganó la Copa Mundial de Fútbol en 2006 y contra quién jugó?

_____

_____

GRAMÁTICA

Prepositional Pronouns; Propositional Verbs

10-18 Personajes famosos de Argentina. Estás preparando una bibliografía sobre dos personajes muy destacados en la historia de Argentina. En tus investigaciones encuentras los siguientes datos sobre Evita Perón y Jorge Luis Borges. Complétalos con el pronombre apropiado de la lista.

mí	ti	él	ella	ellos	ellas

Eva Perón: "Yo nací en Los Toldos, una provincia de Buenos Aires. Soy hija ilegítima y no conocí bien a mi padre porque mis hermanos y yo crecimos sin **1.** _____. Sabía de niña que ser cocinera como mi madre no era vida para **2.** _____, quería hacer más. Por eso, de adolescente era cantante y actriz radiofónica. Durante esa época conocí al coronel Perón. Me casé con **3.** _____ de joven y lo ayudé en su campaña electoral. Como mujer de un presidente he intentado ayudar a los trabajadores. He luchado por **4.** _____ y por la mejora de sus salarios. Mis enemigos, especialmente la élite tradicional, han hecho muchas críticas de **5.** _____, pero yo he hecho mucho para mejorar la condición de los pobres".

Jorge Luis Borges. Nació en Buenos Aires. Escribió poemas, ensayos y cuentos. A **6.** _____ le gustaba mucho la narrativa fantástica. Con **7.** _____ produjo obras magistrales como *El Aleph*. Alcanzó un nivel internacional que lo hizo compartir un premio con Samuel Beckett. En 1961 se les otorgó a **8.** _____ el Premio Formentor.

10-19 Un viaje a Ushuaia.   Mark y Cristina discuten sus planes para sus próximas vacaciones. Completa su conversación con el pronombre apropiado de la lista, haciendo todos los cambios necesarios.

mí	ti	ella	tú	nosotros/as	vosotros/as	ellos	ellas

Mark: ¿Qué haces Cristina?

Cristina: Estoy leyendo sobre una ciudad muy interesante llamada Ushuaia. ¿Quieres ir

1. _____?

Mark: ¿Ir **2.** _____ ¿Adónde? ¿Cómo se llama el lugar?

Cristina: Ushuaia. Es la capital de las islas conocidas como Tierra del Fuego. Es la ciudad más al sur del globo terrestre y muchos la llaman la "Ciudad del Fin del Mundo".

A **3.** _____ me parece interesante.

Mark: La verdad es que no quiero desacuerdos entre **4.** _____ y _____, pero, yo estaba pensando en un lugar más turístico, como el Caribe.

Cristina: Yo creo que es el mejor lugar para **5.** _____. Mira, podemos ir al Parque Nacional de Tierra del Fuego y pasear en barco por el Cabo de Hornos. Estoy leyendo sobre las experiencias de otros viajeros y según **6.** _____ fue un viaje inolvidable.

Mark: Voy a buscarte información en Internet y luego te digo lo que pienso.

10-20 El tango argentino.   El 11 de diciembre, cumpleaños de Carlos Gardel, es el día nacional del tango en Argentina. En el periódico de este día encuentras el siguiente resumen de la vida de Gardel. Completa el artículo eligiendo el pronombre apropiado según el contexto.

El padre del tango

Por José Fernández

Carlos Gardel nació en la ciudad de Toulouse, Francia, en 1890. En 1893 su madre llegó (1. a / en) Argentina con su pequeño hijo. Pasó su infancia en los alrededores del Mercado de Abasto, en Buenos Aires, y más tarde asistió (2. en / a) las escuelas San Carlos y San Estanislao. Aprendió (3. de / a) cantar de joven y en 1911 formó un dúo con José Razzano. Su repertorio consistía (4. de / en) canciones principalmente folclóricas y criollas, pero más tarde, en 1916, el dúo empezó (5. a / con) incorporar tangos. Según sus amigos en 1921 se enamoró (6. con / de) Isabel del Valle, aunque él nunca se casó (7. con / a) ella. En 1923 salió (8. de / en) Argentina para hacer su primera gira internacional. Es gracias a sus innumerables grabaciones que el mundo ha conocido y apreciado el tango. Varias asociaciones lo felicitaron (9. por / de) sus éxitos, galardonándolo con premios. Pero el mundo se despidió (10. en / de) Gardel demasiado temprano, ya que murió en un accidente de avión en junio de 1935.

10-21 Tu cantante favorito/a.   Escribe un resumen de la vida de tu cantante favorito/a usando, cuando sea posible, los verbos a continuación: pensar en, depender de, despedirse de, enamorarse de, felicitar por, llegar a, aprender a, asistir a, empezar a, casarse con y salir de.

_____

_____

_____

_____

_____

_____

_____

Redacción

10-22 Comparación y contraste.   Una revista popular de música en EE.UU. está preparando su primera edición en español y necesita artículos que contrasten y comparen un tipo de música estadounidense con uno del mundo hispano. Escribe un artículo comparando los orígenes y la historia del tango con el *jazz,* el *rap,* la música *soul,* la salsa o cualquier otro tipo de música que te guste. En tu artículo contesta las siguientes preguntas:

- ¿Qué semejanzas y diferencias hay en los orígenes y el desarrollo histórico de los dos tipos de música?

- ¿Qué ejemplos de grupos musicales muestran hoy en día su forma presente?

VOCABULARIO ÚTIL

el ambiente social	el folclore	híbrido/a
comunicarse	popularizarse	los barrios
la canción	asociarse	la aceptación
el espectáculo	el entusiasmo	simbolizar
los movimientos	rechazar	el progreso

_____

_____

_____

_____

_____

_____

_____

_____

_____

A escuchar

10-23 Interrumpir para pedir una aclaración

A. Escucha la conversación entre una estudiante de séptimo grado y su profesor de Ciencias Sociales. Luego, contesta las preguntas.

1. ¿Por qué es importante la década de 1920 para el movimiento feminista?

_____

_____

2. ¿Qué hicieron las mujeres para obtener el derecho al voto a principios del siglo XX?

_____

_____

3. ¿Crees que existe discriminación contra la mujer? Da dos razones.

_____

_____

4. Si eres mujer, ¿cómo te sentirías si tuvieras 18 años y no pudieras votar? ¿Por qué? Si eres hombre, ¿votarías por una mujer para presidente de EE.UU.? Da dos razones.

_____

_____

_____

B. Las mujeres adquirieron el derecho al voto a lo largo de muchos años. Empareja los datos de la columna izquierda con los de la derecha.

AÑO	PAÍS
1. 1917	**a.** Chile
2. 1919	**b.** Estados Unidos y Hungría
3. 1920	**c.** Argentina
4. 1947	**d.** Rusia
5. 1949	**e.** Alemania y Checoslovaquia

TEMA 3 URUGUAY: LA OTRA "SUIZA" DE AMÉRICA

Vocabulario del tema

10-24 Un ensayo mal escrito.   Una estudiante ha escrito este ensayo sobre la guerrilla de los tupamaros en Uruguay. Desafortunadamente no ha entendido muy bien todo el vocabulario. Revísalo, ayudando con la selección correcta de las palabras.

Español 200

viernes, 17 de octubre

Ensayo 4

La guerrilla de los tupamaros

Hasta mediados de la década de 1960, Uruguay se conocía como la "Suiza" de América por la 1. _____ (paz, base, inestabilidad) que experimentaba. Desafortunadamente, a partir de los años 70 todo eso cambió, principalmente por motivos económicos. Esta inestabilidad 2. _____ (residió, devastó, potenció) el país y dio lugar al 3. _____ (detrimento, retorno, surgimiento) de la guerrilla de los tupamaros. Los tupamaros pensaban que la crisis económica y los conflictos 4. _____ (laborales, pacíficos, adquisitivos) se debían a la ineptitud del gobierno. Querían que el gobierno diversificara la economía, 5. _____ (transformando, sustituyendo, desenfatizando) la centralización del desarrollo en Montevideo. Estos problemas económicos y la rebelión de los tupamaros provocaron un período de 6. _____ (represión, progreso, división), caracterizado por la falta de libertades constitucionales.

10-25 La política de la década de 1970

A. Empareja cada palabra con su definición.

1. _____ un asalto   **a.** destruir

2. _____ la ineptitud   **b.** es una situación de control militar público

3. _____ la ley marcial   **c.** la incapacidad

4. _____ aparentar   **d.** un ataque

5. _____ represivo   **e.** disimular

6. _____ devastar   **f.** autoritario

B. Describe en términos generales cómo fue la política uruguaya en la década de 1970 usando las palabras de la columna de la izquierda de la Parte A.

_____

_____

_____

10-26 Punta del Este. Estás de vacaciones en Punta del Este, Uruguay. Le escribes una tarjeta postal a tu instructor/a de español. Completa la postal con las palabras apropiadas de la lista.

VOCABULARIO ÚTIL

mar	visitantes	pesquera	turístico	congestionada
pradera	montaña	península	mansiones	puerto

Punta del Este (Uruguay)

¡Hola profesora!
Aquí estoy en Punta del Este, una ciudad en el sureste de Uruguay, en la 1._____ que cierra la bahía de Maldonado. Es una ciudad preciosa, y muy vieja, antes era una ciudad 2._____ pero hoy es un centro 3._____. Hay 4._____ de todo el mundo, he conocido a argentinos, chilenos y a otros estadounidenses. Me gusta mucho ver sus 5._____ y hoteles, pero mi parte favorita de la ciudad es la playa. Tiene un 6._____ también, todos los días veo las embarcaciones con más turistas. Bueno, me esperan mis amigos.
¡Hasta pronto!

_____

10-27 ¿Recuerdas?

A. Lee las siguientes oraciones sobre eventos importantes en la historia uruguaya explicando el significado de las palabras en negrita.

1. Bajo el régimen del líder **colorado,** José Batlle Ordóñez, Uruguay comenzó a experimentar una gran prosperidad económica.

colorado = _____

_____

2. El escritor Mario Benedetti tuvo que **abandonar** Uruguay por razones políticas.

abandonar = _____

_____

3. Después de un período de descontento social con el gobierno militar represivo, el gobierno acordó el **retorno** del régimen democrático civil.

retorno = _____

_____

4. El presidente Juan María Bordaberry **disolvió** el Parlamento y lo sustituyó por un Consejo de Estado.

disolvió = _____

_____

B. Usando las oraciones de la Parte A, escribe oraciones que describan los eventos ocurridos en las fechas que se incluyen en la línea cronológica.

1903   1915   1973   1986

1900   1925   1950   1975   2000

1903 - 1915: _____

_____

1973: **a.** _____

_____

b. _____

_____

1986: _____

_____

A escuchar

10-28 Un anuncio radiofónico. Escucha el siguiente anuncio y contesta las preguntas a continuación.

A. Indica si la información es verdadera **(V)** o falsa **(F)**. Si es falsa, corrígela.

1. _____ El anuncio trata de un Festival Internacional del Tango.

   ¿Corrección? _____

2. _____ El festival dura un día.

   ¿Corrección? _____

3. _____ Sólo participarán músicos de Montevideo.

   ¿Corrección? _____

4. _____ Habrá una dedicación especial al famoso Carlos Gardel.

   ¿Corrección? _____

B. Responde a las siguientes preguntas.

1. ¿Qué puedes hacer si quieres más información sobre el festival? Menciona dos cosas.

   _____

   _____

2. ¿Te interesaría asistir al festival o no? ¿Por qué?

   _____

GRAMÁTICA

Progressive Tenses

10-29 ¿Qué está pasando?   Estás de viaje en Montevideo, Uruguay. Una noche en tu hotel oyes un ruido tremendo. Como no puedes dormir decides bajar para ver qué pasa. Al bajar, te encuentras con la siguiente escena. Describe lo que está pasando usando el presente progresivo.

_____

_____

_____

_____

10-30 ¿Qué estaba pasando?   Acabas de volver de tu viaje a Uruguay. Cuéntales a tus amigos las experiencias más interesantes de tu viaje siguiendo el modelo.

MODELO:

(yo) dormir en mi habitación / oír un ruido tremendo
Yo estaba durmiendo en mi habitación cuando oí un ruido tremendo.

1. (mi amigo y yo) beber yerba mate / (yo) encontrar un artículo en el periódico sobre los tupamaros

_____

_____

_____

2. (los bailarines) bailar el tango / (mi amigo y yo) decidir bailar también

_____

_____

_____

3. (yo) comer carne de Uruguay en una parrillada / (yo) ver entrar a un viejo amigo estadounidense

_____

_____

_____

4. (mi amigo y yo) viajar a la playa de Punta del Este / el autobús tener un accidente

_____

_____

_____

10-31 El tiempo libre.   Varios estudiantes uruguayos hablan de sus actividades. Completa las oraciones con el gerundio o el infinitivo del verbo entre paréntesis.

1. "Esta semana llevo mucho tiempo _____ (jugar) al fútbol porque tenemos un torneo la semana que viene."

2. "_____ (pasar) las tardes con mis amigos es mi actividad favorita pero

   últimamente estoy _____ (estudiar) mucho para mis exámenes."

3. "Me encanta _____ (viajar) con mi familia en mi tiempo libre. La semana pasada fuimos de excursión a Punta del Este."

4. "Mi amigo y yo estábamos _____ (salir) mucho hasta la semana pasada pero ahora él ya no tiene tiempo."

10-32 Un día típico. Marisa es una estudiante uruguaya que estudia en EE.UU. Les escribe una carta a sus padres, contándoles de su vida. Escribe la forma correcta del verbo entre paréntesis en el presente o en el progresivo.

Hola mamá y papá:

     ¿Qué tal? Yo estoy muy ocupada. Ahora mismo 1. _____

(escribir) una composición para mi clase de inglés sobre la historia de la

independencia estadounidense, pero necesito un pequeño descanso. La

vida de estudiante es dura. La semana pasada mientras 2. _____

(leer) mi libro de química me quedé dormida por el sueño que tenía. Pero

no se preocupen porque todavía encuentro tiempo para divertirme. Mis

nuevos amigos y yo 3. _____ (salir) para una barbacoa

dentro de poco.

     Ya sé que ahora mismo ustedes están con mis abuelos en

Montevideo, espero que lo 4. _____

(pasar) bien. Les mando mis saludos y espero escribir más este fin

de semana

Un beso,

 Marisa

Redacción

10-33 Una visita. El año pasado fuiste a Uruguay como estudiante de intercambio. Conociste a Sebastián, un estudiante universitario, y él te familiarizó con las costumbres de su país. Has recibido este mensaje suyo por correo electrónico. Responde al mensaje en la página siguiente.

📧 Mi visita   ▾ ▣ _ ▢ ✕

Para: _____
De: sebastian@yahoo.com
Ref: Mi visita

Hola, ¿qué tal? Estoy finalizando mis planes para visitarte en octubre y estoy muy ilusionado. Mira, te quería preguntar qué puedo hacer durante mi estancia para conocer mejor las costumbres locales. ¿Recuerdas cuando fuimos a la parrillada para comer el asado y después fuimos al espectáculo de tango? ¿Qué comida es típica de tu lugar? ¿Hay restaurantes buenos que debo conocer? ¿Hay música o bailes tradicionales? A mí me gusta también beber la yerba mate por las tardes con nuestros amigos. ¿La gente en tu ciudad se reúne para beber mate por las tardes? ¿Qué hace durante sus reuniones? Espero tu respuesta y te mando mi itinerario dentro de unos días. ¡Gracias!

Sebastián

     Capítulo 10 Países del Cono Sur: Superación de indecibles obstáculos

VOCABULARIO ÚTIL

un recorrido	una travesía	auténtico/a
las costumbres	los espectáculos	pasear

RE: Mi visita   ▾▣ _ ▢ ✕

Para: sebastian@yahoo.com
De: _____
Ref: Re: Mi visita

_____

_____

_____

_____

_____

_____

_____

_____

_____

_____

A escuchar

10-34 Corregir a otras personas

A. Escucha la conversación y contesta las siguientes preguntas:

1. ¿En qué no estaban de acuerdo Marina y Cristi? _____

   _____

2. ¿Qué pensaba Cristi?_____

3. ¿Qué pensaba Marina?_____

4. ¿Cómo deciden arreglar su desacuerdo?_____

5. ¿Por qué Magdalena cambió la hora original de la reunión? _____

B. Ahora crea una conversación entre dos de los amigos y tú. Hay un malentendido que deben aclarar. Usa el vocabulario del libro para corregir a las otas personas.

_____

_____

_____

_____

_____

_____

_____

_____

_____

_____

TEMA 4　PARAGUAY: EN EL CORAZÓN DE AMÉRICA

Vocabulario del tema

10-35 Curiosidades. Pon las letras en orden para formar palabras relacionadas con las culturas indígenas de Paraguay. Usa las pistas.

1. GRNAAUÍ: _____

Pista: Es el nombre de los aborígenes de Paraguay.

2. NETVANEAG: _____

Pista: Una persona, como Aleixo García, que exploró el mundo en barco.

3. SUATIEJS: _____

Pista: Es el nombre de un grupo de personas religiosas.

4. CEDCRUNSEIO: _____

Pista: Eran concentraciones de indígenas para facilitar la evangelización.

10-36 Verbos importantes. Para saber más sobre Fernando Lugo, un obispo y político paraguayo importante, completa las siguientes oraciones con el verbo apropiado de la lista. Recuerda conjugar los verbos.

VERBOS						
descartar	dedicar	pertenecer	renunciar	considerarse	decidir	poner fin

1. Fernado Lugo ha _____ su vida a los menos favorecidos.

2. Lugo _____ a sus labores eclesiásticas para dedicarse a la política.

3. Como presidente ha _____ no recibir sueldo porque piensa que ese dinero le

_____ a los pobres.

4. Su elección como presidente _____ a la hegemonía del partido Colorado.

5. Lugo _____ a sí mismo "centrista".

6. Con Lugo, no se _____ la posibilidad de revisar la constitución de 1992.

10-37 ¿Recuerdas? Identifica el sitio donde se puede realizar cada actividad mencionada.

Trinidad	**Filadelfia**	**la represa de Itaipú**
el río Paraná	**Ciudad del Este**	**Itaguá**

1. Se puede observar el proceso artesano de la producción del ñandutí.

_____

2. Se puede pescar el dorado, un pez parecido al salmón.

_____

3. Se puede ver el proyecto hidroeléctrico más grande del mundo.

_____

4. Se puede visitar una comunidad de menonitas y su explotación agrícola.

_____

5. Se puede ver una de las reducciones jesuíticas mejor conservadas.

_____

6. Se pueden ver unas cataratas y hacer compras sin pagar impuestos.

_____

A escuchar

10-38 Una entrevista. Escucha la entrevista siguiente y contesta las preguntas a continuación.

A. Orientación.

1. ¿Dónde tiene lugar la entrevista?

a. Paraguay **c.** Venezuela

b. Uruguay **d.** España

2. ¿Quién es Marcos?

a. un sacerdote jesuita de Caracas **c.** un estudiante de doctorado

b. un indígena guaraní

3. ¿Quién es Aurelia?

a. una estudiante bilingüe **c.** una política

b. una voluntaria para la Federación
Internacional de Fe y Alegría

4. ¿Cuál es el propósito de la entrevista?

a. Marcos quiere información sobre la política paraguaya para un estudio.

b. Marcos quiere información sobre la educación para un estudio.

c. Aurelia quiere proponer la Federación Internacional de Fe y Alegría.

Nombre: _____ Fecha: _____ Clase: _____

B. Las ideas principales. ¿A qué se dedica principalmente la Federación Internacional de Fe y Alegría según Aurelia?

_____

_____

C. Detalles importantes. Indica si las siguientes oraciones son verdaderas (**V**) o falsas (**F**). Si son falsas, corrígelas.

1. _____ Un sacerdote jesuita fundó la Federación.

¿Corrección? _____

2. _____ Tradicionalmente el sistema educativo en Paraguay ha sido bilingüe porque muchos

de sus habitantes hablan español y guaraní.

¿Corrección? _____

3. _____ La inestabilidad en Paraguay no ha afectado al sistema educativo.

¿Corrección? _____

4. _____ Personas religiosas y no religiosas trabajan para la Federación.

¿Corrección? _____

5. _____ La Federación ofrece clases por radio a adultos que viven en áreas rurales.

¿Corrección? _____

6. _____ En Paraguay la enseñanza bilingüe no es un derecho garantizado bajo la Constitución.

¿Corrección? _____

D. Aplicación.

1. Explica los dos programas educativos específicos que Aurelia menciona en la entrevista.

_____

_____

_____

_____

_____

_____

2. Según Aurelia, la Federación ha tenido mucho éxito en Paraguay. Según lo que sabes de Paraguay y de la Federación, explica el porqué de su éxito.

_____

_____

_____

_____

_____

_____

E. Atención a los verbos.   Completa las siguientes oraciones según el texto con el verbo apropiado de la lista en su forma correcta del progresivo.

VERBOS

| trabajar | preparar | hacer | dar | realizar |

1. Ya sabes que _____ investigaciones para un estudio sobre la educación en Latinoamérica.

2. En Paraguay empezó en 1992, aunque se _____ intentos mucho antes.

3. Ahora mismo _____ con el Programa Rural de Educación Intercultural por Radio, pero antes _____ clases y espero volver en el futuro.

4. El grupo con el que trabajo yo ahora _____ los materiales con lecciones y clases grabadas.

Redacción

10-39 Una tarjeta de agradecimiento. Eres Marcos y al volver a España decides mandar una tarjeta de agradecimiento a Aurelia. En tu tarjeta incluye una descripción de la información más importante de su entrevista, la cual vas a usar en tu estudio. Puedes incluir otra información que sepas sobre Paraguay.

VOCABULARIO ÚTIL

la educación bilingüe	los jesuitas	la población
la implementación	garantizado/a	establecer

Querida Aurelia:

_____

_____

_____

_____

_____

_____

_____

_____

_____

_____

Un abrazo,

Marcos

Más allá de las palabras

Redacción

10-40 Una página web. A lo largo del semestre has estudiado todos los países hispanos. Elige el país que más te interese y diseña una página web para describirlo y promoverlo. Incluye la información siguiente:

- una introducción
- su historia, mencionando los eventos más importantes
- información política, describiendo el sistema político actual
- información económica y sus recursos más importantes
- su población y las lenguas habladas
- los puntos geográficos de interés
- las costumbres del país; aspectos culturales
- sus retos para el futuro

http://

El escritor tiene la palabra

10-41 Características de un cuento de terror.   Lee la definición de un cuento de terror y completa las actividades a continuación.

Un cuento de terror es una composición literaria breve y de carácter fantástico que busca que el lector se sienta asustado, inquieto y hasta nervioso. Es común encontrar monstruos, diablos, criaturas fantásticas, eventos sobrenaturales, etc. Es muy importante que en un cuento de terror la atmósfera desarrolle el suspenso necesario para mantener al lector atento e interesado.

A. Dirígete al cuento "La Muerte" en tu libro de texto y busca los elementos que te hacen pensar en un cuento de terror. Escribe una lista de palabras o frases relevantes. Recuerda incluir colores, acciones, descripciones, etc.

B. Ahora es tu turno para escribir tu propio cuento de terror. Antes de escribirlo, reflexiona sobre los puntos a continuación.

1. Piensa en algo que te produzca miedo. Puedes recurrir al contenido de una pesadilla *(nightmare)* o algo que hayas visto en una película o leído en un libro. Haz una lista de posibles temas.

_____

_____

_____

_____

2. Elabora la trama *(plot)*. Decide a rasgos generales cuál va a ser la trama de tu cuento, lo que va a suceder. ¿Habrá una muerte, una tragedia, un accidente?

_____

_____

_____

_____

3. Crea tus personajes. Lee sobre fobias o miedos que los personajes puedan tener para poder darle más credibilidad a tus personajes. Esto te ayudará a hacer el cuento más creíble.

_____

_____

_____

_____

4. Piensa en un lugar y en la descripción del ambiente y de los personajes. Piensa en lugares, colores, clima, ropa que llevan los personajes, sentimientos, etc.

_____

_____

_____

_____

5. Escribe tu cuento. Incorpora la información que tienes en los 4 puntos anteriores. ¡Sé creativo/a y trata de sorprender al lector!

_____

_____

_____

_____

10-42 Mi diario literario. Escribe tu reacción personal al cuento. Considera las siguientes preguntas:

- Un pequeño resumen: En tu opinión, ¿cuáles son los eventos más importantes?

- Dificultades: ¿Hay partes de la obra que no entendiste muy bien? Explica cuáles son y por qué crees que te han causado problemas. ¿Te sorprendiste con el final? Elabora.

- Reacción personal: ¿Te gustó el cuento? ¿Por qué? ¿Qué aspectos cambiarías? ¿Por qué?

_____

_____

_____

_____

_____

_____

_____

Para escribir mejor

Usos y omisiones del artículo definido: el, la, los, las

El artículo definido precede al sustantivo e indica su género y número. Su función es identificar un sustantivo ya conocido e identificado por su presentación anterior.

> EJEMPLO: Ayer vi a un líder del partido liberal. **El** líder se reunió con el presidente.
>
> *Yesterday I saw a leader of the liberal party.* **The leader met with the president.**

I. Se usa el artículo definido para hacer una referencia genérica a la totalidad de un concepto.

> EJEMPLO: **Los** políticos de Chile buscan a **los** responsables de **las** violaciones de **los** derechos humanos.
>
> NO se usa el artículo definido para expresar la idea de cantidad.

> EJEMPLO: No había representantes del partido socialista en la reunión.

II. Se usa el artículo definido con los nombres de lenguas.

> EJEMPLO: **El** español de Chile es diferente d**el** español de Costa Rica.
>
> NO se usa el artículo definido después de **en, de** y de los verbos **hablar, leer** y **escribir**.

> EJEMPLO: Hablo español.
>
> La novela está escrita en español.

III. Se usa el artículo definido con horas y fechas específicas. Observa que muchas veces su uso se expresa en inglés con *on*.

> EJEMPLO: **El** lunes habrá elecciones.
>
> **On Monday there will be elections.**
>
> Son **las** dos y veinte y no ha terminado la reunión.
>
> NO siempre se usa el artículo definido con **ser**.

> EJEMPLOS: Hoy es sábado.
>
> La fiesta será **el** sábado.

IV. Se usa el artículo definido con títulos para referirse indirectamente a la persona.

> EJEMPLO: **El** señor Aylwin era un buen presidente.
>
> NO se usa el artículo definido con **don, doña, Santa** o **Santo**.

> EJEMPLOS: Don Quijote es un personaje importante en la literatura española.
>
> Santo Domingo es una ciudad muy bonita.
>
> NO se usa el artículo definido cuando se le habla directamente a la persona.

> EJEMPLO: Señor Aylwin, ¿puede Ud. comentar la transición democrática en Chile?
>
> NO se usa el artículo definido para referirse a reyes y papas.

> EJEMPLO: Felipe II fue rey de España.

V. Se usa el artículo definido con los nombres de calles, avenidas, ríos, montañas, edificios, etc.

> EJEMPLO: **La** calle Miraflores está en **el** centro de la ciudad de León cerca **del** edificio **El** Moderno.

VI. Se usa el artículo definido en vez del posesivo para hacer referencia a partes del cuerpo.

> EJEMPLOS: Me arreglo **el** pelo.
>
> Levanten **la** mano.

VII. Se usa el artículo definido comúnmente con algunos países, ciudades y regiones. Siempre se usa el artículo definido cuando el nombre está modificado por un adjetivo.

> EJEMPLOS: (**la**) Argentina
>
> **La** Argentina moderna

Recuerda: Cuando se usa el artículo definido **el** con las preposiciones **a** y **de** es necesario usar las contracciones **al** y **del.**

> EJEMPLOS: La sobrina **del** ex presidente Allende es Isabel Allende.
>
> Asistí **al** colegio en Canadá antes de volver a Chile.

10-43 Práctica.   Completa las oraciones siguientes sobre un estudiante chileno que estudia en EE.UU. con el artículo definido apropiado. Recuerda los usos de las contracciones.

1. Encontré un apartamento en _____ calle Speedway cerca de _____ campus central.

2. _____ profesor Alvarado es mi favorito porque es hispano y sabe mucho de política.

3. En mi clase de historia estamos leyendo un libro traducido _____ inglés.

4. _____ estudiantes universitarios en EE.UU. participan en muchas actividades extracurriculares.

5. Como no tengo coche camino mucho por la ciudad. Por eso siempre me duelen _____ pies.

6. _____ martes siguiente tengo examen en la clase de inglés y estoy muy preocupado.

10-44 Práctica.   Un estudiante estadounidense escribió la siguiente carta a su amigo sobre sus experiencias en Argentina. Ha usado mal los artículos definidos. Busca los errores y corrígelos.

> Lunes próximo vuelvo a EE.UU. después de haber vivido aquí un año. Vivo en residencia estudiantil *Miguel Ángel*, en el centro de la ciudad de Buenos Aires. He aprendido mucho con mis experiencias y mis clases. Hablo el español mucho mejor que antes. Ayer le dije a mi profesora de español: "La profesora, ¿crees que algún día hablaré como un nativo?" Y me respondió: "Claro que sí, si sigues estudiando." Además de la lengua, he aprendido mucho sobre la política argentina. Por ejemplo, sé que presidente Juan Perón fue elegido en 1946, 1952 y 1974. Creo que fue una persona muy interesante en la historia argentina. Bueno, me duele mucho cabeza, por eso voy a terminar mi carta.
>
> ¡Hasta pronto!

Usos y omisiones del artículo indefinido: un, una, unos, unas

El artículo indefinido precede a un sustantivo e indica su género y su número. Su función es identificar un sustantivo no conocido o no introducido previamente.

> EJEMPLO:　　Ayer vi a **un** líder del partido liberal. El líder se reunió con el presidente.
>
> *Yesterday I saw a leader of the liberal party. The leader was meeting with the president.*

I. Se usan las formas plurales del artículo indefinido para indicar cantidades aproximadas.

> EJEMPLO:　　En mi oficina tengo **unos** libros de historia.
>
> *In my office I have some history books.*

II. Se usan las formas plurales del artículo indefinido también para hablar de partes del cuerpo en plural.

> EJEMPLO:　　El instructor de inglés tiene **unos** dientes blanquísimos.
>
> *The English instructor has really white teeth.*

III. NO se usa el artículo indefinido cuando se habla de profesiones, nacionalidades, afiliaciones políticas o religiosas, con la excepción de un sustantivo modificado por un adjetivo.

> EJEMPLOS:　Ella es estudiante.
>
> 　　　　　　Ella es **una** buena estudiante.

A veces se usa el artículo indefinido con un sustantivo no modificado por un adjetivo para expresar admiración o desprecio.

> EJEMPLO:　　¡Es **un** animal!
>
> 　　　　　　¡Es **una** maravilla!

IV. NO se usa el artículo indefinido con las siguientes frases:

a hundred = cien

a thousand = mil

another = otro/a

what a …! = ¡Qué…!

a certain = cierto/a

such = tal

10-45 Práctica. Decide si las siguientes oraciones necesitan el artículo indefinido o no. De ser necesario, escribe la forma correcta del artículo.

1. El presidente es _____ socialista.

2. ¡Mi nieta es _____ belleza!

3. _____ cien soldados volvieron heridos.

4. Pide _____ otra taza de café, por favor.

5. Si no entienden los usos del artículo indefinido, les puedo dar _____ ejemplos adicionales.

6. Saqué muy mala nota en el examen. ¡Qué _____ vergüenza!

Para pronunciar mejor

x, ü

- In most Spanish words **x** sounds as English syntax. But in many words of Mexican-Indian origin **x** represents a "jota" sound as in *ojo,* e.g. *México, Oaxaca*
- **x** sounds as in English *professor* in words like *xenofobia, xilófono,* that is, when it appears in the initial position of the word
- **ü** is used in Spanish to indicate that **u** needs to be pronounced in a context where a silent **u** would be expected, e. g. *lingüística, cigüeña, averigüé*

10-46. Listen to the recording and repeat.

1. exilio

2. examen

3. Xalapa

4. xenofobia

5. xilófono

10-47. Dictado. Listen to the recording and write down the words you hear.

1. _____

2. _____

3. _____

4. _____

5. _____

6. _____

7. _____

8. _____

9. _____

10. _____

CAPÍTULO 1
TEMA 1

VOCABULARIO DEL TEMA

1-1 ¿Cómo somos?

Answers will vary.
Verify agreement of each adjective with noun.

1-2 Expresiones útiles
1. platico
2. compaginar
3. cortar el rollo
4. padrísima
5. tiempo de ocio

1-3 ¿Recuerdas?

Answers will vary.

1-4 Charla con amigos

Answers will vary.

A ESCUCHAR

1-5 Una descripción personal

A. _X_ le gusta hacer deportes
   _X_ tiene 22 años
   _X_ es mexicana
   _X_ es estudiante
   _X_ su padre cocina bien
B. *Answers will vary.*

1-6 Los pasatiempos

Answers will vary.

GRAMÁTICA

1-7 ¿Cómo están estos estudiantes?

Answers will vary. Possible answers include:
1. Está contento / nervioso / animado.
2. Están aburridas / deprimidas.
3. Estamos contentos / sorprendidos.
4. Están enojados / confundidos.
5. Está estresada / nerviosa / animada.
6. *Answers will vary.*

1-8 ¿Dónde están las siguientes personas?

Answers will vary. Possible answers include:
1. Están en la cafetería.
2. Está en la oficina.
3. Está en el gimnasio.
4. *Answers will vary.*

1-9 Objetos perdidos
1. Las novelas están en la mesa del salón comedor. Son de la profesora de literatura.
2. La carpeta está en el patio. Es de mi mejor amigo.
3. Las cazuelas están en la cocina. Son de mi madre.
4. El periódico estudiantil está en la sala de estar. Es mío.

1-10 Carta de Benjamín
1. estoy
2. está
3. son
4. son
5. estamos / estoy
6. son

1-11 Cómo evitar la redundancia

Acabo de conseguir un apartamento fantástico. **Lo** alquilé con mi amigo Diego. Él **lo** encontró hace un mes y me dijo que tenía que ver**lo** (**lo** tenía que ver). El apartamento es viejo pero **lo** van a renovar (van a renovar**lo**). Los dormitorios son grandes y **los** acaban de pintar (acaban de pintar**los**). También instalaron ventanas nuevas. **Las** cambiaron de estilo tradicional a moderno.

1-12 ¡Qué dormilona!
1. los
2. lo
3. la
4. las

REDACCIÓN

1-13 Mi apartamento/residencia

Answers will vary.

A ESCUCHAR

1-14 Circunloquio

A.

a. ____		e. _4_
b. ____		f. _3_
c. ____		g. ____
d. _2_		h. _1_

B.
color 2, 3
forma 1, 3, 4
dónde se compra 4
material 1
dónde se ve 2

TEMA 2

VOCABULARIO DEL TEMA

1-15 Tu ciudad
Answers will vary.

1-16 La guía del ocio
Answers will vary. Possible answers include:
1. El turista debe ir a la Plaza Mayor porque...
2. El madrileño debe ver la película "Parque Jurásico III" porque...
3. El joven artista debe asistir a la exposición de arte minimalista porque...
4. La persona que quiere bailar debe ir a la discoteca Joy Eslava porque...
5. La pareja debe comer en el restaurante Viridiana porque...
6. El joven debe ir a la Plaza Mayor / el teatro porque...
7. El joven músico debe ir a la Fiesta de percusión en Suristán porque...

A ESCUCHAR

1-17 La plaza de mi ciudad
   A.
   1. F
   2. V
   3. V
   B. *Answers will vary. Possible answers include:*
   1. X
   3. X
   4. X
   5. X

GRAMÁTICA

1-18 ¿Qué quieres hacer esta noche?
   A.
   1. tengo
   2. prefiero
   3. piensas
   4. dice

5. vamos
6. podemos
B. *Answers will vary.*

1-19 Nuestra rutina diaria
   A. and B. *Answers will vary.*

1-20 ¿Recuerdas?
participar en rituales religiosos, dar un paseo, ir de compras, vender objetos, jugar al fútbol, celebrar fiestas patronales, organizar protestas sociales, encontrarse con los amigos, tomar un café en una cafetería, escuchar música, bailar

1-21 ¿Cómo son las plazas hispanas?
   A.
   1. vienen
   2. preparan
   3. toma
   4. empieza
   5. llegan
   6. toman
   7. juegan
   8. se encuentran
   9. baila
   10. se van
   B. *Answers will vary.*

REDACCIÓN

1-22 ¿Qué hacen las personas de tu ciudad para divertirse?
   Answers will vary.

A ESCUCHAR

1-23 Control del ritmo de la conversación.
   A.
     X No comprendo. Repite, por favor.
     X Bueno…
     X A ver, déjame pensar un minuto…
     X ¿Qué significa la palabra…?
     X Pues…
   B. *Answers will vary.*

TEMA 3

VOCABULARIO DEL TEMA

1-24 Palabras en acción
   lanzar / el lanzador

reconocer / el reconocimiento
pintar / el pintor
reformar / el reformatorio
pronunciar / la pronunciación

1-25 Momentos importantes
1. c
2. b
3. a
4. a

A ESCUCHAR
1-26 La vida de Gloria Estefan
A.
   X cómo es su personalidad
   X información sobre su familia
   X sus ideas políticas
   X cómo fue su niñez
   X su música

B. *Answers will vary.*

GRAMÁTICA
1-27 ¿Recuerdas?
1. RP hizo coreografías.
2. OH ganó la medalla de oro en 1992.
3. FB pintó la obra *Desayuno en la hierba.*
4. RP recibió clases especiales para ayudarle con la dicción.
5. IA se mudó a otro país por cuestiones políticas.
6. FB tuvo su primera exposición después de volver de Europa.

1-28 Una noticia increíble
A. Eran las 9:00 de la noche. Estaba en la biblioteca. Primero, la mujer bonita pasó corriendo y salió. Segundo, un hombre con un traje gritó. Tercero, llegaron dos mujeres jóvenes y una mujer mayor. Trataron de parar al hombre. Al final, la mujer bonita volvió. Se puso un zapato de cristal y ella y el hombre se besaron. Las mujeres la atacaron. Entró la policía y se llevó a las tres mujeres a la cárcel.

B. *Answers will vary. Possible answers include:*
1. Yo me alegré.
2. La mujer bonita se puso contenta.
3. Las tres mujeres se enojaron.
4. El hombre se alegró.

1-29 Javier
1. Eran las ocho de la mañana cuando Javier desayunó.
2. Eran las diez de la mañana cuando Javier y sus amigos asistieron a la clase de español y de inglés.
3. Era la una de la tarde cuando Javier y su amiga estudiaron en la biblioteca.
4. Eran las tres de la tarde cuando Javier hizo ejercicios en el gimnasio.
5. Eran las cinco de la tarde cuando Javier se reunió con sus amigos.
6. *Answers will vary.*

1-30 Diversiones sociales
1. Antes Gloriana y sus amigos veían muchas películas pero ahora no las ven.
2. Antes Gloriana y su familia iban de excursión pero ahora no lo hacen.
3. Antes Gloriana visitaba mucho el museo pero ahora no lo visita.
4. *Answers will vary.*

1-31 Una vida frenética
1. El novio jugaba al fútbol mientras la novia jugaba al béisbol.
2. Las dos compañeras de apartamento comían en un restaurante mientras las otras dos limpiaban el apartamento.
3. John practicaba el piano mientras Benjamín escuchaba música.
4. El compañero de cuarto miraba un partido de fútbol americano mientras los otros dos bebían café.

REDACCIÓN
1-32 Los problemas que superamos
Answers will vary.

A ESCUCHAR
1-33 Una conversación telefónica
A.

Ø	Dígame.
1, 2	Adiós.
2	Bueno.
1	Hola, soy Fernando.
2	Por favor, ¿está Isabel?
1, 2	Te llamo para….
1	¿Aló?
Ø	Nos hablamos.

<u>2</u> Ahora la pongo.
<u>2</u> Habla Isabel.

TEMA 4

VOCABULARIO DEL TEMA

1-34 Tego Calderón
éxito, gira, puente, apegado, ilusionado, no le quita el sueño.

1-35 Mi música favorita
Answers will vary.

1-36 Vieques, Puerto Rico
Answers will vary.

A ESCUCHAR

1-37 La cultura puertorriqueña
A. Las ideas principales
1.
2. X
3. X
4.
5. X
6. X
B. Los detalles importantes
1. F: Puerto Rico se llama "la isla del encanto."
2. V
3. F: Hay poca evidencia.
4. F: Cultivaban azúcar en la costa.
5. V
6. V
7. V
C. Atención a los verbos
1. imperfecto
2. pretérito
3. imperfecto
4. pretérito

MÁS ALLÁ DE LAS PALABRAS

REDACCIÓN

1-38 ¿Dónde estás ahora?
Answers will vary.

EL ESCRITOR TIENE LA PALABRA

1-39 Las técnicas literarias
La narradora/el narrador
1. la madre de Paula *o* Isabel Allende
2. A Paula *o* su hija
3. *Answers will vary.*
La caracterización
1. Es orgulloso pero modesto a la vez.
2. Es mayor pero todavía practica la cortesía.
3. Es fuerte o estoico o abnegado. No necesita estar cómodo.
La previsión
1. negativos
2. el golpe de estado en Chile y el exilio de la familia Allende

1-40 Mi diario literario
Answers will vary.

PARA ESCRIBIR MEJOR

1-41 Práctica
1. po – e – ta
2. es – tre – sa – do
3. hon – ra – do
4. o – cu– rrir
5. per – der – se
6. es – ta – ble – cer
7. com – pu – ta – do – ra
8. bri – llan – te
9. com – pa – ñe – ro
10. ma – la – ba– ris – mo

1-42 Práctica
A.
1. au<u>se</u>nte
2. aje<u>tre</u>o
3. p<u>ue</u>blo
4. p<u>ue</u>rtorriqueño
5. r<u>ei</u>no
6. j<u>ui</u>cio
B.
1. au – sen – te
2. a – je – tre – o
3. pue – blo
4. puer – to – rri – que – ño
5. rei – no
6. jui – cio

1-43 Práctica

1. di – bu – jan – te = llana
2. tra – ba – ja – dor = aguda
3. re – cla – man = llana
4. su – pe – rar = aguda
5. am – bu – lan – tes = llana
6. e – dad = aguda

1-44 Práctica

1. **có** – mi – co
2. re – **su** – men
3. en – ca – **jar**
4. pe – **lí** – cu – la
5. **jó** – ve – nes
6. **fút** – bol

1-45 Práctica

1. in – for – ma – ción
2. pie
3. bio – lo – gí – a
4. des – pués
5. dí – a
6. a – cen – tú – a

1-46 Resumen

1. ba – rrio
2. é – xi – to
3. fi – lo – so – fí – a
4. ins– ta – lar – se
5. va – cí – o
6. an – ti – pá – ti – co
7. e – dad
8. com – pe– ti – ción
9. bri – llan – te
10. bue – no

PARA PRONUNCIAR MEJOR
1-47.

1. #2
2. #1
3. #2
4. #1
5. #1
6. #1
7. #2
8. #2
9. #1
10. #1

1-48.

1. Rule #1 should apply as the word ends in a vowel. No accent needed because the stress is on the next-to-last syllable.
2. #2, ends in consonant other than -n, -s. Needs accent, stress on next-to-last.
3. #1, ends in -s. Needs accent, stress on third-to-last.
4. #2, ends in consonant other than -n, -s. No accent, stress on last.
5. #1, ends in -s. No accent, stress on next-to-last.
6. #1, ends in -n. No accent, stress on next-to-last.
7. #1, ends in -s. Needs accent, stress on third-to-last.
8. #2, ends in consonant other than -n, -s. No accent, stress on last.
9. #1, ends in -n. Needs accent, stress on last.
10. #1, ends in vowel. Needs accent, stress on third-to-last.
11. #1, ends in vowel. No accent, stress on next-to-last.
12. #1, ends in -s. Needs accent, stress on third-to-last.
13. #2, ends in consonant other than -n, -s. Needs accent, stress on next-to-last.
14. #1, ends in -n. Needs accent, stress on last.
15. #1, ends in -s. No accent, stress on next-to-last.

CAPÍTULO 2
TEMA 1

VOCABULARIO DEL TEMA
2-1 ¿Cómo son las familias en tu cultura?
A. *Answers will vary.*

2-2 Los papeles y obligaciones
A. *Answers will vary.*
B. *Answers will vary.*

2-3 La familia de Marta
A.

1. padrastro
2. gemelos

3. sobrina

4. viudo

5. hermanastro

6. guardería infantil

7. abuelo

8. casarme

B. *Answers will vary.*

2-4 ¿Recuerdas?
Answers will vary.

A ESCUCHAR
2-5 La familia de Lucía
A.

1. M	**5.** ML
2. L	**6.** L
3. L	**7.** L
4. ML	**8.** M

B.

1. X

5. X

GRAMÁTICA
2-6 Las costumbres familiares del pasado
1. En el pasado, se restringía la libertad de la mujer para trabajar fuera de casa.

2. En el pasado, se reconocían las contribuciones de los abuelos a la vida familiar diaria.

3. En el pasado, no se aceptaba el divorcio como solución a los problemas entre las parejas.

4. En el pasado, se daban más responsabilidades a los hijos en las tareas del hogar.

5. En el pasado, se dedicaba más tiempo a las actividades familiares.

6. En el pasado, se daba más importancia al mantenimiento del honor familiar.

2-7 Las reglas de casa
1. Se respeta la autoridad de los padres en todo momento.

2. Se hacen las tareas domésticas asignadas cuando lo piden los padres.

3. Se debe terminar toda la tarea antes de salir.

4. Se acepta el castigo al romper las reglas.

5. *Answers will vary.*

2-8 Los estereotipos
A. *Answers will vary.*

B. *Answers will vary.*

2-9 El tono impersonal
1. se organizan

2. se come

3. se reparte

4. se incluyen

5. se prefiere

6. se dan

REDACCIÓN
2-10 Un resumen
Answers will vary.

A ESCUCHAR
2-11 Pedir y dar información
A.

1. 1	**6.** 1 2
2. 1	**7.** 1
3. 2	**8.** 1
4. 2	**9.** 2
5. 1 2	**10.** 1

B.

Estudiante 1	Estudiante 2
tiene 19 años	tiene 48 años
vive en una residencia	vive en su casa
hay 5 personas en su familia	hay 4 personas en su familia

TEMA 2

VOCABULARIO DEL TEMA
2-12 La amistad
1. f

2. c

3. b

4. a

5. d

6. g

7. i

8. h

9. e

10. j

2-13 Las relaciones amistosas
A. *Answers will vary.*

B. *Answers will vary.*

2-14 Las relaciones amorosas
1. a
2. b
3. a
4. c

2-15 La primera cita
A. *Answers will vary.*
B. *Answers will vary.*

A ESCUCHAR
2-16 Romances chapados a la antigua
A.
    a. __2__
    b. __5__
    c. __3__
    d. __1__
    e. __4__
B. *Answers will vary.*

GRAMÁTICA
2-17 Un día frenético
1. Buscaba su vestido favorito cuando se le rompió el zapato.
2. Pedía consejos a su mejor amiga cuando llamó su madre por teléfono.
3. Se duchaba cuando oyó un ruido espantoso.
4. Salía de la casa para encontrarse con el chico cuando empezó a llover.

2-18 Cambio de planes
1. Antonio iba a jugar en un equipo de fútbol con sus amigos pero no lo hizo.
2. Antonio iba a trabajar en una oficina pero no lo hizo.
3. Antonio iba a tomar una clase pero no lo hizo.
4. Antonio iba a visitar a sus abuelos pero no lo hizo.

2-19 Momentos importantes
Answers will vary.

2-20 Una amiga inolvidable
1. tenía
2. conocí
3. era
4. hacíamos

5. cambió
6. Hacía
7. eran
8. iba
9. caminábamos
10. vi

2-21 Un viaje
Answers will vary.

2-22 ¿Recuerdas?
Answers will vary.

REDACCIÓN
2-23 Una anécdota amorosa
Answers will vary.

A ESCUCHAR
2-24 Contar anécdotas
A.
    1. __Ø__
    2. __R__
    3. __F__
    4. __R__
    5. __F__
    6. __Ø__
    7. __F__
    8. __R__
B. *Answers will vary.*

TEMA 3

VOCABULARIO DEL TEMA
2-25 El tiempo libre
A.
    1. levantar pesas
    2. salimos a tomar un café
    3. a las reuniones familiares
    4. aburrirme
B. *Answers will vary.*

2-26 Asociaciones
Answers will vary.

2-27 ¿Recuerdas?
1. E, M
2. E
3. E
4. EU
5. E, M
6. E, M, EU

A ESCUCHAR

2-28 Los planes para el sábado
- **a.** 5
- **b.** 1
- **c.** 4
- **d.** 2
- **e.** 3
- **f.** 6

GRAMÁTICA

2-29 Una tarjeta para dar gracias
1. les
2. les
3. le
4. me
5. me

2-30 Sugerencias
1. Julieta le cuenta la verdad. Julieta se la cuenta.
2. Antonio no le dice mentiras. Antonio no se las dice.
3. Nosotros les pedimos perdón. Nosotros se lo pedimos.
4. Tu mejor amigo/a te compra una camiseta nueva. Tu mejor amigo/a te la compra.
5. Tus padres te mandan un regalo. Tus padres te lo mandan.

2-31 Malentendidos
1. El novio no se la pagó.
2. La profesora se la asignó.
3. Laura se lo pidió pero no se lo devolvió.
4. El estudiante no se la entregó.

REDACCIÓN

2-32 Mi diario personal
Answers will vary.

A ESCUCHAR

2-33 Comparar experiencias

A.
- **a.** 2
- **b.** Ø
- **c.** 3
- **d.** 1
- **e.** Ø

B.
1. b
2. b
3. c

TEMA 4

VOCABULARIO DEL TEMA

2-34 Rompecabezas
1. aquejar
2. envidia
3. hogar
4. sagrado
5. bordar

2-35 Actividades turísticas en Tabasco

Las haciendas chocolateras: observar la elaboración del chocolate, beber chocolate, visitar reservas naturales

Ruinas mayas: visitar pirámides, aprender sobre civilizaciones antiguas

Pueblos y ciudades de Tabasco: comprar artesanías, sacar fotos de una iglesia pintoresca, visitar reservas naturales

A ESCUCHAR

2-36 Un discurso sobre "El milagro del maíz"

A. Orientación
1. c
2. a
3. a

B. La idea principal 2

C. Detalles importantes

Answers will vary. Possible answers include:
1. facilitar el comercio de especias de las Indias orientales
2. dos de: el tomate, el chile, el cacao, la papa, el maíz
3. una planta silvestre (natural), origen del maíz. El teocinte tiene la mazorca mucho más pequeña y tiene menos valor nutritivo.
4. los centroamericanos y los mexicanos
5. sustituto del petróleo

D.
1. se cultivaban
2. se puede
3. se encuentra
4. se ilustra

Más allá de las palabras

REDACCION

2-37 El día de San Valentín
Answers will vary.

EL ESCRITOR TIENE LA PALABRA

2-38 Las técnicas poéticas
El sonido
1. "pla"
2. "v"
3. "man," "an," "na"

Las imágenes
Answers will vary.

La hipérbole
Answers will vary.

2-39 Mi diario literario
Answers will vary.

PARA ESCRIBIR MEJOR

2-40 Práctica
1. ma_y_ores
2. _ll_amarse
3. inclu_y_e
4. bri_ll_ante
5. _ll_over
6. ensa_y_o

2-41 Práctica
1. a_b_urrirse
2. co_b_rar
3. culti_v_ar
4. disol_v_er
5. o_b_sesionarse
6. po_b_lación

2-42 Práctica
1. baila_b_le   Regla = 1
2. con_v_ersación   Regla = 2
3. ad_v_ertir   Regla = 3
4. _b_iología   Regla = 3

2-43 Práctica
1. na_z_co
2. mudar_s_e
3. farma_c_ia
4. pa_s_ear
5. re_z_ar
6. descono_c_ido
7. fraca_s_o
8. recha_z_o

2-44 Práctica
1. vos = voz
2. risa = riza
3. haz = has
4. maza = masa

2-45 Práctica
1. noble_z_a
2. intru_s_ión
3. estudio_s_o
4. croni_s_ta

2-46 Práctica
1. aun = even   aún = still, yet
2. el = the   él = he
3. solo = alone   sólo = only
4. mas = but   más = more
5. te = you (pronoun)   té = tea
6. mi = my   mí = me
7. de = of, from   dé = give (dar)
8. esta = this   está = to be (he, she, is)

2-47 Práctica
1. El / él
2. mí / mi
3. Esta / está

CAPÍTULO 3
TEMA 1

VOCABULARIO DEL TEMA

3-1 Una encuesta personal
Answers will vary.

3-2 Diferencias semánticas
1. g
2. f
3. b
4. a
5. h
6. c
7. e
8. d

3-3 ¿Eres bicultural?
A. *Answers will vary.*
B. *Answers will vary.*

3-4 ¿Recuerdas?

A.

1. D: Los cubanos, los nicaragüenses, los guatemaltecos y los salvadoreños
2. D: Los mexicano-americanos y los puertorriqueños
3. S
4. S
5. D: Los cubanos
6. D: Los puertorriqueños
7. S
8. *Answers will vary.*

A ESCUCHAR

3-5 Choques culturales

A.

1. F: Kimberly está enfadada porque Cristina llega tarde.
2. F: Cristina pregunta por qué está enojada.
3. V
4. F: Cristina entra y come.

B. *Answers will vary.*

GRAMÁTICA

3-6 Cláusulas

1. cláusula principal = es verdad
   cláusula subordinada = que muchos cubanos son exiliados políticos
2. cláusula principal = la gente duda
   cláusula subordinada = que todos los hispanos sean iguales
3. cláusula principal = es dudoso
   cláusula subordinada = que todos los mexicanos vivan en el suroeste
4. cláusula principal = yo creo
   cláusula subordinada = que todos los hispanos tienen rasgos comunes

3-7 ¿Eres optimista o pesimista?

A. Expresiones de duda: dudar que, ser (im)probable que, ser dudoso que, no ser seguro que, no pensar que, ser (im)posible que, negar que
Expresiones de certeza: ser evidente que, ser cierto que, ser obvio que, creer que, ser seguro que

B. *Answers will vary.*

3-8 La presencia hispana en Estados Unidos

1. (Kristina) Es cierto que las escuelas públicas ofrecen programas bilingües.
2. (John) Es probable que los hispanos tengan un papel más importante en la política.
3. (Mark) Es evidente que todos nosotros estudiamos español en la escuela primaria.
4. (Michelle) Es posible que la música de salsa sea más popular ahora.

3-9 Los estereotipos

A. *Answers will vary.*

B. *Answers will vary.*

3-10 Tu opinión

A. *Answers will vary.*

B. *Answers will vary.*

REDACCIÓN

3-11 Una carta al editor
Answers will vary.

3-12 Expresar tus opiniones

A.

No estoy de acuerdo
En mi opinión
Me parece interesante
Por supuesto
Tienes razón
¿Qué te parece?

B. *Answers will vary.*

TEMA 2

VOCABULARIO DEL TEMA

3-13 El bilingüismo

1. lengua materna, hablante
2. estudio
3. dominar
4. gramática
5. acento extranjero
6. *Answers will vary.*

3-14 ¿Qué crees?
Answers will vary.

3-15 Reacciones
1. c
2. e
3. b
4. f
5. d
6. a

A ESCUCHAR

3-16 El requisito universitario
1. El propósito de la reunión es reconsiderar el requisito de estudiar una lengua extranjera durante dos años.
2.
   a. están de acuerdo
   b. están de acuerdo
   c. ambos
3. *Answers will vary.*
4. La Asamblea Estudiantil decide considerar otras maneras de satisfacer el requisito.

GRAMÁTICA

3-17 ¿Recuerdas?
Answers will vary.

3-18 Una tarjeta postal
1. estés
2. hable
3. sean
4. use

3-19 Perspectivas diferentes
Answers will vary.

REDACCIÓN

3-20 La educación bilingüe
Answers will vary.

A ESCUCHAR

3-21 Expresar tus sentimientos
   A.
   ¡Es el colmo!
   ¡Lo siento mucho!
   Estoy harto de…
   ¡No me digas!
   ¡Ya no aguanto más!
   ¿De verdad?
   B. *Answers will vary.*

TEMA 3

VOCABULARIO DEL TEMA

3-22 ¿En qué consiste el espanglish?
Answers will vary.

3-23 ¿Me puedes ayudar?
1. c
2. d
3. b
4. a
5. f
6. e

3-24 ¿Recuerdas?
Answers will vary.

3-25 Recomendaciones
Answers will vary. Possible answers include: aconsejar, decir, desear, insistir, querer, sugerir, pedir, rogar, preferir, es necesario, es importante, es aconsejable

3-26 Mi experiencia bicultural.
   A.
   Sus padres hablan inglés.
   Estudió la escuela secundaria en Estados Unidos.
   Su madre detesta el espanglish.

   B.
   to check
   lunch
   ticket
   to type

GRAMÁTICA

3-27 ¿Qué hago?
Answers will vary.

3-28 El estudio del español
1. Sus profesores previos de español le sugieren que siga con sus estudios de español porque… (*answers will vary*).
2. Su mejor amiga prefiere que no estudie más español porque… (*answers will vary*).
3. Sus padres desean que viaje a un país hispano porque… (*answers will vary*).
4. Sus amigos hispanos quieren que hable bien el español porque… (*answers will vary*).

3-29 Un resumen del subjuntivo

1. es
2. cause
3. nos llevamos
4. tiene que ver/ tuvo que ver
5. diga
6. me preocupa

REDACCIÓN

3-30 El consultorio cultural
Answers will vary.

A ESCUCHAR

3-31 Pedir y dar consejos

A.

 M ¿Qué debo hacer…?

 I La otra sugerencia es que…

 I ¿Ha pensado en…?

 I ¿Qué le parece?

 Ø Le digo que sí.

 M No sé qué voy a hacer.

 Ø ¿Qué me recomienda?

 I ¿Por qué no…?

B. *Answers will vary.*

TEMA 4

VOCABULARIO DEL TEMA

3-32 Mi pequeño diccionario

1. sorprender
2. es necesario
3. ruego
4. es aconsejable

3-33 ¿Por qué estudias español?

 A. *Answers will vary.*
 B. *Answers will vary.*
 C. *Answers will vary.*

3-34 Definiciones
Answers will vary.

A ESCUCHAR

3-35 Un testimonio

 A. **El tono** *Answers will vary. Possible answers include:* triste, serio, orgulloso

 B. **Ideas principales** *Answers will vary.*

C. **Los detalles importantes**

1. F: Es también hispana y dominicana.
2. F: Los demás notaron su acento extranjero y no la aceptaron rápidamente.
3. V
4. V
5. F: Por su capacidad la nombraron gerente.

D. **Aplicación**

1. Su problema es que sus padres no aceptan a su novio porque es un chico anglosajón.
2. *Answers will vary.*

E. **Atención a los verbos**

1. indicativo
2. subjuntivo
3. subjuntivo
4. indicativo

MÁS ALLÁ DE LAS PALABRAS

REDACCIÓN

3-36 Un nuevo comité
Answers will vary.

3-37 Las técnicas discursivas

1. personas de ascendencia mexicana
2.
 a. personas ignorantes
 b. Aprenden sobre la historia y la psicología de la raza hispana.
 c. *Answers will vary.*
3. *Answers will vary.*
4. *Answers will vary.*
5. *Answers will vary.*

3-38 Mi diario literario
Answers will vary.

PARA ESCRIBIR MEJOR

3-39 Práctica

A.

1. ahuecamiento
2. Paraguay
3. buey
4. miau

B.

1. a hue ca micn – to
2. Pa – ra – guay
3. buey
4. miau

3-40 Práctica

1. compa_g_ _i_ n a r
2. entre_g_ _a_ r
3. g_u_ a r d a r
4. ver_g_ _ü_ _e_ nza
5. ce_g_ _u_ _e_ r a
6. _g_ _e_ s t o

3-41 Práctica

1. _g_ _e_ n e r a r
2. prote_g_ _e_ r
3. exa_g_ _e_ r a r
4. _g_ _e_ o m e t r í a

CAPÍTULO 4
TEMA 1

VOCABULARIO DEL TEMA

4-1 Costumbres
Answers will vary. Verbs should be conjugated accurately including the reciprocal se, where appropriate.

4-2 ¿Recuerdas?

1. V
2. V
3. F: Los niños sí pueden acompañar a sus padres a los bares, no a los *pubs*.
4. V
5. F: Los hijos se independizan más tarde, después de terminar sus estudios universitarios.
6. F: En un *pub* sólo se pueden comer tapas.

4-3 Costumbres de todos los días
A.

1. V
2. F: Es típico del norte y del sur de EE.UU.
3. F: Es de maíz.
4. F: Es de huevo y patatas.
5. V

B. *Answers will vary.*

GRAMÁTICA

4-4 La fiesta perdida

1. casa
2. muchachos
3. vino
4. falda

4-5 Un viaje de fin de curso

1. no restrictiva
2. restrictiva
3. no restrictiva
4. restrictiva

4-6 Las clases

1. que
2. lo que
3. que
4. que

4-7 El Cinco de Mayo
Answers will vary.

1. El Cinco de Mayo se celebra una fiesta en México y en Estados Unidos que conmemora el triunfo de los mexicanos sobre los franceses.
2. En Texas, que tiene una población mexicoamericana muy grande, la gente celebra el Cinco de Mayo con desfiles.
3. La famosa Batalla de Puebla, que tuvo lugar el 5 de mayo de 1862, se conmemora con representaciones teatrales en las plazas mexicanas.
4. Como parte de la celebración la gente come mole poblano, que es un plato típico de México.

REDACCIÓN

4-8 Las excusas
Answers will vary.

A ESCUCHAR

4-9 Dar explicaciones
A.

a. 4
b. 3
c. 2
d. 6
e. 1
f. 5

B. *Answers will vary.*

TEMA 2

VOCABULARIO DEL TEMA

4-10 La Noche de las Brujas
A and **B:** *Answers will vary*

4-11 Actitudes respecto al tema de la muerte
A and **B:** *Answers will vary.*

4-12 Las tradiciones del Día de los Muertos
1. Es importante limpiar las tumbas para honrar a los familiares muertos y para luego poder adornar las tumbas.
2. La gente pasa la noche del 1 de noviembre en el cementerio para acompañar a los muertos antes de su despedida.
3. Decoran los altares con flores, veladoras, calaveras de dulce, pan de muerto, papel con figuras y fotos porque los objetos tienen un significado especial.
4. *Answers will vary.*

4-13 ¿Recuerdas?
A. *Answers will vary. Possible answers include:*
Perspectiva 1: conmemorar, naturalidad, integral, chistes, festivo, aceptación, honor
Perspectiva 2: evitar, antinatural, en voz baja, incómodo
B. *Answers will vary.*

A ESCUCHAR

4-14 Una fiesta infantil
A.
1. *one of:* comer caramelos, decorar la casa, llevar disfraces
2. *one of:* monstruos, fantasmas, brujas, vampiros, esqueletos, superhéroes, extraterrestres
3. *one of:* princesas, hadas
4. **b**.
5. *Memorial day* o Día de los Caídos
B. *Answers will vary.*

GRAMÁTICA

4-15 Reacciones
1. A Mark le gustó que las familias limpiaran las tumbas.

2. A nosotros nos entristeció que los mexicanos hicieran burlas de los muertos.
3. Fue interesante que Helen participara en la decoración de las tumbas en el cementerio.
4. Yo dudé que los altares fueran una buena manera de honrar a los muertos.

4-16 Recomendaciones
Answers will vary.

4-17 Duda
1. yo no creí que las sacáramos.
2. mis amigos negaron la posibilidad de que mi familia se mudara.
3. mi amigo dudó que lo hiciéramos.
4. yo no pensé que se casaran.

4-18 Una fiesta horrible
1. invitaran
2. llegara
3. no compramos
4. saliera

REDACCIÓN

4-19 Perspectivas diferentes
Answers will vary.

A ESCUCHAR

4-20 Expresar acuerdo y desacuerdo enfáticamente
A.
a. 3
b. 2
c. 5
d. 1
e. 6
f. 4
B.
Antonio. *Answers will vary. Possible answers include:* es una tradición, el toro no sufre, la muerte es rápida, los toros se crían para las corridas
Miguel. *Answers will vary. Possible answers include:* los toros sufren, la corrida es tortura, los toros son mansos

TEMA 3

VOCABULARIO DEL TEMA

4-21 Las fiestas de santos
1. días festivos
2. idiosincrasia
3. embarazadas
4. campesinos
5. canonizado
6. tumba
7. tamales
8. asan
8. madrugada

4-22 ¿Recuerdas?
1. Nació en una familia de campesinos pobres.
2. Aprendió los principios de la religión católica.
3. Se casó con una campesina.
4. Se levantaba muy de madrugada para asistir a misa antes de ir a su trabajo.
5. Lo sepultaron en el año 1130.
6. La iglesia lo canonizó.

A ESCUCHAR

4-23 La Virgen del Pilar

A.
1. F: Data del año 40.
2. F: Santiago y sus ocho discípulos la presenciaron.
3. V
4. F: Ocurrió durante la vida de María.
5. V
6. V

B.
1. S
2. S
3. V
4. H

GRAMÁTICA

4-24 Situaciones
1. No fumes.
2. Lávense las manos.
3. No haga ruido.
4. Di la verdad.

4-25 Pan de muertos
1. Mezcle

2. Caliente / Agregue
3. Bátalo
4. Añada / Mézclelo.
5. Deje
6. Forme
7. Deje
8. Hornee

4-26 Estudiantes problemáticos
1. Hazla.
2. No salgas.
3. Ponedla.
4. Ve a la pizarra.

4-27 Consejos útiles
Recomendations will vary.
Verbs include:
1. estudien
2. memoricen
3. escriban
4. practiquen

REDACCIÓN

4-28 Celebraciones religiosas en tu campus
Answers will vary.

A ESCUCHAR

4-29 Expresar compasión, sorpresa y alegría

A.
1. f
2. b, a
3. e
4. d, i, j

TEMA 4

VOCABULARIO DEL TEMA

4-30 Curiosidades
1. corrales
2. manada
3. manso
4. trayecto
5. lidia
6. riesgo

4-31 Los Sanfermines

A.
1. se pierden en la historia
2. se trasladó
3. impactó
4. rindió

5. poco a poco

6. fuegos artificiales

7. aglomeración

B. *Answers will vary.*

4-32 Mi pequeño diccionario

Answers will vary.

4-33 La fiesta del tomate

1. La Tomatina

2. Buñol

3. A finales de agosto

4. Con una pelea de tomates

5. *Answers will vary. Possible answers include:* No están permitidas las botellas de vidrio. Los tomates deben ser aplastados antes de lanzarse. Los participantes deben empezar y parar con la señal del ayuntamiento.

A ESCUCHAR

4-34 Otra fiesta

A. Ideas principales

1. a

2. b

3. b

4. b

B. Detalles importantes

a. 6

b. 1

c. 2

d. 4

e. 3

f. 5

C. Definiciones

1. a

2. b

3. a

D. Aplicación

Answers will vary.

E. Atención a los verbos

1. presente del subjuntivo

2. pasado del subjuntivo

3. pasado del subjuntivo

4. pasado del subjuntivo

MÁS ALLÁ DE LAS PALABRAS
REDACCIÓN

4-35 Una fiesta de mi región

Answers will vary.

EL ESCRITOR TIENE LA PALABRA

4-36 Las técnicas poéticas del barroco
La rima

1. ABBA, -ezas, -ento, -ento, -ezas

2. CDC, -ida, ades, ida

3. DCD, ades, ida, ades

El doble sentido y el quiasmo

1. riquezas…pensamiento / pensamiento…riquezas. "Riquezas" cambia de sentido. Primero tiene un significado espiritual y después tiene un significado material.

El apóstrofe

Answers will vary.

4-37 Mi diario literario

Answers will vary.

PARA ESCRIBIR MEJOR

4-38 Práctica

1. La tarea para esta semana ya está **h**echa pero todavía no **h**e terminado la de la semana siguiente.

2. Es importante como estudiante tener la **h**abilidad de manejar bien el tiempo.

3. La **h**ermosa huésped se fue al **h**ospital después de comer los **h**uevos dañados.

4. La actriz tiene una cara **o**valada y ojos azules.

4-39 Práctica

1. echo = hecho

2. hola = ola

3. asta = hasta

4. rehusar = reusar

4-40 Práctica

1. ha

2. a

3. ha

4. a

4-41 Práctica

1. e

2. y/o

3. u

4. o

PARA PRONUNCIAR MEJOR

4-42 Práctica

1. pan
2. poca
3. col
4. toma
5. ton

CAPÍTULO 5
TEMA 1

VOCABULARIO DEL TEMA

5-1 ¿Cuánto sabes sobre geografía?

A.

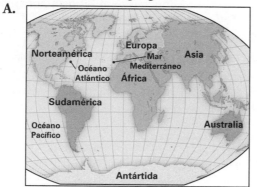

B. 1. océano Atlántico
   2. Norteamérica
   3. mar Mediterráneo
   4. Sudamérica

C.

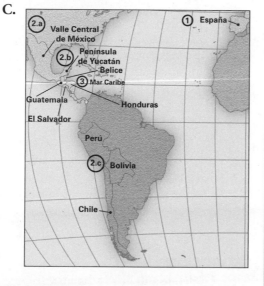

5-2 ¿Recuerdas?

1. Los primeros habitantes llegaron más de 30.000 años a.C.

2. Los migrantes asiáticos la descubrieron hace más de 30.000 años.
3. Había mucha variedad y algunas sociedades eran complejas y avanzadas.
4. Algunas sociedades indígenas eran más avanzadas y sofisticadas que las sociedades europeas.
5. La población americana era más densa que la europea.
6. Tenían un sistema jeroglífico de escritura, un sistema de matemáticas que incluía el cero, y construyeron edificios grandes y altos

A ESCUCHAR

5-3 Otras palabras problemáticas

A.

1. a
2. b
3. a

B. *Answers will vary.*

GRAMÁTICA

5-4 Horóscopo

A.

1. tendrá
2. sufrirá
3. será
4. recibirá
5. harán
6. cambiará
7. conocerá
8. perderá
9. sacará
10. darán

B. *Answers will vary.*

5-5 Las profecías

A.

1. habrá
2. descubrirán
3. se unirán
4. tendrá
5. resolverán
6. *Answers will vary.*

B. *Answers will vary.*

5-6 Metas futuras

A.

1. serán agricultores y siempre tendrán mucha comida.

2. asistirán a la escuela de entrenamiento para guerreros.

3. se comportarán bien y seguirán las leyes de la sociedad.

4. aprenderán las danzas religiosas.

B. *Answers will vary.*

C. *Answers will vary.*

REDACCIÓN

5-7 Una reunión importante

Answers will vary.

A ESCUCHAR

5-8 Convencer o persuadir

A.

a. P

b. P

c. P

d. M

e. P

f. M

g. P

B. *Answers will vary.*

TEMA 2

VOCABULARIO DEL TEMA

5-9 Un viaje al Nuevo Mundo

A. and **B.** *Answers will vary.*

5-10 Primeras impresiones

Answers will vary.

5-11 ¿Recuerdas?

1. f

2. a

3. g

4. c

5. b

6. e

7. h

8. d

A ESCUCHAR

5-12 El mito de Quetzalcoátl

A.

a. 1: El niño Quetzalcoátl nació llevando las armas de un guerrero.

b. 5: Quetzalcoátl se suicidó en un fuego.

c. 4: Quetzalcoátl destruyó la ciudad porque era viejo y no podía luchar contra el hechicero.

d. 2: Los hermanos atacaron a Quetzalcoátl y a su padre.

e. 3: Después de la muerte de su padre Quetzalcoátl fue rey y construyó muchos templos para honrarlo.

f. 6: Los aztecas pensaban que Cortés era Quetzalcoátl.

B. Quetzalcoátl prometía volver y ser rey. Los aztecas creían en este mito y al llegar los españoles, pensaban que había vuelto su rey.

GRAMÁTICA

5-13 La ruta de los mayas

Answers will vary.

5-14 La llegada a "Las Indias"

1. tienen / robaremos

2. son / convertirán

3. obedecen / obsequiaremos

4. quieren / documentará

5-15 El primer encuentro

Answers will vary. Possible answers include:

1. Si ellos tienen armas … (los atacaremos).

2. Si ellos nos conquistan… (nos esconderemos en las montañas).

3. Si quieren casarse con nuestras mujeres… (no se lo permitiremos).

4. Si traen nuevas enfermedades… (muchos morirán).

REDACCIÓN

5-16 La defensa de los indígenas

Answers will vary.

5-17 Acusar y defender

1. A X

2. A X
3. D Ø
4. A X
5. D X
6. D X
7. D Ø
8. D X
9. D X

TEMA 3

VOCABULARIO DEL TEMA

5-18 Reacciones diferentes

A. *Answers will vary. Possible answers include:*
   1. O; genocidio significa la matanza de un grupo de gente
   2. D; son celebraciones con un significado religioso
   3. D; murieron
   4. O; un período de cien años

B. *Answers will vary.*

5-19 Palabras en acción

1. oposición
2. reclamación
3. mezcla
4. esclavo / esclavitud
5. celebración
6. población
7. herencia

5-20 ¿Recuerdas?

1. F: Más de la mitad murió.
2. F: No tenían defensas inmunológicas contra muchas de las enfermedades, como la viruela y el sarampión.
3. F: Se llevaron 14 millones a Latinoamérica comparado con los 500.000 que se llevaron a EE.UU.
4. V
5. F: Entre 20 y 25 millones hablan su lengua nativa además del español.
6. V

A ESCUCHAR

5-21 Una entrevista

Answers will vary. Possible answers include:
1. Como parte del *V Centenario* los pueblos indígenas se revalorizaron. Como todos son descendientes de estos indígenas decidieron recuperar su voz con el estudio de sus lenguas.
2. Podría estudiar Folclore o Culturas indígenas. Se ofrecen también estudios de una de las 3 lenguas principalmente usadas en las comunidades indígenas.
3. El instituto ofrece muestras fotográficas, foros de cine, talleres de música y danza. Al final del año hay un encuentro de reflexión.
4. El año académico termina con un encuentro llamado la Semana del Indígena. Vienen representantes de la comunidad indígena y personas que presentan los resultados de sus estudios socio-económicos.
5. *Answers will vary.*

GRAMÁTICA

5-22 La cortesía

Answers will vary. Possible answers include:
1. ¿Me podría explicar los usos del condicional?
2. Preferiríamos ir a una fiesta.
3. Deberían tomar la calle Vera Cruz.
4. Nos gustaría repasar el futuro.

5-23 ¿Qué harías tú?

Answers will vary.

5-24 La vida en Marte

1. descubriéramos / destruiríamos
2. tuviera / se beneficiaría
3. protegería / hicieran daño
4. fueran / intercambiarían

5-25 Un mundo diferente

Answers will vary.
1. Si llegaran extraterrestres a la Casa Blanca…
2. Si un virus destruyera todas las computadoras del mundo…
3. Si los científicos descubrieran dónde está la fuente de la juventud…
4. Si los animales desarrollaran la habilidad de hablar…
5. Si todos los estudiantes universitarios pudieran viajar al espacio…
6. Si todo el mundo estuviera obligado a vivir en casas subterráneas…

5-26 Los Reyes Católicos
Answers will vary.

REDACCIÓN
5-27 Una civilización nueva
Answers will vary.

A ESCUCHAR
5-28 Iniciar y mantener una discusión
  A. ¿Y qué piensa de…?, Es verdad, Es exactamente lo que pienso yo, ¿Verdad?, Eso mismo pienso yo, Miren, ¿Cuál es su reacción ante…?

TEMA 4

VOCABULARIO DEL TEMA
5-29 Curiosidades
  A.
  1. contundente
  2. inalterable
  3. conciliar
  4. recriminación
  5. controvertido
  6. estéril

  B.
  "El V Centenario tiene una significación universal".

5-30 El Zócalo, México, D.F.
  A.
  a. 5
  b. 6
  c. 1
  d. 4
  e. 3
  f. 2

  B.
  Answers will vary. Possible answers include:
  1. Plaza importante del centro de México, D.F. donde se encuentran el Palacio Nacional, La Catedral Metropolitana y el Museo del Templo Mayor.
  2. Edificio oficial del gobierno mexicano, construido en el mismo lugar del antiguo palacio de Moctezuma y el Palacio del Virrey en tiempos coloniales.

3. La iglesia más grande de Latinoamérica. Construida en parte con piedras del antiguo templo mayor azteca.
4. Edificio oficial del gobierno colonial de Nueva España.
5. Museo que exhibe los artefactos descubiertos bajo tierra en las excavaciones del metro de México en el siglo XX.
6. Casa de Moctezuma y edificio de administración del imperio azteca antes de la llegada de los españoles.

A ESCUCHAR
5-31 Los retos del futuro
  A. Orientación
  1. c
  2. c
  3. a
  B. La idea principal
  b
  C. Detalles importantes
  a. X
  b.
  c. X
  d. X
  e.
  f.
  D. Atención a los verbos
  1. comprendemos
  2. construiremos
  3. hubiera
  4. habrá

MÁS ALLÁ DE LAS PALABRAS

REDACCIÓN
5-32 El día de Colón
Answers will vary.

EL ESCRITOR TIENE LA PALABRA
5-33 Las técnicas literarias

La caracterización.
En el diario de Colón, los indígenas son jóvenes, pacíficos y tienen el cabello grueso. Aceptan los regalos de los españoles. La interacción es pacífica. En la carta de Cúneo, los indígenas son violentos caníbales que atacan a los españoles. La interacción es violenta.

El punto de vista
Answers will vary.

El propósito
Answers will vary.

La fantasía
Answers will vary.

5-34 Mi diario literario
Answers will vary

PARA ESCRIBIR MEJOR

5-35 Práctica

Answers will vary. Possible answers include:

1. embarazada: una mujer que va a tener un bebé
   embarrassed: avergonzado/a
2. éxito: la buena realización de un objetivo
   exit: salida
3. suceso: un acontecimiento
   success: éxito
4. atender: cuidar de alguien
   to attend: asistir
5. mayor: una persona que es adulta o anciana
   mayor: alcalde
6. lectura: la acción de leer o la cosa leída
   lecture: conferencia
7. pariente: una persona de su familia
   parent: los padres
8. largo: longitud considerable o que dura mucho tiempo
   large: grande
9. soportar: aguantar, sostener
   to support: mantener, apoyar

5-36 Práctica

1. sino
2. pero
3. sino que
4. sino

PARA PRONUNCIAR MEJOR

5-40 Dictado

1. águila
2. lago
3. paguemos
4. pagamos
5. toga
6. seguimos

CAPÍTULO 6
TEMA 1

VOCABULARIO DEL TEMA

6-1 Las culturas amerindias del pasado

1. a
2. b
3. a
4. c
5. c

6-2 La comunidad indígena en el presente

A. *Answers will vary.*
B. *Answers will vary.*

6-3 Las características importantes de un líder

A. *Answers will vary.*
B. *Answers will vary.*

6-4 ¿Recuerdas?

1. d
2. c
3. a
4. g
5. e
6. f
7. b

A ESCUCHAR

6-5 Unos mensajes telefónicos

A.
   1. V
   2. F: Olga piensa que Carolina tiene muchos exámenes.
   3. F: Carolina no llamó ni se reunió con sus amigas.
   4. F: Olga está preocupada por Carolina.

B. La película trata de un líder valiente y virtuoso. Los rebeldes reclamaban la justicia contra el gobierno inglés.

C. *Answers will vary.*

GRAMÁTICA

6-6 La vida de Hernán Cortés
A.
1. nació
2. se llamaba
3. era
4. estudió
5. tenía
6. participó
7. partió
8. llegó
9. era
10. continuó

B. *Answers will vary.*

6-7 Un diario personal
a. 3; tenía, hacía, salió, conoció
b. 5; supo, murieron
c. 4; cambió, íbamos, teníamos/tenían, sabíamos/sabían
d. 2; trabajaba, asistía
e. 1; vinieron, eran, pudieron
f. 6; volví

6-8 Las experiencias de Hernán Cortés
1. **a.** sabía   **b.** supo
2. **a.** conocía   **b.** conoció
3. **a.** podía   **b.** pudo
4. **a.** quería   **b.** quiso

6-9 Un recuerdo personal
A. *Answers will vary.*
B. *Answers will vary.*

REDACCIÓN

6-10 La cuestión indígena en relación con el racismo
Answers will vary.

A ESCUCHAR

6-11 Recordar viejos tiempos
A.
1. Se conocieron en la escuela secundaria.
2. Ellos la escondieron.

3. Es la esposa de Antonio. Ellos fueron novios durante diez años y tienen 3 hijos.
4. Sebastián practicaba el tenis. No lo practica hace diez años porque no tiene tiempo. Trabaja mucho.
5. Lucy y Carlos eran esposos pero ahora están divorciados. Carlos no era amigable y siempre estaba buscando problemas.
6. Porque va a empezar el discurso.

B. *Answers will vary.*

TEMA 2

VOCABULARIO DEL TEMA

6-12 La historia española
A.
1. la decadencia
2. derrota
3. consolidar
4. la victoria
5. una dictadura
6. abolir
7. la transición

B. *Answers will vary.*

6-13 La economía española en el presente
A.
1. e
2. d
3. f
4. a
5. b
6. c

B. *Answers will vary.*

6-14 ¿Recuerdas?
1588: Los ingleses derrotaron la Armada Invencible.
1898: España perdió el control de las colonias americanas, Cuba y Puerto Rico
1939: Franco ganó la guerra civil.
1975: Franco murió y fue proclamado rey el príncipe Juan Carlos.
1986: España ingresó en la Unión Europea.
2002: España adoptó el euro como moneda oficial.

6-15. La monarquía española

A.

1. V
2. F: Fue la madre de Carlos I.
3. F: Felipe, el esposo de Juana, reinó por un período breve.
4. F: En 1700 se extinguió la línea de sucesión de la Casa de Austria.
5. V
6. F: Ha habido tres interrupciones en la historia de la monarquía española
7. V
8. F: Lo sucederá su hijo Felipe.

B. *Answers will vary.*

GRAMÁTICA

6-16 Las noticias sensacionalistas

Answers will vary.

6-17 Noticias personales

1. Mis amigos y yo hemos hecho la tarea todos los días.
2. Mis amigos de otras universidades me han escrito mensajes por correo electrónico todos los días.
3. Yo he ido a muchas fiestas los fines de semana.
4. Mis compañeros de cuarto y yo hemos ganado poco dinero para pagar el alquiler.
5. *Answers will vary.*

6-18 Noticias españolas

A. España...

ha perdido todas sus colonias americanas.

ha tenido una dictadura.

ha reinstaurado una monarquía constitucional y democrática.

ha ingresado en la Unión Europea.

ha adoptado el euro como moneda oficial.

se ha integrado económicamente en Europa occidental.

ha estimulado la inversión extranjera.

B. *Answers will vary.*

6-19 La Feria de Abril

B. *Answers will vary.*

REDACCIÓN

6-20 La Unión Europea

Answers will vary.

A ESCUCHAR

6-21. Hablar de lo que acaba de pasar

A.

1. Porque su profesor es muy exigente y asigna mucha tarea.
2. Le fue mal en el examen de diseño porque no leyó los dos últimos capítulos.
3. Beatriz acaba de salir de su clase de baile.
4. Roberto viene de una reunión de ingenieros y de hablar con su consejera.
5. María Alejandra comió ensalada. Va a pedir pescado y verduras.
6. Deciden comer pescado y verduras.

B. María Alejandra: ciencias, química; Beatriz: baile y coreografía; Roberto: arquitectura, ingeniería.

TEMA 3

VOCABULARIO DEL TEMA

6-22 Semejanzas y diferencias históricas

A. *Answers will vary somewhat.*

1. Inglaterra tenía una monarquía durante el período colonial.
2. Los factores principales incluyen los impuestos, la falta de libertades y la opresión y la violencia, como por ejemplo, la masacre en Boston.
3. EE.UU. obtuvo su independencia en 1783.
4. EE.UU. estableció un gobierno democrático.
5. La guerra civil terminó en 1865. Su motivo principal fue la esclavitud y la secesión de los estados del sur.
6. El presidente representa el poder ejecutivo, el Congreso representa el poder legislativo y la Corte Suprema representa el poder judicial.

B. *Answers will vary.*

6-23 Verbos importantes

A.

1. enriquecerse
2. implementar
3. manipular
4. favorecer
5. rechazó
6. exiliarse
7. se establecieron

B. *Answers will vary somewhat.*
Cárdenas implementó las reformas sociales de la revolución. Aunque la economía de México estuvo en crisis a principios del siglo XXI hoy este país tiene la segunda economía más fuerte de América Latina.

6-24 La economía mexicana

1. a
2. c
3. b
4. c

6-25 ¿Recuerdas?

1. b
2. d
3. f
4. a
5. e
6. c

A ESCUCHAR
6-26 Las mujeres revolucionarias

1. a
2. a, b, c
3. a, b
4. b
5. Es tan importante la figura y la leyenda de Adelita porque no siempre se han reconocido las contribuciones femeninas a la revolución.

GRAMÁTICA
6-27 Los inmigrantes a EE.UU.

1. por
2. para
3. por
4. para

5. por
6. para

6-28 Un inmigrante español en México

1. del
2. al
3. a
4. para
5. De
6. a
7. para
8. de
9. Al
10. para
11. con
12. por
13. en
14. en

6-29 Un viaje

A.

Día 1: a, para, por, De, para
Día 2: a, Al, a
Día 3: en

B. *Answers will vary.*

REDACCIÓN
6-30 Reforma de la inmigración
Answers will vary.

A ESCUCHAR
6-31. Cómo usar los coloquialismos

A.

1. Claudia y Rodrigo deciden ir a un café y después a bailar; 2. Ellos piensan ir a un café que queda cerca de la casa de Rodrigo; 3. Claudia; 4. Porque tiene un temperamento muy fuerte y es muy aburrido; 5. Deciden salir con Octavio, Ana y Paula.

B.

Escribe el significado de los coloquialismos
1. *what's up?*; 2. *an awful lot of...*; 3. *go party*; 4. *how cool*; 5. *money*; 6. *stuck-up, snob*; 7. *How cool*; 8. *O.K.; right on*

TEMA 4

VOCABULARIO DEL TEMA
6-32 Las bellas artes
1. b
2. e
3. f
4. a
5. d
6. g
7. c

6-33 Curiosidades
1. género
2. fantástico
3. personajes
4. premio
5. genio

6-34 ¿Recuerdas?
1. La ciudad de Oaxaca porque su centro histórico fue declarado Patrimonio de la Humanidad, El Zócalo de la ciudad es una de las más hermosas de México, es fácil andar por la calle principal y visitar los museos, las galerías y las tiendas de artesanía.
2. La ruta Monte Albán-Zaachila porque representa el desarrollo cultural zapoteca y su arquitectura monumental.
3. Huatulco, México porque está en la costa oaxaqueña y tiene un complejo turístico que intenta proteger la belleza natural y conservar su ecología.
4. Santiago de Compostela, España, porque se puede visitar la catedral del Apóstol.

REDACCIÓN
6-35 El patrimonio
Answers will vary.

A ESCUCHAR
6-36 Un programa de radio
A.
1. a
2. c
3. d

B. Tiene el propósito espiritual de realizar la peregrinación y el propósito cultural de ver las atracciones artísticas e históricas y conocer a la gente.

C.
1. Es mejor en la primavera o el otoño por dos razones. La primera es porque el 75% de la gente que recorre el Camino lo hace en el verano y también por el calor.
2. Pedro prefiere hacerla a pie porque se puede apreciar la soledad y el silencio y porque hay muchas oportunidades de conocer a gente nueva.
3. *Answers will vary. Possible answers include:* la ropa, la documentación, el calzado, un saco de dormir, una toalla y otras cosas esenciales
4. La credencial te da permiso para quedarte en los refugios.

D. *Answers will vary.*

E.
1. Oración 1 = presente perfecto
2. Oración 2 = pretérito
3. Oración 3 = presente perfecto
4. Oración 4 = pretérito

MÁS ALLÁ DE LAS PALABRAS

REDACCIÓN
6-37 Una leyenda
Answers will vary.

EL ESCRITOR TIENE LA PALABRA
6-38 Características de las leyendas
1. Los eventos ocurrieron en el pasado de los aztecas antes de la llegada de los españoles. Se sabe eso porque los verbos están en el pasado y por las referencias al emperador y a su imperio.
2. El líder es el emperador. El héroe es Popocatepetl y aunque no se identifica el nombre del anti-héroe se sabe que es un guerrero.
Answers to the second part of the question will vary.

3. *Answers will vary. Possible answers include:* Es importante que los guerreros sean valientes, fuertes e inteligentes porque el emperador decide casar a su hija con este hombre. Los celos son malos y la lealtad es algo bueno. Es importante ser honesto porque al ser deshonesto se sufren las consecuencias. Es importante cumplir las promesas, aunque sea difícil hacerlo. El amor lo conquista todo porque al final los dos amantes estarán siempre juntos.

4. Un buen dios decidió transformar a los dos amantes en volcanes. Ixtaccíhuatl es tranquilo y silencioso mientras su Popocatepetl amado, tiembla de vez en cuando porque llora por su amor.

6-39 Mi diario literario
Answers will vary.

PARA ESCRIBIR MEJOR

6-40 Práctica
1. aceptar
2. ocupado
3. preocupación
4. acusar
5. sucesión
6. eclesiástico

6-41 Práctica
1. adjetivo
2. objeto
3. puntual
4. respeto
5. subjuntivo
6. sujeto

6-42 Práctica
1. arqueología
2. psicología
3. técnica
4. arquitectónico
5. máquina
6. monarquía

6-43 Repaso
1. puntual
2. acepta
3. arquitectónicas
4. ocupados

6-44 Práctica
1. apreciación
2. aprobar
3. apariencia
4. aproximación

6-45 Práctica
1. inmediato
2. gramática
3. aniversario
4. inmortal
5. comité
6. anual

6-46 Práctica
1. teléfono
2. frase
3. geografía
4. fase

6-47 Práctica
1. afirmativo
2. cafeína
3. ofensa
4. diferente

6-48 Resumen
1. diferente
2. teoría
3. filosófica
4. comunican
5. respeto
6. protección
7. inocentes
8. periferia
9. arquitectónicos
10. impresionantes
11. cuestión
12. aceptar

CAPÍTULO 7
TEMA 1

VOCABULARIO DEL TEMA
7-1 Cuba ayer y hoy

7-2 La vida cubana

A. *Answers will vary.*
1. P/N: casas disponibles = no hay suficientes casas para todos.
2. P/N: alimentos = comida
3. P/N: alojarse = quedarse, hospedarse permanecer
4. P/N: avances = mejoras
5. P/N: debilitar = hacer menos fuerte
6. P/N: obligatorio = forzoso

B. *Answers will vary.*

7-3 Conceptos políticos
Answers will vary.

7-4 ¿Recuerdas?
A.
1. una invasión
2. se independizó
3. la jefatura
4. una alianza
5. dominación

6. aceptados
7. derrocado
8. instaló
9. sucedió

B.
1898: 2
1902: 5
1933: 9
1959: 7
1961: 1 / 4
1962: 8
2005: 6
2008: 3

7-5 Verbos importantes
It is possible that some of the verbs may be used in more than one context.
DUDA: ser dudoso, ser imposible, no creer
CONSEJO: insistir en, querer, recomendar, aconsejar, ser mejor, sugerir
OPINIONES / REACCIONES: sentir, ser una lástima, preocuparse, ser triste, tener miedo de, molestar, ser buena idea, parecer interesante
CERTEZA: creer, estar claro, ser evidente, ser seguro, ser cierto, ser verdad, ser obvio.

A ESCUCHAR
7-6 Una noticia cubana
A.
1. mil enfermeros emergentes
2. ofrecer servicios médicos a todo el pueblo
3. mejorar la calidad de vida, garantizar seguridad a sus familias, darles empleo
4. pobres, jóvenes / un buen trabajo o ayuda para sus familias

B.
Answers will vary. Possible answers include:
Sí, el tono es favorable. Todos los comentarios sobre Castro, su régimen y lo que ha logrado son positivos. Enfatiza también las metas de su Revolución e incluye una crítica a EE.UU.

GRAMÁTICA

7-7 Cláusulas

1. cláusula principal = Mi esposo y yo queremos que
   cláusula subordinada = la dictadura se acabe.
   Expresa recomendación o sugerencia.
2. cláusula principal = Es imposible que
   cláusula subordinada = el gobierno de Cuba mejore la economía.
   Expresa duda.
3. cláusula principal = A los cubanos en Miami nos preocupa que
   cláusula subordinada = el gobierno cubano no nos permita volver a la isla.
   Expresa reacción emocional.
4. cláusula principal = Es cierto que
   cláusula subordinada = en los últimos años siguen viniendo a EE.UU. refugiados políticos.

7-8 Un extranjero en La Habana

A.
1. visites
2. vayan / visiten
3. vean / pasear / evitar
4. camine

B. *Answers will vary.*

7-9 Perspectivas históricas

Answers will vary. Possible answers include:
1. Al presidente John F. Kennedy no le gustaba / gustó que…
2. El gobierno de la Unión Soviética estaba / estuvo complacido en que…
3. Los estadounidenses se preocupaban / se preocuparon de que…
4. La gente pobre de Cuba sentía / sintió que…

7-10 Hacia el futuro

Answers will vary.

7-11 Una reseña

1. acompañara
2. cantara
3. estaba
4. cantaran
5. continuara
6. se detuviera
7. bailara
8. es
9. continúa
10. llegara
11. regresara
12. grabara
13. alcance
13. es

7-12 Tu último concierto

Answers will vary.

REDACCIÓN

7-13 ¿Cuba libre?

A. *Answers will vary.*
B. *Answers will vary.*

A ESCUCHAR

7-14 Tener una discusión acalorada

A. ¿Quién lo hizo?
   1. Mónica; 2. Mónica; 3. Ramiro; 4. Ramiro; 5. Ramiro; 6. Mónica; 7. Mónica; 8. Mónica.

B. A reflexionar

Answers will vary.

TEMA 2

VOCABULARIO DEL TEMA

7-15 La historia de la isla

1. se encuentran
2. taínos
3. oprimidos
4. exterminados
5. enfermedades
6. abuso
7. fundó
8. se establecieron
9. universidad
10. cedió
11. occidental
12. Haití
13. disputa
14. reorganizó
15. logró

7-16 La ocupación estadounidense

A. *Answers will vary.*
B. *Answers will vary.*

7-17 ¿Recuerdas?
1. f.
2. d.
3. c.
4. a.
5. e.
6. b.

A ESCUCHAR

7-18. Inmigración dominicana

A.

Año	Habitantes
1790	
	306
	470

B. 1. 1.2 millones al año; **2.** 100 millones; **3.** 15%; **4.** se duplique

C. 1. b; 2. d; 3. c; 4. a.

D. 1. David Ortiz, Sammy Sosa, Manny Ramírez y Alfonso Soriano; 2. Julia Álvarez; 3. Oscar de la Renta; 4. la salsa.

GRAMÁTICA

7-19 La gente habla
1. antecedente = un gobierno desconocido
2. antecedente = la estabilidad económica conocido
3. antecedente = elecciones desconocido
4. antecedente = las reformas conocido

7-20 Promesas políticas para el futuro

A. *Selections may vary.*
establezca
elimine
proteja
reorganice
promueva
cree

B. *Answers will vary.*

7-21 La música popular

A.

1. A Marisa le gustan las canciones que toca Juan Luis Guerra.
2. Fernando y Luis quieren bailar en un club que tenga música *rap* o *hip-hop*.
3. Aurelia busca una banda que sea local.
4. Marcos necesita ir a un sitio que abra después de las 11:00 de la noche.

B. *Answers will vary.*

C. *Answers may vary.*

1. Marisa: Sugiero que vaya al *Club de ritmos dominicanos.*
2. Fernando y Luis: Les recomiendo que vayan a *Studio 54.*
3. Aurelia: Es mejor que vaya a *Studio 54.*
4. Marcos: Le aconsejo que vaya a *Studio 54.*
5. Tú: *Answers will vary.*

REDACCIÓN

7-22 Las canciones de protesta
Answers will vary.

A ESCUCHAR

7-23. Usar gestos para comunicarse

A. 1.Estar distraído/aburrido; 2. Estar pensando; 3. Inseguridad; 4. Estar impaciente/aburrido; 5. Ser deshonesto/estar distraído; 6. Ser maleducado 7. Estar emocionado o con frío; 8. Transmitir confianza o buena disposición.

B. 1.El lenguaje corporal/El uso de gestos 2. Poner los pies en la mesa/ meterse las manos a los bolsillos 3. Dos estadounidenses porque están acostumbrados a estar más lejos de su interlocutor 4. Puede indicar que está emocionada o que tiene frío

TEMA 3

VOCABULARIO DEL TEMA

7-24 La historia puertorriqueña

1. b
2. c
3. a
4. d
5. e
6. f

7-25 Estado Libre Asociado

Answers will vary. Possible answers include:

1. V: asistencia social = ayuda financiera
2. F: ejército = militares, fuerzas armadas de un país, los puertorriqueños sí pueden servir
3. V: representante = la persona elegida por los votantes para defender sus intereses
4. V: ciudadano = miembro oficial de un país
5. F: impuestos = tributos, no pagan impuestos federales pero sí pagan impuestos al gobierno de Puerto Rico
6. V: autonomía = libertad

7-26 Posibilidades futuras

1. abandonar
2. ciudadanos
3. votar
4. servir
5. red
6. beneficios
7. mantener
8. gobernarse
9. autonomía
10. anulación

7-27 ¿Recuerdas?

1. b
2. c
3. a
4. b
5. a
6. c

A ESCUCHAR

7-28 Una conversación por teléfono

A.

1. una galería de arte; el primer día por la tarde
2. la playa; el segundo día
3. el Castillo del Morro; el primer día por la mañana
4. un parque (El Yunque); el tercer día
5. un club de merengue; el segundo día por la noche
6. su hotel; el tercer día por la noche

B.

1. Es una fortaleza impresionante.
2. Le pareció interesante que hubiera tantos artistas. Vio muchas obras interesantes.
3. Le impresionó que los puertorriqueños fueran tan amables.
4. Le pareció estupendo que la gente protegiera sus recursos naturales.

GRAMÁTICA

7-29 Las cláusulas

1. cláusula = sustantiva
   tiempo = pasado
2. cláusula = adjetival
   tiempo = presente
3. cláusula = sustantiva
   tiempo = presente
4. cláusula = adjetival
   tiempo = presente
5. cláusula = sustantiva
   tiempo = futuro

7-30 Una cultura híbrida

A.

1. ofreciera
2. graduarme
3. me mantuviera
4. olvidara
5. es
6. mantengan
7. vivir
8. sean
9. está
10. permitan

B. *Answers will vary.*

7-31 Un/a compañero/a de viaje
A. *Answers will vary.*
B. *Answers will vary.*

7-32 Unas vacaciones desastrosas y reaccionar
Answers will vary. Possible Answers include:

REDACCIÓN
7-33 Un nuevo voto.
Answers will vary.

A ESCUCHAR
7-34 Aclarar un malentendido y reaccionar
Answers will vary. Possible answers include:
1. Sandra y Patricia discuten porque Sandra habló mal de Patricia.
2. Andrés es el novio de Patricia.
3. A Patricia le molestó que su amiga Sandra hablara mal de ella/le molestó que hiciera comentarios sobre ella.
4. A Sandra le molestó que Patricia no pasara tiempo con ella. Le molestó también que Patricia pasara todo el tiempo con Andrés.
5. Sí, al final deciden que siguen siendo buenas amigas. Sin embargo para Sandra es frustrante que Patricia termine la conversación diciendo que va a ver a Andrés.
6. Dudo que Patricia pase más tiempo con Sandra / Es posible que lo haga.
7. Le recomiendo que busque otros amigos / Le sugiero que consiga novio.
8. *Answers will vary.*

C. *Answers will vary.*

TEMA 4

VOCABULARIO DEL TEMA
7-35 Curiosidades
A.
1. abandonar
2. aliados
3. proveer
4. acusar
5. aldea
6. derrocar

B.
C. *Answers will vary.*

7-36 ¿Recuerdas?
a. 3 / exploradores
b. 7 / Carlos Andrés Pérez
c. 2 / algunas teorías
d. 5 / Juan Vicente Gómez
e. 4 / españoles
f. 8 / Huracán Chávez
g. 6 / Pérez Jiménez
h. 1 / Las tribus indígenas

REDACCIÓN
7-37 Un parque en peligro
Answers will vary.

A ESCUCHAR
7-38 Una excursión a Venezuela
A.
1. a
2. b
3. a
4. c
B. Información personal; una historia breve de los indígenas; información sobre los colonizadores; un resumen de la política y la economía; detalles sobre el parque; recomendaciones para los visitantes
C.
1. V
2. V
3. F: Sí hay grupos indígenas.
4. V
5. F: El parque tiene mucha biodiversidad
6. F: Es quince veces mayor que las cataratas del Niágara.
D.
1. que los viajeros no dejen basura, no destruyan flores ni árboles, no extraigan piedras, no salgan de los senderos indicados o que lleven el chaleco salvavidas.
2. *Answers will vary.*

E.
  1. graduarme, dedicarme
  2. es
  3. tengan
  4. destruya

MÁS ALLÁ DE LAS PALABRAS

REDACCIÓN
7-39 La copa mundial de fútbol
  Answers will vary.

EL ESCRITOR TIENE LA PALABRA
7-40 La estructura de un poema
  1. 5
  2. 5 / 4 / 4 / 5 / 10
  3. no hay una estructura
  4. el verso libre

7-41 La poesía lírica
  1. *Answers will vary.*
  2.
      b. *tú* se refiere al soldado, *yo* se refiere al poeta
      c. Su repetición enfatiza su mensaje de la igualdad social, que en realidad no hay una diferencia entre el *tú* y el *yo*.

7-42 Mi diario literario
  Answers will vary.

7-43 Mi propio poema
  Answers will vary.

PARA ESCRIBIR MEJOR
7-44 Práctica
  1. Santo / San / San
  2. cualquier / cualquier / cualquier
  3. buen / buena
  4. alguna / algún / algunos

7-45 Práctica
  1. cien soldados
  2. ciento cincuenta y cinco fortalezas
  3. cincuenta y una guerras
  4. cien mil residentes

7-46 Práctica
  1. Las / gigantesca
  2. El / pequeña

  3. las
  4. El / vieja

Capítulo 8
TEMA 1

VOCABULARIO DEL TEMA
8-1 La geografía de Guatemala
  Answers will vary. Possible answers include:
  1. Guatemala está al norte de El Salvador y Honduras.
  2. La ciudad de Guatemala está debajo de Tikal.
  3. Panajachel está al norte del lago Atitlán.
  4. Chimel está al este del volcán San Pedro.

8-2 La civilización maya
  1. se extendió
  2. montañosas
  3. majestuosos
  4. inscripciones
  5. corteza
  6. cálculos
  7. numérico
  8. medir
  9. exactitud
  10. colapso

8-3 Un descubrimiento misterioso
  Answers will vary.

8-4 La inestabilidad política
  A. *Answers will vary.*
  B. *Answers will vary.*

8-5 ¿Recuerdas?
  1. RM / arrestada
  2. EI / autonomía
  3. RM / una criada
  4. EI / fragilidad
  5. RLC / disminución
  6. EI / comunicación

A ESCUCHAR
8-6 Una oferta
  1. b and c
  2. a
  3. all answers
  4. *Answers will vary.*

GRAMÁTICA

8-7 Un día muy ocupado
1. desayunará / va a desayunar
2. dejará / va a dejar
3. saldrás / vas a salir
4. se reunirá / se va a reunir
5. darás / vas a dar
6. celebrará / va a celebrar
7. volverás / vas a volver

8-8 El posible futuro de los indígenas
Answers will vary. Possible answers include:
1. Si los indígenas venden sus telas en mercados extranjeros, los mayas ganarán más dinero para mejorar su calidad de vida.
2. Si la sociedad pone fin al racismo contra los indígenas, éstos podrán practicar sus tradiciones sin miedo.
3. Si el Instituto Guatemalteco de Turismo promueve el turismo por las aldeas, como San Pedro La Laguna, el mundo conocerá más sobre la cultura maya.
4. Si el presidente actual mantiene un gobierno firme, las guerrillas no causarán más inestabilidad.
5. Si la cultura moderna respeta la cultura maya, los indígenas no sufrirán discriminación.

8-9 La promoción turística
1. visitan, verán
2. puede / podrá, prefiere
3. ofrecen/ ofrecerán, interesa
4. quieren, paren / pararán

8-10 ¡Nos ha tocado la lotería!
A.
1. haré
2. empezaré
3. matarán
4. ayudaré
5. compraré
6. celebraremos
7. planearemos
8. iremos
9. veremos
10. pasaremos

B. *Answers will vary.*

8-11 ¿Dónde estarán?
1. Los compañeros de la clase de español estarán escribiendo una composición en la biblioteca.
2. La hermana de Olivia estará llegando al aeropuerto de su viaje a México.
3. Iván estará en una playa de Hawai con su familia.
4. Marta y Gustavo estarán de compras en el centro comercial.

REDACCIÓN

8-12 El ideal de belleza
Answers will vary.

8-13 Los detalles de un desfile
A. 1, 4, 5 and 6.
B.
1. Si se muestra la colección de verano habrá 16. Si se muestran las colecciones de verano y otoño habrá 24.
2. Con colores vivos, diseños originales y hasta extravagantes.
3. Esperan ver novedades.
4. Se refiere a los tonos rojos y anaranjados.
5. *Answers will vary.*

TEMA 2

VOCABULARIO DEL TEMA

8-14 Conceptos políticos
Answers will vary. Possible answers include:
1. Un partido político es un grupo de personas con las mismas ideas políticas, como los conservadores y los liberales. En las elecciones libres la gente elige a un candidato de un partido político.
2. Las dictaduras militares tienen el apoyo del ejército y usan la represión por la fuerza policial para mantener el control del país.
3. Un acuerdo de paz se firma al terminar una guerra civil. Es un acuerdo con los rebeldes que muchas veces introduce reformas.
4. Una asamblea legislativa es un componente importante de una república porque establece las leyes de un país. Sus miembros son elegidos por sufragio universal.

8-15 Fechas importantes
1. a
2. c
3. b
4. a

8-16 ¿Qué harías tú?

A.
1. desobedecer = no aceptar o seguir órdenes
2. seguidores = las personas que apoyan a una persona u una idea
3. un engaño = una traición
4. represión = control ejercido usando tácticas como la tortura
5. ayuda militar = apoyo en forma de armas o soldados
6. una guerra civil = una lucha entre dos facciones dentro de un país

B. *Answers will vary.*

8-17 ¿Recuerdas?

El Salvador: ARENA, Óscar Romero, su guerra civil duró doce años, se revisó el código penal
Nicaragua: los contras, Augusto César Sandino, las guerrillas marxistas sandinistas, elecciones libres desde 1990
Honduras: Lempira, el Partido Liberal, su nombre viene de la palabra "hondo", se estableció un gobierno civil en 1982

A ESCUCHAR
8-18 Nicaragua, lugar inolvidable

A.
1. montañas, lagos, mesetas, islas
2. Los turistas vienen de las Américas y de Europa. Porque es un país extremadamente diverso que ofrece multitud de actividades.
3. Porque es la isla más grande que está dentro de un lago.
4. Hay variedad y hacen del lugar un paraíso.
5. por su arquitectura colonial

B.
1. ir al Parque Central, caminar por la ciudad y visitar el mercado
2. 40

3. colonial
4. Su arena blanca, las puestas de sol y las tortugas que ponen sus huevos allí.
5. *Answers will vary.*

GRAMÁTICA
8-19 Desastres naturales
1. Los meteorólogos hondureños dijeron que el huracán Mitch sería la tempestad más fuerte vista en esta zona en los últimos cincuenta años.
2. El gobierno salvadoreño afirmó que la economía de El Salvador se verá muy afectada como consecuencia de los terremotos.
3. Los economistas de Honduras dijeron que el gobierno necesitaría pedir dinero para la reconstrucción del país.
4. Los periodistas nicaragüenses reportaron que mucha gente de zonas rurales se quedaría y prepararía sus casas para la tempestad.

8-20 Amigos perdidos
1. Juan decidiría visitar también las islas de Roatán y Guanaja.
2. Carlos querría pasar más tiempo haciendo submarinismo.
3. Ellos alargarían las vacaciones.
4. Ellos estarían explorando la costa de Honduras.

8-21 Una solicitud
1.
   a. Me gustaría
   b. desearía
2.
   a. Preferiría
   b. Querría

8-22 Tu trabajo ideal
Answers will vary.

REDACCIÓN
8-23 El ecoturismo
Answers will vary.

A ESCUCHAR
8-24 De viaje por Honduras
A. Islas de la Bahía, San Pedro Sula, la capital de Honduras y Parque La Leona.

B.

1. Tres días
2. Porque a David no le gustan las ciudades capitales
3. Para ver la ciudad de Tegucigalpa desde allí.
4. Usarán un paquete de viaje.
5. En las Islas de la Bahía.

TEMA 3

VOCABULARIO DEL TEMA

8-25 ¿Cuánto sabes de Costa Rica?

1. V: abusos
2. V: militares, fuerzas armadas
3. V: número de personas que sabe leer y escribir
4. V: dinero prestado por otros países u organizaciones internacionales y que es necesario devolver
5. V: período durante el cual gobierna un presidente
6. V: grandes fincas

8-26 Los ticos

A.

1. b
2. c
3. e
4. a
5. d

B. positiva

8-27 ¿Recuerdas?

A.

1. abolió
2. riquezas
3. se independizaron
4. propietario
5. se estabilizó
6. Provincias
7. esfuerzos
8. se declaró

B.

1502: Al llegar Colón y sus hombres a la costa pensaban que había muchas riquezas y le dieron el nombre de Costa Rica.

1821: Todos los países centroamericanos, incluida Costa Rica, se independizaron de España al mismo tiempo.

1823: Después de su independencia Costa Rica formó parte de las Provincias Unidas de Centroamérica.

1848: Costa Rica se convirtió en un país independiente cuando se declaró la primera república.

1889: La lucha constante entre liberales y conservadores se estabilizó y se sentaron las bases de la democracia.

1949: El gobierno costarricense abolió el ejército para proteger al país de los gobiernos militares.

1953: Pepe Figueras Ferrer, un propietario de plantaciones de café, ganó las elecciones y estableció un gobierno liberal y reformista.

1987: Óscar Arias Sánchez recibió el Premio Nóbel de la Paz por sus esfuerzos por promover la paz.

A ESCUCHAR

8-28 Pura vida

A.

1. F: Recomienda que vivan con familias porque verán cómo es la vida familiar y practicarán más el español.
2. V
3. F: Las clases de conversación son pequeñas y las clases de historia y política son grandes. Todas las clases son difíciles pero no demasiado.
4. F: El español hablado en Costa Rica es diferente por su acento y el vocabulario usado.

B. *Answers will vary. Possible answers include:* Sí, a Josh le gustó su experiencia en Costa Rica. Menciona su encantadora familia, que los ticos son amables y solícitos, que aprendió mucho, y que ha tenido la oportunidad de aprender nuevas palabras de vocabulario del dialecto costarricense.

GRAMÁTICA

8-29 Identificación

1. improbable
   viajara, imperfecto del subjuntivo
   me gustaría, condicional
2. probable
   teníamos, imperfecto del indicativo
   íbamos, imperfecto del indicativo
3. probable
   me gradúo, presente del indicativo
   viajaré, futuro
4. probable
   tengo, presente del indicativo
   voy, presente del indicativo

8-30 Consecuencias políticas

Answers will vary.

8-31 Consecuencias personales

1. Si fuéramos ricos, no tendríamos que trabajar tantas horas.
2. Si conociera a la persona de mis sueños, nos casaríamos.
3. Si mis padres me dieran un coche, me mudaría a un apartamento.
4. Si el profesor de matemáticas no nos diera tanta tarea, descansaríamos más.
5. Si viviera en el Caribe, pasaría todos los días en la playa.
6. *Answers will vary.*

8-32 Un repaso

1. hablábamos
2. estudiaríamos
3. hablaré
4. fuera
5. tomara
6. estudiaré

REDACCIÓN

8-33 Eco-Odyssey

Answers will vary.

A ESCUCHAR

8-34 Entrevista de trabajo

A.

1. F; el señor Martínez está muy a gusto con su trabajo
2. F; menciona dos *Cuesta menos* y *Surtimercar.*

3. F; no se menciona su experiencia internacional.
4. V; Costa Rica, El Salvador y Panamá.
5. F; a finales del mes

B.

1. Gerente regional
2. Directora de la división
3. Se lleva bien con las personas que supervisa, es eficiente y emprendedor.
4. Todavía no. Si lo contratan es posible que sí.
5. Dos; una con el psicólogo y otra con el director general.

TEMA 4

VOCABULARIO DEL TEMA

8-35 Curiosidades

1. soberanía
2. esclusas
3. toneladas
4. barcos
5. Miraflores
6. estrecha

8-36 ¿Recuerdas?

1. c
2. a
3. f
4. e
5. d
6. b

8-37 Un/a agente turístico/a

1. Colón
2. Isla de San Blas
3. las esclusas de Gatún
4. el Valle de Antón

REDACCIÓN

8-38 El futuro del canal

Answers will vary.

A ESCUCHAR

8-39 Un reportaje sobre Panamá

A. la transferencia oficial del Canal
B. información histórica del Canal, una descripción de las relaciones entre EE.UU. y Panamá, información sobre

la administración del Canal, una consideración de futuras dificultades relacionadas con la modernización del Canal

C.

1. el intento fracasado de los franceses de construir un canal, la inauguración del canal el 15 de agosto de 1914, la captura del General Manuel Noriega, la firma del Tratado Torrijos-Carter en 1977, el 31 de diciembre, el día que se realizó la transferencia oficial del Canal.

2. el ex presidente estadounidense Jimmy Carter, la presidenta panameña Mireya Moscoso, el rey Juan Carlos de Borbón de España y cinco gobernantes de países hispanos

3. Hubo unos momentos difíciles, como la captura del General Noriega, pero en general los dos países han tenido una relación de mutua aceptación.

4. la administración del Canal

5. ampliar y modernizar el Canal; porque en los últimos años ha habido un aumento en el número y el tamaño de los barcos que lo transitan y es importante responder a esta demanda

D. *Answers will vary. Possible answers include:*

Si Panamá no responde a las demandas futuras con la modernización del Canal, los barcos gigantescos no podrán transitarlo y resultará obsoleto. También habrá consecuencias económicas graves para el país.

E.

1. realizará, celebrará
2. probaremos
3. modernizamos, habrá
4. amplían, podrán

MÁS ALLÁ DE LAS PALABRAS

REDACCIÓN

8-40 El futuro de Centroamérica
Answers will vary.

EL ESCRITOR TIENE LA PALABRA

8-41 El cuento

1. Fray Bartolomé Arrazola es el protagonista del cuento, los personajes secundarios son los indígenas. Bartolomé es el prisionero/víctima y los indígenas son los captores/verdugos.

2.
   a. en tercera persona
   b. un narrador omnisciente

3.
   a. Los eventos tienen lugar en las selvas de Guatemala.
   b. Los eventos ocurren en un día en el que hay un eclipse de sol
   c. Transcurren tres años.

4. *Answers will vary.*

5. *Answers will vary. All answers are possible.*

8-42 Mi diario literario
Answers will vary.

PARA ESCRIBIR MEJOR

8-43 Práctica

1. dedicándose
2. deteniendo
3. construyendo
4. traduciendo

8-44 Práctica

1. Negociando
2. luchando
3. siendo
4. Reduciendo

8-45 Resumen

1. llegar
2. Siendo
3. salir
4. Caminar
5. viajando

PARA PRONUNCIAR MEJOR

8-46 Contrastes

1. coro
2. coral
3. perro
4. morral
5. ahorra

6. caro
7. cero
8. morro
9. parra
10. pera

CAPÍTULO 9
TEMA 1

VOCABULARIO DEL TEMA
9-1 La cultura de los chibchas
A.
   1. a
   2. b
   3. c
   4. a
   5. b
   6. c
B. *Answers will vary.*

9-2 El oro
A.
   1. devoción
   2. rango
   3. bruto
   4. simbólico
   5. acaparar
   6. comercial
   7. riquezas
   8. practicar
B. *Answers may vary. Possible answers include:* Para un indígena el oro tenía un valor simbólico, no material. Lo usaban también para crear objetos religiosos, usados como parte de sus rituales. Lo usaban para crear collares y pendientes para identificar el rango social de la gente. Para un español el oro tenía un valor material y comercial.

9-3 Colombia, camino a la paz
A.
   1. reducir
   2. disminuir
   3. generar
   4. modernizar
   5. establecer
   6. desarrollar

7. garantizar
8. implementar
B. *Answers will vary.*

9-4 ¿Recuerdas?
   1. Los chibchas se organizaban en una federación de varios estados gobernados por caciques.
   2. Colombia se independizó en 1819. En aquel entonces Colombia se llamaba Nueva Granada.
   3. Las guerrillas están financiadas por el narcotráfico y la extorsión.
   4. Las FARC se han debilitado.
   5. *Answers will vary.*

A ESCUCHAR
9-5 Un examen sobre los muiscas
A.
   1. Los muiscas eran de estatura mediana, eran fornidos y tenían el cabello negro y lacio. Sus ojos eran negros y pequeños y sus labios eran gruesos. No tenían barba.
   2. El Zaque y el Zipa
   3. Los muiscas estaban organizados en federaciones. Cada cacique gobernaba a un gran número de caciques menores y estos a su vez gobernaban a otros. Cada cacique tenía autonomía.
   4. Adoraban al Sol al que llamaban Xué y a su compañera Chía, la Luna. También veneraban a Bochica y a la diosa Bachué, madre de los chibchas.
B. 1. i; 2. g; 3. h; 4. d; 5. c; 6. f; 7. a; 8. b; 9. e; 10. j.

GRAMÁTICA
9-6 Conjunciones adverbiales
A.
   Subjuntivo: a fin de que, para que, a menos que, antes de que, con tal (de) que, en caso de que, sin que
   Indicativo: puesto que, ya que, porque
   Subjuntivo o indicativo: cuando, después de que, en cuanto, tan pronto como, hasta que, aunque, donde

B.
1. ya que
2. para que
3. después de que
4. en cuanto

9-7 Entrando al mercado estadounidense
1. puedas
2. es
3. tengamos
4. termines
5. tiene

9-8 Un viaje a Cartagena
1. Brit y Katherine harán las reservaciones porque si esperamos no encontraremos buenos hoteles.
2. Antes de que nosotros salgamos, Charlotte y yo iremos de compras.
3. Nina llamará a David para que nos recoja en el aeropuerto.
4. Todos los cinco llevaremos equipo de buceo puesto que hay una escuela de submarinismo.
5. En cuanto nosotros lleguemos a las Islas del Rosario podremos ir al Oceanario a bucear.
6. Yo no saldré de Cartagena sin que David me lleve a Bocagrande.
7. Tan pronto como nos subamos al avión, nosotros hablaremos sólo en español.

9-9 La vida universitaria
A.
1. Después de que / Tan pronto como
2. puesto que
3. A menos que
4. hasta que
B. *Answers will vary.*

REDACCIÓN
9-10 Una exhibición especial
Answers will vary.

A ESCUCHAR
9-11 Hablar sobre dinero y negocios
A.
1. Eduardo le quiere comprar un regalo porque es su cumpleaños.
2. Eduardo decide comprarle un collar.
3. Las joyas son hechas por artesanos colombianos.
4. El precio original es 35,000 pesos.
5. Eduardo paga 27,000 pesos.
6. Eduardo debe pagar en efectivo.
B. 1. NI; 2. V; 3.NI; 4. V; 5. V; 6. F,-paga en efectivo; 7. F, paga 27,000

TEMA 2

VOCABULARIO DEL TEMA
9-12 La historia indígena de Ecuador
1. dominaron
2. carretera
3. emperador
4. seguidores
5. traicionó
6. prohibir

9-13 Candidatos presidenciales
A.
Candidato 1:
ejecutar = realizar
estimular = reactivar
Candidato 2:
alfabetización = enseñar a leer y escribir
establecer = crear, dar inicio
Candidato 3:
tumultuosa = no ha sido pacífica
préstamo = dinero que se pide y se debe devolver
B. *Answers will vary.*

9-14 La música
1. d
2. e
3. f
4. a
5. b
6. c

9-15 ¿Recuerdas?

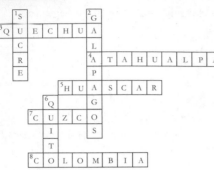

HORIZONTAL 3. quechua;
4. Atahualpa; 5. Huáscar; 7. Cuzco;
8. Colombia
VERTICAL 1. Sucre; 2. Galápagos;
6. Quito

A ESCUCHAR
9-16 Estudios en el extranjero
A.
1. b; 2. d; 3. b; 4. c; 5. a, c, d.
B. 1. Se les recomienda que tomen 4 clases para que tengan tiempo de explorar Quito y de hacer amigos en las excursiones
2. Se le recomienda que tome clases intensivas de español durante tres semanas
3. Los estudiantes pueden visitar Guayaquil, Cuenca, Loja y Ambato. También pueden visitar Los Galápagos al terminar el programa.

GRAMÁTICA
9-17 La economía ecuatoriana
a. 1 / Antes de que
b. 4 / puesto que
c. 2 / puesto que
d. 3 / aunque

9-18 La pionera Dolores Cacuango
1. reconociera
2. hablaban
3. aprendieran
4. presionaron
5. cerró
6. murió
7. luchara
8. olviden

9-19 Un viaje memorable
Answers will vary. Possible answers include:
1. Después de que llegamos/salimos al aeropuerto fuimos al hotel.
2. Antes de que comiéramos en el restaurante Equinoccio vimos el pueblo Ciudad Mitad del Mundo.
3. En cuanto llegamos al volcán empezó a llover.
4. Cuando bailábamos en el club conocimos a otras personas.

9-20 Recuerdos del pasado
1. fuera
2. completara
3. tenía
4. mejorara
5. *Answers will vary.*

9-21 Resumen
A.
1. prohibía
2. terminara
3. llaman
4. tenga
5. son
6. podamos
B. *Answers will vary.*

REDACCIÓN
9-22 La fiesta de Inti Raymi
Answers will vary.

A ESCUCHAR
9-23 Romper el hielo
A.
1. Llueve, el clima está horrible.
2. Ricardo rompe el hielo hablando del clima y hablando de la fila en el supermercado.
3. Ellos dicen que el cajero es muy lento.
4. Pasan más de 15 minutos haciendo fila.
5. Le ofrece ayuda porque ella compró muchas cocas; tal vez le ofrece ayuda para seguir hablando con ella.
B. *Answers will vary.*

TEMA 3

VOCABULARIO DEL TEMA

9-24 Un viaje al pasado

Answers will vary.

9-25 Asociaciones

1. el artesano: Las otras palabras se asocian con la geografía.
2. los descendientes: Las otras palabras se asocian con las clases sociales.
3. el atuendo: Las otras palabras se asocian con las parejas.
4. los lugareños: Las otras palabras se asocian con la política.

9-26 Costumbres incas

1. dios
2. apego
3. identificar
4. construir

9-27 ¿Recuerdas?

1. V
2. F: Las construcciones han sobrevivido por la perfección y precisión con la que los incas colocaban las piedras.
3. F: Los incas imponían su lengua y religión para integrar a la gente.
4. V
5. V

A ESCUCHAR

9-28 Una narración amorosa

1. Cuando llovía yo no esperaba a mi padre sino que caminaba con mis amigas hasta una iglesia.
   Mientras jugábamos en el agua mi futuro esposo, Roberto, me estaba mirando.
   Después de graduarme de la escuela secundaria yo asistí a la universidad en Lima y Roberto asistió a la universidad en Cuzco.
   Antes de que nos conociéramos Roberto me veía subir y bajar del avión en el aeropuerto.
   En cuanto asistí a la universidad de Cuzco Roberto y yo nos conocimos y nos hicimos buenos amigos.
   Ya que teníamos infinidad de cosas en común el amor nació entre nosotros.
2. Decidieron casarse después de que Roberto volvió de EE.UU. porque se dieron cuenta de que la distancia era insoportable y Roberto le dijo que no regresaría a EE.UU. sin ella.
3. La boda tuvo lugar en la iglesia donde Heidi jugaba cuando era niña. Fue un lugar importante porque es donde Roberto la vio por primera vez.

GRAMÁTICA

9-29 Machu Picchu

1. Los templos fueron usados por los emperadores para… *answers will vary.*
2. El secreto de Machu Picchu fue mantenido por los incas porque… *answers will vary.*
3. El acceso a los caminos a Machu Picchu fue prohibido por los administradores porque… *answers will vary.*
4. La ciudad de Machu Picchu fue dominada por las clases privilegiadas porque… *answers will vary.*

9-30 ¿Qué pasó?

Answers will vary. Possible answers include:
1. Atahualpa fue traicionado por Huáscar.
2. El dios Sol fue representado por el emperador inca.
3. La República de la Gran Colombia fue formada por Simón Bolívar.
4. El mito de El Dorado fue creado por los conquistadores.
5. Quito fue invadido por los incas.

9-31 Noticias peruanas

1. Se encontraron rastros de dos pueblos incas en la Cordillera de los Andes.
2. Se perdieron las cosechas a causa de una lluvia torrencial.
3. Se hicieron cambios a la propuesta educativa.
4. Se celebró un ritual antiguo ayer en Cuzco.

9-32 Noticias locales

Answers will vary.

REDACCIÓN
9-33 El matrimonio

Answers will vary.

A ESCUCHAR
9-34 Comunicarse formal e informalmente

A.
1. El doctor Restrepo necesita un informe de una reunión del departamento de neurología pediátrica
2. Ella le lleva el informe a su oficina.
3. Ella necesita comunicarse con el gerente de la oficina de Claudia.
4. porque está un poco ocupada.
5. Juliana va a pasar por la oficina de Claudia.

B. 1. F. Trabaja en el departamento de pediatría
   2. V
   3. F. Necesita el reporte del departamento de neurología pediátrica
   4. F. Claudia lo lleva a su oficina
   5. F. Juliana pasa a dejar un mensaje para el gerente de la oficina de Claudia.

TEMA 4

VOCABULARIO DEL TEMA
9-35 Curiosidades

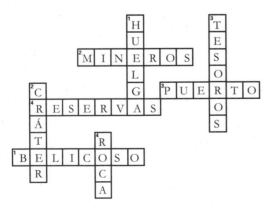

9-36 El lago Titicaca
1. d
2. a

3. e
4. b
5. c
6. f

9-37 ¿Recuerdas?

A.
1. eligió
2. se llevó a cabo
3. reinos
4. exportador
5. medidas
6. agotarse
7. fortificadas
8. salida

B.
1. 3
2. 7
3. 4
4. 6
5. 1
6. 5
7. 8
8. 2

A ESCUCHAR
9-38 El lago Titicaca: Mito y realidad

A. El Dios Creador, la gente de la Ciudad Eterna, los pumas, el Padre Sol, los hermanos Manco Capac y Mama Ocllo.

B. Los mitos explican la creación del lago Titicaca y la creación de los primeros incas.

C. 7, 1, 6, 8, 2, 5, 3, 4

D.
1. El Dios Creador castigó a la gente por no seguir su orden de no subir a la Montaña Sagrada.
2. El lago nació de las lágrimas del Padre Sol al ver a la gente que los pumas habían matado
3. El Padre Sol creó a los dos hermanos y les dio la responsabilidad de poblar la tierra y unir a la gente. Ellos emigraron a Cuzco.
4. En 2002 se descubrieron las ruinas y restos de una ciudad escondida en el lago.

5. *Answers will vary.*

E.

1. cuando; terminó

2. antes de que; se marchara

3. después de que; se fuera

4. tan pronto como; llegaron

REDACCIÓN

9-39 Un viaje al lago Titicaca

Answers will vary.

MÁS ALLÁ DE LAS PALABRAS

REDACCIÓN

9-40 Un testimonio

Answers will vary.

EL ESCRITOR TIENE LA PALABRA

9-41 Características de un testimonio

1. Los eventos ocurrieron al principio de la civilización inca.

2. El fragmento trata del origen de los incas.

3. Él escribió el testimonio en el siglo XVI, dos o tres siglos como mínimo después de que los eventos ocurrieron.

4. No fue observador ni participante. Supo de los eventos por su tío.

5. Garcilaso era un mestizo.

6. Sí, se ve el amor a la Madre del universo en el fragmento. Hay muchas descripciones de este mundo y de cómo vivían los indígenas en armonía con la naturaleza.

7. *Answers will vary.*

4-42 Mi diario literario.

Answers will vary.

PARA ESCRIBIR MEJOR

9-43 Práctica

1. diseñado

2. predicho

3. disminuido

4. dispuesto

5. generado

6. satisfecho

9-44 Práctica

1. ha

2. habían

3. haya

4. habrá

9-45 Práctica

1. había / habían

2. había / habían

3. hayan / haya

4. hubiera

9-46 Práctica

1. Hay

2. han

3. había

4. hubieran

5. habría

6. hubo

7. Habría

8. hubiera

9. haya

PARA PRONUNCIAR MEJOR

9-52. Dictado

1. sonar

2. soñar

3. convenio

4. ameno

5. niñez

6. canon

7. cana

8. cana

CAPÍTULO 10
TEMA 1

VOCABULARIO DEL TEMA

10-1 Asociaciones

A. *Answers will vary. Possible answers include:*
Una dictadura: un golpe militar, derrocar, las ejecuciones, las desapariciones, el ejército, el progreso económico, la inflación
Una democracia: la libertad de expresión, el ejército, el progreso económico, la inversión extranjera, la inflación, los derechos humanos, las elecciones

B. *Answers will vary. Possible answers include:*
Una dictadura es una forma de gobierno en la que una persona, el dictador, tiene todo el poder. Son frecuentes las violaciones de los derechos humanos y las desapariciones. En muchos casos empieza de una manera violenta, con un golpe militar, por ejemplo.

Una democracia es una forma de gobierno en la que la gente elige a sus representantes con elecciones libres. Normalmente hay libertad de expresión y el gobierno respeta los derechos humanos de las personas.

10-2 El golpe militar en Chile

A.

1. derrocó
2. favoreció
3. nacionalizó
4. causó
5. exporta
6. deterioró
7. escasear
8. descontroló

B. *Answers will vary. Possible answers include:*
El gobierno de Pinochet fue una dictadura en la que él tuvo todo el poder. Usó la represión para mantener su control; sus militares secuestraron y ejecutaron a muchas personas. Se abolió la libertad de expresión.

10-3 La reconciliación

A. *Answers will vary.*

a. los partidarios = los que estaban a favor del gobierno de Pinochet
b. fomentar = promover
c. fundar = crear una organización para desarrollar estrategias
d. pobreza = la condición de ser pobre
e. exiliados = personas viviendo en otro país por cuestiones políticas

B. *Answers will vary.*

10-4 ¿Recuerdas?

1. c
2. b
3. e

4. d
5. f
6. a

A ESCUCHAR
10-5 Una exiliada en EE.UU.

1. El proyecto de Sara consiste en escribir un ensayo sobre las experiencias de los exiliados chilenos.
2. *All answers.*
3. María Elena salió de Chile porque los militares la estaban buscando. Querían saber dónde estaba su hermano, un activista político y crítico del gobierno.
4. María Elena no quiere regresar a Chile porque tiene un buen trabajo y una familia en EE.UU. Además dice que el Chile de antes no es el mismo país que el de ahora. No quiere revivir el pasado.

GRAMÁTICA
10-6 ¿Qué ha pasado en Chile?

A.

1. han viajado
2. ha aumentado
3. he hecho
4. hemos implementado
5. ha identificado; ha juzgado

B.

1. Un consejero económico dijo que este mes la inversión extranjera había aumentado gracias a los acuerdos con otros países.
2. La presidenta dijo que había hecho varios viajes a Argentina para hablar de acuerdos bilaterales.
3. Una representante de la Cooperación para la Democracia y la Justicia dijo que ellos habían implementado nuevas estrategias para eliminar la pobreza.
4. El vicepresidente dijo que desde la dictadura de Pinochet el gobierno había identificado y había juzgado a miles de militares por sus violaciones de los derechos humanos.

10-7 La cronología histórica

1. Bernardo O'Higgins y José de San Martín ya habían reclutado y entrenado a un

ejército cuando Chile se independizó de España.

2. Los mapuches ya habían decapitado al conquistador Pedro de Valdivia cuando el poeta español Alonso de Ercilla escribió el poema "La Araucana".

3. Pinochet ya se había retirado de la política cuando los líderes reestablecieron la democracia en Chile.

10-8 Un viaje a Chile

1. Yo no había oído hablar de la Isla de Pascua.

2. Mi amiga y yo no habíamos probado el vino chileno.

3. Becky y Adam no habían visto una mina de cobre.

4. Nosotros no habíamos hecho una excursión a los Andes.

10-9 Nostalgia

A. *Answers will vary. Possible answers include:* Había pasado mucho tiempo con su familia, pero ahora habla con sus padres por teléfono. Había visto a su novio todos los fines de semana, pero ahora sólo ve a su novio durante las vacaciones. Había asistido a muchas fiestas, pero ahora estudia mucho en la biblioteca los fines de semana. Había jugado con su perro en el parque, pero ahora corre en el parque sola. No había tenido mucha tarea, pero ahora hace tarea todos los días. Había hecho ejercicio todos los días, pero ahora come mucho.

B. *Answers will vary.*

10-10 Mis logros

Answers will vary.

REDACCIÓN

10-11 Recuerdos familiares

Answers will vary.

A ESCUCHAR

10-12 Hablar de los pros y contras de una situación

A. l. a, c; 2. b, c; 3. b, d; 4. a, b, d;

B. 1. Pilar y Luisa deciden irse a vivir fuera de la universidad porque son

estudiantes de último año y en el futuro van a tener muchas responsabilidades además de sus trabajos.

2. Ellas han vivido en las residencias universitarias 3 años.

3. Vivo fuera/dentro de la universidad porque…

4. *Answers will vary.*

TEMA 2

VOCABULARIO DEL TEMA

10-13 El peronismo

1. a

2. c

3. c

4. a

10-14 La Guerra Sucia

A.

    a. 3

    b. 1

    c. 2

B. *Answers will vary.*

10-15 La economía argentina contemporánea

1. b

2. c

3. e

4. d

10-16 ¿Recuerdas?

A.

    1. (3) secuestros

    2. (1) liderazgo

    3. (6) se estabilizó

    4. (4) investigar

    5. (2) carismática

    6. (5) prioritarios

A ESCUCHAR

10-17 El fútbol, deporte de fama mundial

A.

    1. d; **2.** f; **3.** e; **4.** b; **5.** c; **6.** a.

B.

    1. Siete países. Brasil, Argentina, Uruguay, Francia, Italia, Alemania e Inglaterra

2. Se celebró en China en 1991 y ganó el equipo de Estados Unidos.

3. Diego Armando Maradona

4. Italia venció a Francia.

GRAMÁTICA

10-18 Personajes famosos de Argentina

1. él
2. mí
3. él
4. ellos
5. mí
6. él
7. ella
8. ellos

10-19 Un viaje a Ushuaia

1. conmigo
2. contigo
3. mí
4. tú y yo
5. nosotros
6. ellos

10-20 El tango argentino

1. a
2. a
3. a
4. en
5. a
6. de
7. con
8. de
9. por
10. de

10-21 Tu cantante favorito/a

Answers will vary.

REDACCIÓN

10-22 Comparación y contraste

Answers will vary.

A ESCUCHAR

10-23 Interrumpir para pedir una aclaración

A.

1. Porque en 1920 algunos países de Europa ya les habían dado a las mujeres el derecho al voto.

2. Las mujeres hicieron protestas y peticiones formales antes los gobiernos.

3. *Answers will vary.*

4. *Answers will vary.*

B.

1. d; 2. e; 3. b; 4. c; 5. a.

TEMA 3

VOCABULARIO DEL TEMA

10-24 Un ensayo mal escrito

1. paz
2. devastó
3. surgimiento
4. laborales
5. desenfatizando
6. represión

10-25 La política de la década de 1970

A.

1. d
2. c
3. b
4. e
5. f
6. a

B. *Answers will vary.*

10-26 Punta del Este

1. península
2. pesquera
3. turístico
4. visitantes
5. mansiones
6. puerto

10-27 ¿Recuerdas?

A.

1. colorado = un grupo político de liberales
2. abandonar = salir de
3. retorno = regreso
4. disolvió = abolió

B.

1903–1915: Bajo el régimen del líder colorado José Batlle Ordóñez, Uruguay comenzó a experimentar una gran prosperidad económica.

1973:

a. El escritor Mario Benedetti tuvo que abandonar Uruguay por razones políticas.

b. El presidente Juan María Bordaberry disolvió el Parlamento y lo sustituyó con un Consejo de Estado.

1986: Después de un período de descontento social por el gobierno militar represivo el gobierno acordó el retorno del régimen democrático civil.

A ESCUCHAR

10-28 Un anuncio radiofónico

A.

1. V

2. F: El Festival dura una semana.

3. F: Participarán músicos uruguayos más músicos de otros países latinoamericanos y europeos.

4. V

B.

1. Visitar la página web o escuchar los anuncios diarios por la radio.

2. *Answers will vary.*

GRAMÁTICA

10-29 ¿Qué está pasando?

Answers will vary.

10-30 ¿Qué estaba pasando?

1. Mi amigo y yo estábamos bebiendo yerba mate cuando encontré un artículo en el periódico sobre los tupamaros.

2. Los bailarines estaban bailando el tango cuando mi amigo y yo decidimos bailar también.

3. Yo estaba comiendo carne de Uruguay en una parrillada cuando vi entrar a un viejo amigo estadounidense.

4. Mi amigo y yo estábamos viajando a la playa de Punta del Este cuando el autobús tuvo un accidente.

10-31 El tiempo libre

1. jugando

2. Pasar, estudiando

3. viajar

4. saliendo

10-32 Un día típico

1. estoy escribiendo

2. estaba leyendo

3. salimos

4. estén pasando

REDACCIÓN

10-33 Una visita

Answers will vary.

A ESCUCHAR

10-34 Corregir a otras personas

A.

1. Ellas no están de acuerdo en la hora de la reunión.

2. Cristi creía que la reunión era a las doce.

3. Marina estaba segura de que cambió la reunión para las cuatro.

4. Ellas decidieron preguntarle a Alí.

5. Magdalena cambió la hora original porque recordó que tenía una cita con Luis.

B. *Answers will vary.*

TEMA 4

VOCABULARIO DEL TEMA

10-35 Curiosidades

1. guaraní

2. navegante

3. jesuitas

4. reducciones

10-36 Verbos importantes

1. dedicado

2. renunció

3. dedicido / pertenecer

4. poner fin

5. se considera

6. descarta

10-37 ¿Recuerdas?
1. Itaguá
2. el río Paraná
3. la represa de Itaipú
4. Filadelfia
5. Trinidad
6. Ciudad del Este

A ESCUCHAR

10-38 Una entrevista

A.
1. a
2. c
3. b
4. b

B. La Federación se dedica principalmente a la educación.

C.
1. V
2. F: Tradicionalmente, y antes de 1992, la lengua de instrucción ha sido español.
3. F: Por la inestabilidad política el sistema educativo no ha recibido mucha atención.
4. V
5. V
6. F: Desde la nueva constitución, el derecho de la enseñanza bilingüe ha sido garantizado.

D.
1. El primer programa mencionado ofrece clases por radio a adultos que no terminaron la escuela primaria y que viven en áreas rurales. El segundo programa da clases de nivel primario a los niños en guaraní enseñándoles español gradualmente también.
2. *Answers will vary.*

E.
1. estoy haciendo
2. estaban realizando
3. estoy trabajando / estaba dando
4. está preparando

REDACCIÓN

10-39 Una tarjeta de agradecimiento
Answers will vary.

MÁS ALLÁ DE LAS PALABRAS

REDACCIÓN

10-40 Una página web
Answers will vary.

EL ESCRITOR TIENE LA PALABRA

10-41 Características de un cuento de terror
Answers will vary. Possible answers include:

Vestido negro	Pelo negro	Ojos negros	Cara pálida
Relámpago	Miedo	Personas desconocidas	Daño
Desierto	Atraca	Matan	Ojos límpidos
Voz cavernosa	La muerte	Misteriosamente	Desapareció

B. *Answers will vary.*

10-42 Mi diario literario
Answers will vary.

PARA ESCRIBIR MEJOR

10-43 Práctica
1. la / del
2. El
3. al
4. Los
5. los
6. El

10-44 Práctica

El lunes próximo vuelvo a EE.UU. después de haber vivido aquí un año. Vivo en **la** residencia estudiantil *Miguel Ángel*, en el centro de la ciudad de Buenos Aires. He aprendido mucho con mis experiencias y mis clases. Hablo español mucho mejor que antes. Ayer, le dije a mi profesora de español: "Profesora, ¿crees que algún día hablaré como un nativo?" Y me respondió: "Claro que sí, si sigues estudiando". Además de la lengua, he aprendido mucho sobre la política argentina. Por ejemplo, sé que **el** presidente Juan Perón fue elegido en 1946, 1952 y 1974. Creo que fue una persona muy interesante en la historia argentina. Bueno, me duele mucho **la** cabeza, por eso voy a terminar mi carta. ¡Hasta pronto!

10-45 Práctica

1. X
2. una
3. X
4. X
5. unos
6. X

PARA ESCRIBIR MEJOR

10-46

1. agüero
2. ambigüedad
3. ambiguo
4. vergüenza
5. colgué
6. antigüedad
7. contiguo
8. aguanta
9. guitarra
10. paragüero

Notas

Notas

Notas

Notas

Notas

Notas

Notas